U0833326

播音主持艺考理论与实践

BOYIN ZHUCHI YIKAO LILUNYUSHIJIAN

李志强 ◎ 编著

合肥工業大學出版社

序

本书根据2016年安徽省教育招生考试院颁布的关于安徽省播音主持专业统考的相关要求和考试内容，结合安徽李家军艺考训练营教学实施方案编写，共由三个部分组成。

第一部分“语言基础训练”包括语音训练、发声训练、语言表达基础训练。第二部分“应试项目训练”包括自我介绍训练、自备稿件训练、新闻播报训练、即兴评述训练、模拟主持训练。第三部分“考试文件与模拟测试”为大家讲解了2016年安徽省播音主持专业实行统考的相关文件，并为大家提供了安徽李家军艺考训练营模拟省统考测试训练材料和安徽李家军艺考训练营2016年最后一考的试卷。

《播音主持艺考理论与实践》不仅为大家进行了理论的讲解，更为广大考生提供了大量的训练材料，希望能为参加播音主持艺考的学子实现自己的梦想提供一点帮助。

本书第一部分系2012年度安徽广播影视职业技术学院教学研究项目“基于职业能力的主持与播音专业实践教学模式研究”的阶段性成果。

李志强

2016年5月

目　录

第一部分 语言基础训练

第一章 语音训练

第一节 语音常识

一、普通话的概念及语音特点

普通话是以北京语音为标准音、以北方话为基础方言、以典范的现代白话文著作为语法规范的现代汉民族共同语。普通话是中国的国家通用语言。

普通话以北京语音为标准音，具有以下特点：

（1）音系比较简单，音节结构形式比较少。

（2）音节中元音占优势。

（3）四个声调抑扬分明且高音成分较多。

（4）音节间间隔清晰。

（5）词的双音节化和轻重格式的区分，以及轻声、儿化的使用，使得有声语言的表达更加准确、丰富。

二、普通话的声母

声母是指汉语音节开头的辅音。有些音节没有辅音声母，称为零声母。普通话中有以下 21 个辅音声母：b、p、m、f、d、t、n、l、g、k、h、j、q、x、zh、ch、sh、r、z、c、s。

普通话声母按发音部位可以分为 7 类：

（1）双唇音：b、p、m

（2）唇齿音：f

（3）舌尖中音：d、t、n、l

（4）舌根音：g、k、h

（5）舌面音：j、q、x

（6）舌尖后音：zh、ch、sh、r

（7）舌尖前音：z、c、s

普通话声母按发音方法可以分为5种：

（1）塞音：b、p、d、t、g、k

（2）擦音：j、q、zh、ch、z、c

（3）塞擦音：f、h、x、sh、s、r

（4）鼻音：m、n

（5）边音：l

普通话声母还有送气和不送气的区分（只在塞音和擦音中区分）。

不送气音：b、d、g、j、zh、z

送气音：p、t、k、q、ch、c

清音和浊音的区分是指发音时声带颤动与否。普通话声母中只有4个浊音声母：m、n、l、r，其余的都是清音声母。浊辅音ng只做韵尾，不做声母。

三、普通话的韵母

韵母是指汉语音节中声母后边的部分。

普通话的韵母由单元音或复合元音充当，共有39个。韵母可以分为韵头、韵腹、韵尾3个部分。在复合元音韵母中口腔开度最大的元音是韵腹，韵腹前面的元音是韵头，韵腹后面的元音或鼻辅音是韵尾。有些韵母没有韵头，有些韵母没有韵尾，但不可以没有韵腹。单元音韵母就只有韵腹。

韵母按语音结构可以分为单韵母、复韵母和鼻韵母3类。

单韵母：普通话单韵母有10个，其中有7个是舌面元音：a、o、e、ê、i、u、ü；3个是特殊元音：-i（前）、-i（后）和er。

舌面元音和发音条件主要是舌位的高低（口腔的开合）、舌位的前后和唇形的圆展。舌位是指舌面元音发音时舌面隆起的最高点即最接近上腭的点。

复韵母：即复合元音韵母是由2或3个元音音素复合而成的韵母。在复合元音的发音过程当中，舌位的前后、高低和唇形的圆展要发生连续的移动变化。舌位的移动过程叫舌位的动程。复韵母分为二合复韵母和三合复韵母，根据韵腹在韵母中的位置又可以分为前响、后响和中响复韵母。

二合复韵母共9个，其中前响有ai、ei、ao、ou共4个，后响有ia、ie、ua、uo、üe共5个；三合复韵母共4个，都是中响：iao、iou、uai、uei。

鼻韵母：在普通话中以n为韵尾的韵母叫前鼻音韵母，以ng为韵尾的韵母叫后鼻音韵母，统称为鼻韵母，共有16个：其中前鼻音韵母有an、ian、uan、üan、en、in、uen、ün等8个，后鼻音韵母有ang、iang、uang、eng、ing、ong、ueng、iong等8个。

四呼：按汉语语音学的传统分析方法，四呼是依照韵母起头元音的发音特点（主要是唇形特点）把韵母分为开口呼、齐齿呼、合口呼、撮口呼4类。

开口呼：没有韵头，韵腹又不是i、u、ü的韵母共16个。

齐齿呼：韵头或韵腹是i的韵母，共10个。

合口呼：韵头或韵腹是u的韵母，共9个。

撮口呼：韵头或韵腹是ü的韵母，共4个。

四、普通话的声调和语流音变

（一）声调

声调是汉语音节所固有的，可以区别意义的声音的高低、升降、曲直、长短的变化。普通话中有4个声调。声调的变化有区别意义的作用。

调类：是声调的种类。普通话中有4个调类：阴平、阳平、上声、去声。

调值：是声调的高低升降曲直长短的形式，即声调的具体读法。普通话4个调类相对应的调值分别是：高平调、中升调、降升调、全降调。4个调类按五度标记法分类，调值分别读为阴平调：高平调55；阳平调：中升调35；上声调：降升调214；去声调：全降调51。

（二）语流音变

在语流中，由于受到相邻音节因素的影响，一些音节中的声母、韵母或声调会发生语音的变化，称之为语流音变。普通话中的语流音变主要表现在轻声、儿化、变调、语气词“啊”的变读等几方面。

1. 轻声

普通话每个音节都有自己的声调，可是在词或句子里有些音节常常失去原有的声调而念成一种较轻较短的调子叫轻声。

轻声的作用：普通话中的轻声有区别词性和词义以及使语流顺畅的作用。

轻声出现的规律：除区别词性词义作用的轻声外，语气词、助词、名词的后缀“子、儿、头”等、重叠名词、动词的后一个音节、表示趋向的动词、方位词或词素一般读作轻声。

2. 儿化

儿化又称儿化韵，是普通话和某些汉语方言中的一种语言现象，即后缀“儿”不自成音节而同前面的音节合在一起，使前一音节的韵母成为卷舌韵母。

儿化的作用：儿化在普通话中起着修辞和语法功能的作用，可以区分词性、词义，表示少、小的意思，表示喜爱、亲切或蔑视、憎恶等感情色彩。

3. 变调

音节在连续发出时，在词或词组中相邻音节声调发生变化的现象叫变调。普通话中的变调主要包括上声变调、去声变调、“一”和“不”的变调，以及重叠形容词的变调。

（1）上声的变调规律：上声音节在非上声音节前即在阴平、阳平、去声和轻声音节前时调值由 214 变为 21，即所谓半上；上声音节在上声音节前时前面一个音节的调值由 214 变为 35，即所谓阳上。

（2）去声的变调规律：去声音节和去声音节相连时前面一个音节的调值由 51 变为 53。

（3）“一”的变调规律：非去声音节前面变去声，去声音节前面变阳平，夹在重叠词中间读轻声，单念或在序数词中仍读本调阴平。

（4）“不”的变调规律：去声音节前面变阳平，夹在词语中间念轻声，在非去声音节前面或单念时、在词句末尾时仍读原调去声。

4. 语气词“啊”的变读

语气词“啊”用在句子前面时仍发 a，但用在词尾、句尾时则要受到前面音节收尾音素的影响而发生不同的变读。总的来说是保持语流顺畅，顺势而发。“啊”的变读具有以下几种情况：

（1）前一音节收尾音素是 a、o（ao、iao 除外）、e、ê、i、ü 时“啊”读作 ya。

（2）前一音节收尾音素是 u 时（包括 ao、ou），“啊”读作 wa。

（3）前一音节收尾音素是 n 时，“啊”读作 na。

（4）前一音节收尾音素是 ng 时，“啊”读作 nga。

（5）前一音节收尾音素是-i（后）时，“啊”读作 ra。

（6）前一音节收尾音素是-i（前）时，“啊”读作 za。

5. 词的轻重格式

在普通话和汉语各方言中，由于词义或情感表达的需要，一个词中的各个音节有着约定俗成的轻重强弱的差别，成为词的轻重格式。我们将短而弱的音节称为轻，长而强的音节称为重，介于二者之间的称为中。词的轻重格式只是一种约定俗成，不是绝对的、不变的。在语流中，词的轻重格式会受到语句目的的制约而发生改变。

（1）双音节词的轻重格式：普通话中，双音节词轻重格式常见的有中重、重中两种，其中以中重格式最多。

（2）三音节词的轻重格式：普通话三音节词的轻重格式常见的有中中重、中重轻、中轻重三种，其中以中中重格式最多。

（3）四音节词的轻重格式：四音节词的轻重格式比较复杂，一般认为与词的结构关系有关。普通话中四音节词常见的有中轻中重、中重中重两种格式，其中以中轻中重为多。

第二节 语音练习

一、字词训练

（一）辅音声母

b

巴 簸 摆 保 颁 奔 帮 泵 比 别

八宝 版本 宝贝 摆布 褒贬 背包 奔波 鄙薄 标榜 表白

P

怕 破 排 赔 炮 剖 攀 喷 胖 蓬

爬坡 排炮 婆婆 澎湃 批判 匹配 瓢泼 偏旁 品牌 拼盘

m

妈 摩 买 梅 卯 眸 慢 闷 忙 蒙

麻木 埋没 买卖 卖命 满面 谩骂 盲目 美貌 梦寐 明媚

F

发 佛 费 否 范 汾 方 凤 富 匪

发放 翻覆 犯法 防风 防腐 仿佛 非法 肺腑 奋发 丰富

d

搭 德 逮 到 兜 旦 当 顿 等 敌

达到 大地 带动 单调 当代 导弹 道德 得到 等待 登顶

t

他 特 台 涛 透 坛 烫 藤 替 帖

塔台 抬头 贪图 淘汰 饕餮 套头 体态 体贴 天堂 调停

n

纳 奶 内 挠 难 嫩 囊 能 腻 蹑

拿捏 奶牛 南宁 男女 恼怒 呶呶 能耐 讷讷 呢喃 泥泞

l

拉 勒 来 累 劳 漏 懒 狼 愣 立

拉力 来历 兰陵 老路 磊落 理疗 立论 拦路 联络 料理

g

旮 割 该 给 诰 够 敢 根 纲 耕

改革 尴尬 杠杆 高歌 梗概 公共 故宫 古怪 瓜葛 观光

k
喀 客 凯 考 扣 看 肯 康 坑 酷
开课 开垦 开阔 坎坷 慷慨 苛刻 可靠 刻苦 可控 空旷
h
哈 喝 海 黑 好 后 悍 恨 航 横
海河 憨厚 航海 行话 豪华 好汉 合伙 后悔 呼唤 化合
j
鸡 家 节 脚 旧 间 金 将 京 居
积极 集结 即将 寂静 寄居 家教 家具 夹击 加剧 坚决
q
旗 恰 且 翘 秋 前 亲 强 庆 取
漆器 凄切 齐全 祈求 弃权 恰巧 牵强 千秋 欠缺 窃取
x
西 侠 谢 消 秀 现 新 想 星 许
嬉戏 习性 喜讯 细心 狭小 下乡 下旬 循序 鲜血 纤细
zh
扎 者 治 债 这 照 周 战 振 仗
扎寨 债主 战争 长者 招展 昭彰 折中 珍重 针织 政治
ch
插 彻 池 柴 抄 抽 掺 趁 常 城
叉车 查抄 戳穿 铲除 长城 超产 车床 惩处 驰骋 充斥
sh
沙 舌 室 筛 谁 稍 瘦 陕 甚 商
杀手 沙石 山水 闪烁 赏识 上升 少数 舍身 设施 身世
r
惹 日 饶 柔 燃 韧 攘 仍 儒 弱
扰攘 冉冉 荏苒 忍让 仁人 仍然 柔韧 柔弱 柔软 肉茸
z
杂 泽 紫 灾 贼 造 邹 赞 怎 脏
咂嘴 啧啧 栽赃 再造 在座 藏族 遭罪 造作 自在 自尊
c
擦 册 词 猜 草 凑 残 涔 仓 层
猜测 残存 草丛 仓促 苍翠 层次 从此 参差 粗糙 璀璨
s
飒 色 丝 赛 嫂 撒 散 森 桑 僧

洒扫　嫂嫂　缫丝　色素　三思　僧俗　松散　思索　四散　搜索

(二) 单元音韵母

a

阿　巴　擦　达　乏　哈　喀　辣　扎　马

爸爸　妈妈　发达　砝码　打靶　打发　打蜡　大妈　大厦　哈达

o

拨　泼　摸　伯　坡　墨　搏　叵　勃　摩

剥夺　剥削　播音　婆婆　坡度　摸底　摸索　摩擦　佛法　佛教

e

德　特　乐　哥　刻　喝　辙　车　奢　热

特色　客车　苛刻　隔阂　割舍　隔热　各个　各色　合格　社科

i

比　皮　迷　低　啼　泥　力　棋　戏　衣

笔记　比例　底细　礼仪　立即　利益　秘密　霹雳　提议　体力

u

不　扑　木　服　堵　图　努　路　古　枯

补助　部署　哺乳　朴素　瀑布　目录　夫妇　幅度　服务　辅助

ü

女　吕　居　区　虚　鱼　衄　举　曲　徐

女婿　旅居　吕剧　聚集　区域　屈居　曲率　须臾　栩栩　序曲

zi　ci　si

词　瓷　兹　滋　司　死　四　赐　孜　雌

字词　恣肆　自私　自此　孜孜　子嗣　此次　刺字　刺死　私自

zhi　chi　shi　ri

之　职　痴　迟　诗　时　是　日　齿　始

支持　知识　直至　值日　只是　咫尺　指示　吃食　事实　日食

er

二　耳　而　尔　饵　儿　珥　鸸　洱

而今　而且　儿女　儿戏　儿化　儿歌　耳朵　洱海　尔后　二胡

(三) 复合元音韵母

ai

爱戴　白菜　摆开　买卖　拍卖　开采　海带　彩带　灾害　带来

ei

北非　北碚　蓓蕾　贝类　北美　配备　肥美　妹妹　非得　飞贼

ao

包抄 报道 报告 报考 抛锚 跑道 茅草 冒号 唠叨 祷告

ou

兜售 抖擞 豆蔻 漏斗 露头 佝偻 口头 口授 叩首 喉头

ia

家家 假牙 加价 加压 恰恰 下嫁 压价 下牙

ie

爹爹 贴切 铁鞋 猎猎 趔趄 接界 姐姐 结节 节烈 切切

ua

娃娃 画画 挂花 挂画 耍滑 花袜 挂瓦

uo

错过 蹉跎 做作 错落 哆嗦 堕落 国货 过错 火锅 阔绰

üe

雀跃 约略 绝学 月缺 跃跃 略略

iao

巧妙 教条 娇小 逍遥 苗条 脚镣 交角 吊桥 叫嚣 疗效

iou

久留 舅舅 求救 优秀 悠久 有救 牛油 旧友 流油 忽悠

uai

乖乖 外快 怀揣 外踝 摔坏

uei

垂危 翠微 归队 回归 回味 回嘴 悔罪 汇兑 魁伟 水位

（四）鼻音韵母

an

安然 案板 暗淡 暗含 斑斓 胆敢 蛮干 犯案 干饭 贪婪

ian

边沿 变脸 简练 检验 偏见 片面 片言 连天 脸面 牵线

uan

传唤 串换 贯穿 宦官 团团 酸软 宛转 万万 转换 宽缓

üan

涓涓 全权 渊源 源远 源泉 源源 圆圈 轩辕 全员

en

本分 本人 分身 粉尘 愤恨 根本 门诊 人身 认真 振奋

in

濒临 金印 斤斤 临近 近亲 尽心 民心 拼音 亲近 引进

uen

滚滚 混沌 困顿 昆仑 温存 谆谆 论文 春笋 伦敦 馄饨

ün

军训 均匀 芸芸 循循 熏熏 菌群 逡巡 群运

ang

帮忙 仓房 沧桑 厂房 常常 当场 刚刚 行当 盲肠 上场

iang

粮饷 两厢 两样 亮相 良乡 踉跄 良将 洋枪 痒痒 响亮

uang

框框 狂妄 双簧 网状 往往 装潢 状况 窗框

eng

成风 承蒙 逞能 丰登 风筝 更生 更正 冷风 升腾 征程

ing

冰凌 兵营 秉性 并行 定形 灵性 平行 清醒 影星 硬性

ueng

翁 瓮 水瓮 主人翁 渔翁 白头翁 蕹菜

ong

动容 公众 共同 轰动 轰隆 红铜 红肿 龙钟 隆冬 中东

iong

炯炯 汹汹 熊熊 兄长 凶险 胸膛 庸医 永久 中庸 英勇

(五)声调

b

巴 拔 把 罢

百炼成钢 波澜壮阔 暴风骤雨 壁垒森严

P

坡 婆 叵 破

排山倒海 喷薄欲出 鹏程万里 普天同庆

m

猫 毛 卯 帽

满园春色 名不虚传 满腔热血 目不转睛

f

方 房 仿 放

发奋图强 翻江倒海 丰功伟绩 赴汤蹈火

d

低 敌 底 弟

大快人心 当机立断 颠扑不破 斗志昂扬

t

通　同　统　痛

谈笑风生　滔滔不绝　天衣无缝　推陈出新

n

妞　牛　扭　拗

鸟语花香　逆水行舟　能者多劳　宁死不屈

l

撩　聊　了　料

老当益壮　雷厉风行　力挽狂澜　龙飞凤舞

g

姑　骨　古　顾

盖世无双　高瞻远瞩　攻无不破　光彩夺目

k

科　咳　可　刻

开卷有益　慷慨激昂　克敌制胜　快马加鞭

h

酣　含　喊　汉

豪言壮语　和风细雨　横扫千军　呼风唤雨

j

居　局　举　锯

艰苦奋斗　锦绣河山　继往开来　举世无双

q

青　情　请　庆

千军万马　气壮山河　晴天霹雳　群威群胆

x

香　降　想　象

喜笑颜开　响彻云霄　心潮澎湃　栩栩如生

zh

知　职　止　至

辗转反侧　朝气蓬勃　咫尺天涯　专心致志

ch

称　成　逞　秤

超群绝伦　称心如意　赤子之心　出奇制胜

sh

申　神　沈　甚

山水相连　舍生忘死　深情厚谊　生龙活虎

r

rū　如　乳　入

饶有风趣　人才辈出　日新月异　如火如荼

z

作　昨　左　做

赞不绝口　责无旁贷　再接再厉　自知之明

c

猜　才　采　菜

沧海一粟　层出不穷　灿烂光明　从容就义

s

虽　随　髓　岁

三思而行　所向披靡　四海为家　肃然起敬

ao

抛　刨　跑　泡

ou

搂　楼　篓　漏

ai

猜　才　采　菜

ei

飞　肥　匪　费

ia

家　夹　甲　架

ie

些　斜　写　榭

ian

鲜　咸　险　现

in

亲　勤　寝　沁

uang

窗　床　闯　创

ua

蛙　娃　瓦　袜

uan

欢　还　缓　幻

uai

乖 guái 拐 怪

üe

薛 学 雪 谑

ün

晕 云 允 运

üan

圈 全 犬 劝

（六）轻声和儿化

1. 阴平、阳平音节后面的轻声音节发音训练

刀子 扔了 安上 吃过 回来 妈妈 姑娘 高粱 逻辑 云彩

2. 上声音节后面的轻声音节发音训练

板子 满上 姐姐 宝贝 顶过 老实 嘱咐 尾巴 本事 喇叭

3. 去声音节后面的轻声音节发音训练

帽子 坏了 退下 种过 去吧 志气 吓唬 对付 义气 下巴

4. 儿化音

（1）音节末尾是 a、o、e、u

a—ar 腊八儿 号码儿

Ia—iar 脚丫儿 豆芽儿

ua—uar 香瓜儿 雪花儿

o—or 山坡儿 薄膜儿

uo—uor 心窝儿 花朵儿

ao—aor 熊猫儿 没跑儿

iao—iaor 填表儿 线条儿

e—er 山歌儿 风车儿

u—ur 里屋儿 火炉儿

ou—our 网兜儿 小偷儿

iou—iour 加油儿 蜗牛儿

（2）韵母为 ai、ei、an、en（包括 uei、uen、ian、uai、uan 和 üan）儿化时失落韵尾

ai—ar 冒牌儿 窗台儿

ei—er 宝贝儿 眼泪儿

an—ar 被单儿 竹竿儿

ian—iar 冒烟儿 心眼儿

en—er 赔本儿 脸盆儿

uei—uer　土堆儿　跑腿儿

uen—uer　条文儿　打盹儿

uai（uan）—uar　土块儿　门环儿

üan—üar　汤圆儿　眼圈儿

（3）韵尾为 ng 的，儿化时失落 ng

ang—ār　肩膀儿　帮忙儿

iang—ār　身量儿-花样儿

uang—uār　小床儿　眼光儿

eng—ēr　边蓬儿　门缝儿

ing—iēr　电影儿　花瓶儿

ueng—uēr　小瓮儿　嗡嗡儿

ong—ōr　小工儿　胡同儿

iong—iōr　叫穷儿　小熊儿

（4）韵母为 i、ü

i—ier　玩意儿　门鼻儿

ü—üer　金鱼儿　小雨儿

（5）韵母或韵尾为 ê 以及韵母为-i（前）、-i（后）

ie—ier　树叶儿　台阶儿

üe—üer　正月儿　空缺儿

-i（前后）—ier　瓜子儿　挑刺儿　夜市儿　戒指儿

（6）韵母为 in、ün

儿化时失落 n、i、ü 等主要元音，加卷舌动作，例如：

in—ier　脚印儿　树荫儿

ün—üer　喜讯儿　合群儿

二、绕口令训练

（一）分类练习

1. 单韵母练习

（1）坡上立着一只鹅，坡下就是一条河。宽宽的河，肥肥的鹅，鹅要过河，河要渡鹅，不知是鹅过河，还是河渡鹅？

（2）山上五棵树，架上五壶醋，林中五只鹿，箱里五条裤。伐了山上树，搬下架上的醋，射死林中的鹿，取出箱中的裤。

（3）山前有只虎，山下有只猴。虎撵猴，猴斗虎；虎撵不上猴，猴斗不了虎。

2. 鼻韵母练习

（1）扁担长，板凳宽，扁担没有板凳宽，板凳没有扁担长。扁担绑在板凳上，板凳不让扁担绑在板凳上。

（2）一平盆面，烙一平盆饼，饼碰盆，盆碰饼。

（3）任命是任命，人名是人名，任命不能说成人名，人名也不能说成任命。

（4）山前有个严圆眼，山后有个严眼圆，二人山前来比眼，不知是严圆眼的眼圆，还是严眼圆比严圆眼的眼圆？

3. 复韵母练习

（1）磨坊磨墨，墨碎磨坊一磨墨；梅香添煤，煤爆梅香两眉灰。

（2）出南门，走六步，见着六叔和六舅，叫声六叔和六舅，借我六斗六升好绿豆；过了秋，打了豆，还我六叔六舅六十六斗六升好绿豆。

（3）哥挎瓜筐过宽沟，过沟筐漏瓜滚沟。隔沟挎筐瓜筐扣，瓜滚筐空哥怪沟。

（4）山前有个崔粗腿，山后有个崔腿粗。二人山前来比腿，不知是崔粗腿比崔腿粗的腿粗，还是崔腿粗比崔粗腿的腿粗？

4. 唇音练习

（1）老方扛着黄幌子，老黄扛着方幌子。老方要拿老黄的方幌子，老黄要拿老方的黄幌子，末了儿方幌子碰破了黄幌子，黄幌子碰破了方幌子。

（2）粉红墙上画凤凰，红凤凰，粉凤凰，粉红凤凰，花凤凰。

（3）吃葡萄不吐葡萄皮儿，不吃葡萄倒吐葡萄皮儿。

（4）八百标兵奔北坡，北坡炮兵并排跑，炮兵怕把标兵碰，标兵怕碰炮兵炮。

5. 舌尖中音练习

（1）你会炖炖冻豆腐，你来炖我的炖冻豆腐；你不会炖炖冻豆腐，别胡炖乱炖炖坏了我的炖冻豆腐。

（2）老罗拉了一车梨，老李拉了一车栗。老罗人称大力罗，老李人称李大力。老罗拉梨做梨酒，老李拉栗去换梨。

（3）有个面铺门朝南，门上挂着蓝布棉门帘，摘了蓝布棉门帘，面铺门朝南；挂上蓝布棉门帘，面铺还是门朝南。

（4）大刀对单刀，单刀对大刀，大刀斗单刀，单刀夺大刀。

6. 舌根音、舌面音练习

（1）七加一，再减一，加完减完等于几？七加一，再减一，加完减完还是七。

（2）你也勤来我也勤，生产同心土变金。工人农民亲兄弟，心心相印团结紧。

（3）一班有个黄贺，二班有个王克，黄贺、王克二人搞创作，黄贺搞木刻，王克写诗歌。黄贺帮助王克写诗歌，王克帮助黄贺搞木刻。由于二人搞协作，黄贺完成了木刻，王克写好了诗歌。

（4）小郭画了朵红花，小葛画了朵黄花，小郭想拿他的红花换小葛的黄花，小葛把他的黄花换了小郭的红花。

7. 翘舌音、平舌音练习（一）

（1）天上有个日头，地下有块石头，嘴里有个舌头，手上有五个手指头。不管是天上的热日头、地下的硬石头、嘴里的软舌头、手上的手指头，还是热日头、硬石头、软舌头、手指头，反正都是练舌头。

（2）三山屹四水，四水绕三山；三山四水春常在，四水三山四时春。

（3）长虫围着砖堆转，转完砖堆钻砖堆。

（4）师部司令部指示：四团十连石连长带四十人在十日四时四十四分按时到达师部司令部，师长召开誓师大会。

（5）早招租，晚招租，总找周邹郑曾朱。

8. 翘舌音、平舌音练习（二）

（1）紫瓷盘，盛鱼翅，一盘熟鱼翅，一盘生鱼翅。迟小池拿了一把瓷汤匙，要吃清蒸美鱼翅。一口鱼翅刚到嘴，鱼刺刺进齿缝里，疼得小池拍腿挠牙齿。

（2）字纸里裹着细银丝，细银丝上趴着四千四百四十四个似死似不死的小死虱子皮。

（3）石、斯、施、史四老师，天天和我在一起。石老师教我大公无私，斯老师给我精神食粮，施老师叫我遇事三思，史老师送我知识钥匙。我感谢石、斯、施、史四老师。

（4）石狮寺前有四十四个石狮子，寺前树上结了四十四个涩柿子，四十四个石狮子不吃四十四个涩柿子，四十四个涩柿子倒吃四十四个石狮子。

（二）综合练习二

喇嘛和哑巴

从南边来了个喇嘛，提拉着五斤塔嘛。从北边来个哑巴，腰里别着个喇叭，提拉塔嘛的喇嘛，要拿塔嘛换别喇叭哑巴的喇叭，别喇叭的哑巴，不愿意拿喇叭换提拉塔嘛喇嘛的塔嘛。提拉塔嘛的喇嘛拿塔嘛打了别喇叭的哑巴一塔嘛，别喇叭的哑巴拿喇叭打了提拉塔嘛的喇嘛一喇叭。也不知提拉塔嘛的喇嘛拿塔嘛打坏了别喇叭哑巴的喇叭。也不知别喇叭的哑巴拿喇叭打坏了提拉塔嘛喇嘛的塔嘛。提拉塔嘛的喇嘛敦塔嘛，别喇叭的哑巴吹喇叭。

枣

出东门，过大桥，大桥前面一树枣，拿着竿子去打枣，青的多，红的少，一个枣，两个枣，三个枣，四个枣，五个枣，六个枣，七个枣，八个枣，九个枣，十个枣；十个枣，九个枣，八个枣，七个枣，六个枣，五个枣，四个枣，三个枣，两个枣，一个枣，这是一个绕口令，一口气说完才算好。

卖鸡卵

有个懒汉本姓阮，提个篮子卖鸡卵，“卖卵”“卖卵”使劲喊，谁都不来买鸡卵，不是鸡卵品种乱，而是鸡卵皮太软。卖不出鸡卵难买饭，回家吃饭路又远，胡乱烧把烂草取取暖，再吃掉篮子里几个软鸡卵。

师父四十四

山里有个寺，山外有个市，弟子三十三，师父四十四。三十三的弟子在寺里练写字，四十四的师父到市里去办事。三十三的弟子用了四十四小时，四十四的师父走了三十三里地。走了三十三里地就办了四十四件事，用了四十四小时才写了三十三个字。

铜勺舀热油

铜勺舀热油，铁勺舀凉油，铜勺舀了热油舀凉油，铁勺舀了凉油舀热油。舀油入炒勺，月月有佳肴。先炖鱿鱼块，后扒羊肉条。火在炉下燃，油在勺中熬，满锅同炎热，管它铜勺与铁勺。

婆婆和嬷嬷

婆婆和嬷嬷，来到山坡坡，婆婆默默采蘑菇，嬷嬷默默拔萝卜。婆婆拿了一个破簸箕，嬷嬷带了一个薄笸箩，婆婆采了半簸箕小蘑菇，嬷嬷拔了一笸箩大萝卜。婆婆采了蘑菇换饽饽，嬷嬷卖了萝卜买馍馍。

河边两只鹅

河边两只鹅，白鹅与灰鹅，哦哦爱唱歌，唱得渴又饿，昂首吸飞蛾，飞蛾啄不住，岸边去找窝。草窝暗又矮，只得去过河，河里真暖和，有吃又有喝，不能再挨饿，遨游真快活，安心唱爱歌。

西河大鼓

高高山上有一位老僧，身穿着衲头几千层。

你要问老僧年纪有多么大，曾记得黄河九澄清。

五百年前，澄一澄，总共是四千五百冬。

老僧收了八个徒弟，八个弟子个顶个的有法名。

大徒弟名字就叫青头愣，二徒弟名叫愣头青。

三徒弟名字就叫僧三点，四徒弟名字就叫点三僧。

五徒弟名叫蹦葫芦棒，六徒弟名叫棒葫芦蹦。

七徒弟名叫随风倒，八徒弟就叫倒随风。

八个徒弟，学会了八种艺，八仙过海，各显其能：

青头愣会打磬，愣头青会撞钟。僧三点会吹管，点三僧会捧笙。

蹦葫芦棒会打鼓，棒葫芦蹦会念经。随风倒会扫地，这倒随风会点灯。

老师父叫他们换上了一换，不知道换成换不成。

这个愣头青他打不了这青头愣的磬，青头愣撞不了愣头青的钟。

点三僧吹不了这僧三点的管，僧三点捧不了点三僧的笙。

棒葫芦蹦打不了蹦葫芦棒的鼓，蹦葫芦棒念不了棒葫芦蹦的经。

倒随风扫不了这随风倒的地，随风倒点不了这倒随风的灯。

老师父一见有了气，要打徒弟整八名。眼睁睁，八个徒弟个顶个地就要挨打，从外面，又来了五位云游的僧。五位僧人把情讲，罚他们后面去数塔玲珑。玲珑宝塔，十三层儿，临去数单层，回来数双层，谁要是数过来谁就是大师兄。

玲珑塔

玲珑塔来塔玲珑，玲珑宝塔第一层。一张高桌四条腿，一个和尚一本经，一个铙钹一口磬，一个木鱼一盏灯。一个金钟，整四两，西北风一刮，纹儿了纹儿了响纹儿了嗡。

玲珑塔，塔玲珑，玲珑宝塔第三层。三张高桌十二条腿，三个和尚三本经，三个铙钹三口磬，三个木鱼三盏灯。三个金钟，十二两，西北风一刮，纹儿了纹儿了响纹儿了嗡。

玲珑塔，塔玲珑，玲珑宝塔第五层。五张高桌二十条腿，五个和尚五本经，五个铙钹五口磬，五个木鱼五盏灯。五个金钟，二十两，西北风一刮，纹儿了纹儿了响纹儿了嗡。

玲珑塔，塔玲珑，玲珑宝塔第七层。七张高桌二十八条腿，七个和尚七本经，七个铙钹七口磬，七个木鱼七盏灯。七个金钟，二十八两，西北风一刮，纹儿了纹儿了响纹儿了嗡。

玲珑塔，塔玲珑，玲珑宝塔第九层。九张高桌三十六条腿，九个和尚九本经，九个铙钹九口磬，九个木鱼九盏灯。九个金钟，三十六两，西北风一刮，纹儿了纹儿了响纹儿了嗡。

玲珑塔，塔玲珑，玲珑宝塔十一层。十一张高桌四十四条腿，十一个和尚十一本经，十一个铙钹十一口磬，十一个木鱼十一盏灯。十一个金钟，四十四两，西北风一刮，纹儿了纹儿了响纹儿了嗡。

玲珑塔，塔玲珑，玲珑宝塔十三层。十三张高桌五十二条腿，十三个和尚十三本经，十三个铙钹十三口磬，十三个木鱼十三盏灯。十三个金钟，五十二两，西北风一刮，纹儿了纹儿了响纹儿了嗡。

玲珑塔来塔玲珑，玲珑宝塔十二层。十二张高桌四十八条腿，十二个和尚十二本经，十二个铙钹十二口磬，十二个木鱼十二盏灯。十二个金钟，四十八两，西北风一刮，纹儿了纹儿了响纹儿了嗡。

玲珑塔，塔玲珑，玲珑宝塔第十层。十张高桌四十条腿，十个和尚十本经，十个铙钹十口磬，十个木鱼十盏灯。十个金钟，四十两，西北风一刮，纹儿了纹儿了响纹儿了嗡。

玲珑塔，塔玲珑，玲珑宝塔第八层。八张高桌三十二条腿，八个和尚八本经，八个铙钹八口磬，八个木鱼八盏灯。八个金钟，三十二两，西北风一刮，纹儿了纹儿了响纹儿了嗡。

玲珑塔，塔玲珑，玲珑宝塔第六层。六张高桌二十四条腿，六个和尚六本经，六个铙钹六口磬，六个木鱼六盏灯。六个金钟，二十四两，西北风一刮，纹儿了纹儿了响纹儿了嗡。

玲珑塔，塔玲珑，玲珑宝塔第四层。四张高桌十六条腿，四个和尚四本经，四个铙钹四口磬，四个木鱼四盏灯。四个金钟，十六两，西北风一刮，纹儿了纹儿了响纹儿了嗡。

玲珑塔，塔玲珑，玲珑宝塔第二层。两张高桌八条腿，两个和尚两本经，两个铙钹两口磬，两个木鱼两盏灯。两个金钟，整八两，西北风一刮，纹儿了纹儿了响纹儿了嗡。

僧人正数玲珑塔，抬起头来看分明：天上看，满天星；地上看，有个坑；
坑上看，冻着冰；冰上看，长着松；松上看，落着鹰；山前看，一老僧；
僧前看，一本经；屋里看，点着灯；墙上看，钉着钉；钉上看，挂着弓。

看着看着花了眼，可不好了，西北乾天起了大风。说大风，好大的风，十个人见了九个人惊。

刮散了，满天星；刮平了，地上坑；刮化了，坑上冰；刮倒了，冰上松；刮飞了，松上鹰；刮跑了，一老僧；刮碎了，一本经；刮灭了，屋里灯；刮掉了，墙上钉；刮翻了，钉上弓。

（三）综合训练二

1. b，p，m 组练习

这一组练习，所练的是我们的唇舌力度和语音喷口，在这里 b 为不喷口音，p 为喷口音。

一口气数不了二十四个葫芦、四十八个瓢，一个葫芦两个瓢，两个葫芦四个瓢，三个葫芦六个瓢，四个葫芦八个瓢，五个葫芦十个瓢，六个葫芦十二个瓢，七个葫芦十四个瓢，八个葫芦十六个瓢，九个葫芦十八个瓢，十个葫芦二十个瓢……一直说下去，看你能数多少个葫芦多少个瓢！一口气啊……

八百标兵奔北坡，
炮兵并排北边跑，
炮兵怕把标兵碰，
标兵怕碰炮兵炮。

白布包白果，白果恨白布，
白布打白果，白果打白布。

吃葡萄不吐葡萄皮，不吃葡萄倒吐葡萄皮。

铺别的皮褥子不如铺豹皮褥子强。

白庙外蹲着一只白猫，
白庙里有一顶白帽，
白庙外的白猫看见了白帽，
叼着白庙里的白帽跑出了白庙。

一座棚傍峭壁旁，
峰边喷得瀑布长，
不怕暴雨瓢泼冰雹落，
不怕寒风扑面雪飘扬，
并排分班翻山攀坡把宝找，
聚宝盆里松柏飘香百宝藏，
背宝奔跑报矿炮劈火，
篇篇捷报飞伴金凤凰。

2. 声母混合练习

打特盗

调到敌岛打特盗，
特盗太刁投短刀，

挡推顶打短刀掉，
踏盗得刀盗打倒。

炖豆腐

说你会炖我的炖冻豆腐，
来炖我的炖冻豆腐，
不会炖我的炖冻豆腐，
别胡炖乱炖假充会炖看炖坏了我的炖冻豆腐。

六十六岁刘老六

六十六岁刘老六，
修了六十六座走马楼，
楼上摆了六十六瓶苏合油，
门前栽了六十六棵垂杨柳，
柳上拴了六十六个大马猴。
忽然一阵狂风起，
吹倒了六十六座走马楼，
打翻了六十六瓶苏合油，
压倒了六十六棵垂杨柳，
吓跑了六十六个大马猴，
气死了六十六岁刘老六。

黄花与红花

华华有两朵黄花，
红红有两朵红花。
华华要红花，
红红要黄花。
华华送给红红一朵黄花，
红红送给华华一朵红花。

化肥会挥发

黑化肥发灰，灰化肥发黑。
黑化肥发灰会挥发，
灰化肥挥发会发黑。

黑化肥挥发发灰会花飞，
灰化肥挥发发黑会飞花。
黑灰化肥会挥发发灰黑讳为花飞，
灰黑化肥会挥发发黑灰为讳飞花。
黑灰化肥灰会挥发发灰黑讳为黑灰花会飞，
灰黑化肥灰会挥发发黑灰为讳飞花化为灰。
黑化黑灰化肥灰会挥发发灰黑讳为黑灰花会回飞，
灰化灰黑化肥灰会挥发发黑灰为讳飞花回化为灰。

哥与怪狗

哥挎瓜筐过宽沟，
赶快过沟看怪狗。
光看怪狗瓜筐扣，
瓜滚筐空哥怪狗

蒋家羊，杨家墙

蒋家羊撞倒了杨家墙，
杨家墙压死了蒋家羊，
杨家要蒋家赔墙，
蒋家要杨家赔羊。

漆匠与锡匠

七巷一个漆匠，西巷一个锡匠，
七巷漆匠偷了西巷锡匠的锡，
西巷锡匠拿了七巷漆匠的漆，
七巷漆匠气西巷锡匠偷了漆，
西巷锡匠讥七巷漆匠拿了锡。
请问锡匠和漆匠，
谁拿谁的锡？
谁偷谁的漆？

真稀奇

稀奇稀奇真稀奇，
麻雀踩死老母鸡，
蚂蚁身长三尺六，

六十岁的老头躺在摇篮里。

石狮子，涩柿子

山前有四十四棵死涩柿子树，
山后有四十四只石狮子。
山前的四十四棵死涩柿子树，
涩死了山后的四十四只石狮子。
山后的四十四只石狮子，
咬死了山前的四十四棵死涩柿子树。
不知是山前的四十四棵死涩柿子树涩死了山后的四十四只石狮子，
还是山后的四十四只石狮子咬死了山前的四十四棵死涩柿子树。

子词丝

四十四个字和词，
组成了一首子词丝的绕口词。
桃子李子梨子栗子橘子柿子槟子榛子，
栽满院子村子和寨子。
刀子斧子锯子凿子锤子刨子尺子做出桌子椅子和箱子。
名词动词数词量词代词副词助词连词造成语词诗词和唱词。
蚕丝生丝热丝缫丝染丝晒丝纺丝织丝自制粗细丝人造丝。

湿字纸

刚往窗上糊字纸，
你就隔着窗户撕字纸，
一次撕下横字纸，
一次撕下竖字纸，
横竖两次撕了四十四张湿字纸。
是字纸你就撕字纸，
不是字纸，
你就不要胡乱地撕一地纸。

施氏食狮史

石室诗士施氏，嗜狮，誓食十狮，施氏时时适市视狮，十时适十狮市，是时，适施氏适市。施氏视十狮，恃矢势，使是十狮逝世。施氏拾是十狮尸，适石室，石室湿，施氏使侍拭石室，石室拭，施氏始试食十狮尸，食时，始识十狮尸实是十石狮尸，试释是事。

四季

夏日无日日亦热，
冬日有日日亦寒，
春日日出天渐暖，
晒衣晒被晒褥单，
秋日天高复云淡，
遥看红日薄西山。

（四）综合训练三

河与鹅

坡上立着一只鹅，
坡下就是一条河。
宽宽的河，肥肥的鹅，
鹅要过河，河要渡鹅。
不知是鹅过河，还是河渡鹅

鼓与虎

鼓上画只虎，
破了拿布补。
不知布补鼓，
还是布补虎。

女老李与女小吕

这天天下雨，
体育局穿绿雨衣的女小吕，
去找穿绿运动衣的女老李。
穿绿雨衣的女小吕，
没找到穿绿运动衣的女老李，
穿绿运动衣的女老李，
也没见着穿绿雨衣的女小吕

说“尔”

要说“尔”专说“尔”/马尔代夫，喀布尔/阿尔巴尼亚，扎伊尔/卡塔尔，尼泊尔/贝尔格莱德，安道尔/萨尔瓦多，伯尔尼/利伯维尔，班珠尔/厄瓜多尔，塞舌尔/汉密尔顿，尼日尔/圣彼埃尔，巴斯特尔/塞内加尔的达喀尔，阿尔及利亚的阿尔及尔。

切茄子

姐姐借刀切茄子，
去把儿去叶儿斜切丝，
切好茄子烧茄子，
炒茄子、蒸茄子，
还有一碗焖茄子。

真叫绝

真绝，真绝，真叫绝，
皓月当空下大雪，
麻雀游泳不飞跃，
鹊巢鸠占鹊喜悦。

换绿裙

军车运来一堆裙，
一色军用绿色裙。
军训女生一大群，
换下花裙换绿裙。

瘸子与茄子

南边来个瘸子，担了一挑子茄子，
手里拿着个碟子，地下钉着木头橛子。
没留神那橛子绊倒了瘸子，撒了瘸子茄子，
砸了瘸子碟子，瘸子爬起来要捡茄子。
北边来个醉老爷子，腰里掖着烟袋别子，
过来要买瘸子茄子，瘸子不乐意卖给醉老爷子茄子。
老爷子一生气抢了瘸子茄子，瘸子拔起橛子追老爷子，
快给瘸子茄子，不给瘸子茄子，
招呼手里橛子，猫腰捡茄子拾碟子。
老爷子一生气，不给瘸子茄子，
拿起烟袋别子，就打瘸子。

瘸子拿起橛子砍老爷子，
也不知老爷子的烟袋别子打了瘸子茄子，
也不知瘸子橛子打了老爷子烟袋别子。

大嫂子与大小子

一个大嫂子，一个大小子。
大嫂子跟大小子比包饺子，
看是大嫂子包的饺子好，
还是大小子包的饺子好；
再看大嫂子包的饺子少，
还是大小子包的饺子少。
大嫂子包的饺子又小又好又不少，
大小子包的饺子又小又少又不好。

崔粗腿与严圆眼

山前住着个崔粗腿，
山后边住着个崔腿粗，
两人山前来比腿，
也不知崔粗腿比崔腿粗的腿粗，
还是崔腿粗比崔粗腿的腿粗。
山前住着个严圆眼，
山后边住着个严眼圆，
两人山前来比眼，
也不知严圆眼比严眼圆的眼圆，
还是严眼圆比严圆眼的眼圆。

贝贝与菲菲

贝贝飞纸飞机，
菲菲要贝贝的纸飞机，
贝贝不给菲菲自己的纸飞机，
贝贝教菲菲自己做能飞的纸飞机。

大妹、小妹收麦

大妹和小妹，一起去收麦。
大妹割大麦，小妹割小麦。

大妹帮小妹挑小麦，小妹帮大妹挑大麦。
大妹小妹收完麦，噼噼啪啪齐打麦。

颠倒话

忽听门外人咬狗，拿起门来开开手；
拾起狗来打砖头，又被砖头咬了手；
从来不说颠倒话，口袋驮着骡子走。

鸭与霞

天上飘着一片霞，水上漂着一群鸭。
霞是五彩霞，鸭是麻花鸭。
麻花鸭游进五彩霞，五彩霞挽住麻花鸭。
乐坏了鸭，拍碎了霞，分不清是鸭还是霞。

表与鸟

水上漂着一只表，
表上落着一只鸟。
鸟看表，表瞪鸟，
鸟不认识表，表也不认识鸟。

酒与油

一葫芦酒，九两六；
一葫芦油，六两九。
六两九的油，要换九两六的酒；
九两六的酒，不换六两九的油。

胖娃娃与活蛤蟆

一个胖娃娃，画了三个大花活蛤蟆；
三个胖娃娃，画不出一个大花活蛤蟆。
画不出一个大花活蛤蟆的三个胖娃娃，
真不如画了三个大花活蛤蟆的一个胖娃娃。

威威、伟伟和卫卫

威威、伟伟和卫卫，拿着水杯去接水。
威威让伟伟，伟伟让卫卫，

卫卫让威威，没人先接水。
一二三，排好队，一个一个来接水。

扁担长，板凳宽

说扁担长，板凳宽，
板凳没有扁担长，
扁担没有板凳宽。
扁担要绑在板凳上，
板凳不让扁担绑在板凳上，
扁担偏要扁担绑在板凳上。

面铺面冲南

出前门，往正南，
有个面铺面冲南，
门口挂着蓝布棉门帘。
摘了它的蓝布棉门帘，
面铺面冲南；给他挂上蓝布棉门帘，
面铺还是面冲南

卖针与卖盆

小陈去卖针，小沈去卖盆。
两人挑着担，一起出了门。
小陈喊卖针，小沈喊卖盆。
也不知是谁卖针，也不知是谁卖盆。

台灯与屏风

郑政捧着盏台灯，
彭澎扛着架屏风，
彭澎让郑政扛屏风，
郑政让彭澎捧台灯。

陈庄与程庄

陈庄程庄都有城，陈庄城通程庄城。
陈庄城和程庄城，两庄城墙都有门。
陈庄城进程庄人，陈庄人进程庄城。

请问陈程两庄城，两庄城门都进人，
那个城进陈庄人，程庄人进那个城？

半边莲

半边莲，莲半边，半边莲长在山涧边。
半边天路过山涧边，发现这片半边莲。
半边天拿来一把镰，割了半筐半边莲。
半筐半边莲，送给边防连。

杨家羊与蒋家墙

杨家养了一只羊，蒋家修了一道墙。
杨家的羊撞倒了蒋家的墙，蒋家的墙压死了杨家的羊。
杨家要蒋家赔杨家的羊，蒋家要杨家赔蒋家的墙。

星与鹰

天上七颗星，树上七只鹰，
梁上七个钉，台上七盏灯。
拿扇扇了灯，用手拔了钉，
举枪打了鹰，乌云盖了星。

卖筐与卖网

王庄卖筐，匡庄卖网，
王庄卖筐不卖网，
匡庄卖网不卖筐。
你要买筐别去匡庄去王庄，
你要买网别去王庄去匡庄。

栽葱与栽松

冲冲栽了十畦葱，松松栽了十棵松。
冲冲说栽松不如栽葱，松松说栽葱不如栽松。
是栽松不如栽葱，还是栽葱不如栽松？

大帆船与小帆船

大帆船，小帆船，
竖起桅杆撑起船。

风吹帆，帆引船，
帆船顺风转海湾。

圆圈与圈圆

圆圈圆，圈圆圈，圆圆娟娟画圆圈。
娟娟画的圈连圈，圆圆画的圈套圈。
娟娟圆圆比圆圈，看看谁的圆圈圆。

走与扭

走一走，扭一扭，见到柳树搂一搂；
走二走，扭二扭，见到柳树搂二搂；
走三走，扭三扭，见到柳树搂三搂；
走四走，扭四扭，见到柳树搂四搂；
走五走，扭五扭，见到柳树搂五搂；
走六走，扭六扭，见到柳树搂六搂；
走七走，扭七扭，见到柳树搂七搂；
走八走，扭八扭，见到柳树搂八搂；
走九走，扭九扭，见到柳树搂九搂；
走十走，扭十纽，见到柳树搂十搂。

第二章 发声训练

第一节 发声常识

一、播音发声的基本要求及方法

播音主持是新闻工作的一个组成部分，新闻的真实性、准确性要求播音员主持人在自然音域内中声区偏低的部分用声；音色要大方、明朗、干净，艺术夸张、装饰较少，很少使用假声。而在文娱、游戏等节目中则要求声音能适应不同的语言环境，能烘托、表现现场气氛，声音变化的对比度大，夸张、装饰成分较多使用。播音主持是通过电声设备进行信息传递的，要求发声相对集中，对比适度，声音变化不宜太大，但要求有层次，有穿透力。播音语言所负载的信息密度大，所以要求吐字清晰、流畅。同时，由于播音员主持人的特殊身份，受众与社会对他们的发声还有较高的要求：亲切、自如、优美、感染力强并具有较鲜明的特色。播音发声基于生活中的口语发声，最接近生活中的口语发声，但绝不等同于口语发声，而是生活中口语发声的规范、提炼和升华。对播音发声的要求可以归纳为：准确规范，清晰流畅，变化自如。

二、呼吸原理及方法

（一）呼吸器官和呼吸原理

（1）呼吸器官：我们可以把呼吸通道和控制呼吸通道的各生理器官如口腔、鼻腔、咽腔、喉腔、气管、肺、胸腔、膈肌、腹腔等看作呼吸器官。

（2）呼吸原理：播音发声采用胸腹联合式呼吸法。呼出的气流是发声的动力。肺虽然是重要的呼吸器官，但它不会主动进行呼吸，是被动器官。肺吸入或呼出空气要靠胸腔的扩大或缩小，使肺产生负压或压力而实现。在呼吸运动中膈肌起着重要的作用。膈肌的运动决定大约 75% 的吸入或呼出气流量。但膈肌是不随意肌，我们对膈肌的控制只能间接地通过对腹肌的控制改变腹腔压力来实现。而两肋的打开不但扩大了胸腔的容积，而且使膈肌增强了张力，对膈肌的控制能力更强，使控制更容易实现。这就是播音发声中呼吸控制的原理。

（二）播音发声呼吸控制的要领

（1）吸气的要领：吸气要深，两肋打开，腹壁“站定”。

（2）呼气发声的要领：稳劲，持久，变化。

（3）换气的要领：两句话之间，可以从容换气。句首换气，吸气无声，换了就用，留有余地，句尾余气托送，而在句子中间可以进行少量补充（偷气）。

（三）气息运用的方法

在播音发声中，气息的运用要注意以下几个方面：

（1）把握气息的激发因素——思想感情的运动。气生于情而融于声，气随情动，声随情走。

（2）注意开源节流——吸和呼是一对矛盾，呼气是矛盾的主要方面。因为有声语言的表达过程是在呼吸过程中完成的，所以增强呼气发声时的控制能力更重要。

（3）要注意播音发声中呼吸控制只是综合状态的一个方面，还需要加强和其他方面（如：口腔控制、喉部控制、共鸣腔控制等）的配合。

（4）注意练习的科学性和实用性。

三、口腔控制原理和要领

（一）咬字器官和构字原理

（1）咬字器官：喉部发出的喉原音和呼出气流在口腔受到各种节制而形成字音。参与节制的各器官就是咬字器官，包括：双唇、上下齿、齿龈、舌、硬腭和软腭等。

（2）构字原理：语音形成的过程是口腔诸咬字器官的动作对喉部发出的声束和肺部呼出的气流节制加工的过程。不同的节制加工方式形成不同的元音、辅音组合成音节。

（二）口腔控制的要领

口腔控制的要领主要表现在以下几个方面：

1. 唇舌灵活、力量集中

唇舌灵活是语音流畅的前提。在这方面达不到一定的标准，就会出现吃字、滚字、走音现象和语音的僵滞。声音要集中，咬字器官的力量就要集中，它主要应表现在唇和舌上。

2. 打开口腔

打开口腔就是讲求口腔开度，主要是打开后声腔，是通过提颧肌、打牙关、挺软腭、松下巴的配合来实现的。

3. 明确声音发出的路线和字音着力位置

把声音沿软腭、硬腭的中纵线推到硬腭前部，可以明显改善音色，提高声音效果。

四、吐字归音的方法

吐字归音是我国传统声乐艺术提及咬字方法时所用的一个术语，其具体内容既包括发音的基本要领，也包括发音的审美要求。吐字归音从汉语语音的特点出发，把一个音节的发音过程分为出字、立字、归音三个阶段，通过对每个发音阶段不同的控制，使吐字达到清晰、饱满、弹发有力。吐字归音对出字、立字、归音的具体要求是：

字头出字——叼住弹出；

字腹立字——拉开立起；

字尾归音——弱收到位，趋势鲜明。

第二节 练声方法

一、60 分钟声音训练计划表

练习者可根据自己的情况有选择、有针对性地组合操练。

（1）气泡音，闭口和张口共 30 秒。

（2）轻度哼鸣，20 秒。

（3）膈肌训练，狗喘气，闭口 1 分钟，改良的“嘿”“哈”共 30 秒。

（4）慢吸快呼，2 次，20 秒。

（5）慢吸慢呼，2 次，20 秒。

（6）快吸慢呼，4 次，2 分钟。

（7）“丝”——音，20 秒、30 秒各 2 次，1 分钟。

（8）“衣”——音，20 秒、30 秒各 2 次，1 分钟。

（9）搓脸，10 秒。

（10）转颈，10 次，10 秒。

（11）松下巴，10 秒。

（12）提颧肌，10 次，10 秒，手辅和自行交替进行。

（13）咀嚼，闭口、张口各 20 次，30 秒。

（14）半打哈欠，5 次，10 秒。
（15）撮唇，10 次，20 秒。
（16）合口左右噘唇，10 次，左右为一次，30 秒。
（17）转唇，8×8 拍，30 秒。
（18）双唇打响，30 次，30 秒。
（19）弹唇，1 分钟。
（20）b 本音，60 次，1 分钟。
（21）ba 本音，60 次，1 分钟。
（22）ba——ba——ba——ba——，1 分钟。
（23）顶腮，30 次，30 秒。
（24）刮舌，20 次，20 秒。
（25）伸卷舌，20 次，20 秒。
（26）立舌，10 次，30 秒。
（27）转舌，8×8 拍，1 分钟。
（28）弹舌，30 秒。
（29）d 本音，60 次，1 分钟。
（30）da 音，60 次，1 分钟。
（31）da——da——da——da——60 次，1 分钟。
（32）g 本音，60 次，1 分钟。
（33）ga 本音，60 次，1 分钟。
（34）ga——ga——ga——ga——60 次，1 分钟。
（35）ge 音，60 次，1 分钟。
（36）ge——ge——ge——ge——60 次，1 分钟。
（37）数“数儿”，一口气由 1 数到 30，3 次，3 分钟。
（38）数“数儿”，一口气数 10 个八拍，3 次，3 分钟。
（39）数“数儿”，一二三，三二一，一二三四五六七，七六五五六七，七六五四三二一……一口气数 3 到 4 个回合。2 次，2 分钟。
（40）数“数儿”，一二三四五六七八，二二三四五六七八……八二三四五六七八，七二三四五六七八……一二三四五六七八。一口气数下来，2 次，2 分钟。
（41）数“枣儿”，要求尽可能一口气数 20 个以上“枣儿”，2 次，2 分钟。
（42）数“葫芦”，要求一口气数 20 个以上“葫芦”，2 次，2 分钟。
（43）喊操，变换节奏进行，2 分钟。
（44）绕口令，任选 10 段，10 分钟。
（45）有针对性的语段或诗词片段练习，10 分钟。

说我诌，我就诌，听我没事儿我捋舌头。我们那儿有，六十六条胡同口，住着一位六十六岁的刘老六，他家里有六十六订座好高楼，在那楼上头有六十六篓桂花油，在那篓上头蒙六十六匹绿豆绸，在那绸上头绣六十六个大绒球。楼底下钉着六十六根儿檀木的轴，轴上头拴着六十六头大青牛，牛旁边蹲着六十六个大马猴。六十六岁的刘老六，坐在门口啃骨头。

南边儿来了一条狗，那么这条狗它好眼熟。好像是大大妈家、大大妈的脑袋、大大妈的身子、大大妈的尾巴、大大妈的爪子、大大妈的耳朵、大大妈那个鳌头狮子狗。北边儿又来一条狗，那么这条狗它又眼熟。又好像二大妈家、二大妈的脑袋、二大妈的身子、二大妈的尾巴、二大妈的爪子、二大妈的耳朵、二大妈那个鳌头狮子狗。两条狗，抢骨头，打成仇。吓跑了六十六个大马猴，吓惊了六十六头大青牛，拉躺下六十六根儿檀木的轴，撞塌了六十六座好高楼，洒了六十六篓桂花油。油了六十六匹绿豆绸，脏了六十六个大绒球。打南边儿来了个气不休，手里拿着个土坯头，去打狗的头。也不知气不休的土坯头打破了狗的头，也不知狗的头碰破了气不休的土坯头。西边儿来了个秃妞妞，手里拿着个油篓口，去套狗的头。也不知秃妞妞油篓口套上狗的头，还是狗的头钻了秃妞妞的油篓口。狗啃油篓篓油漏，狗不啃油篓篓不漏油。

什么上山吱扭扭，什么下山乱点头，什么长头不长尾，什么长尾不长头，什么有腿家中坐，什么无腿游遍州。赵州桥什么人修，玉石的栏杆什么人留，什么人骑驴桥上走，什么人推车轧道沟，什么人拄刀桥头站，什么人勒马看春秋。什么人白，什么人黑，什么人的胡子一大堆。什么圆圆在天边，什么圆圆在眼前，什么圆圆长街来卖，什么圆圆道儿两边。什么开花儿节节儿高，什么开花儿猫了腰，什么开花儿没人见，什么开花儿一嘴毛。什么鸟儿穿青又穿白，什么鸟儿穿出皂靴来，什么鸟身披十样儿锦，什么鸟身披麻布口袋。

二、练声材料

双扇门，单扇儿开，我破的闷儿自个儿猜。小车子上山吱扭扭，瘸子下山乱点头，蛤蟆长头不长尾，蝎子长尾不长头。板凳有腿家中坐，洋钱无腿游遍州。赵州桥，李春修，玉石的栏杆圣人留，张果老骑驴桥上走，柴王推车轧道沟。周仓拄刀桥头站，关公勒马看春秋。罗成白，敬德黑，张飞的胡子一大堆。月亮圆圆在天边，眼镜圆圆在眼前，烧饼圆圆长街来卖，车轱辘圆圆道儿两边。高粱开花儿节节儿高，梅粟开花儿猫了腰，榶子开花儿没人见，玉米开花儿一嘴毛。喜鹊穿青又穿白，乌鸦穿出皂靴来，野鸡身披十样儿锦，鹨勒身披麻布口袋。

一道儿黑，两道儿黑，三四五六七道儿黑，八九道儿黑十道儿黑。买了个烟袋乌木杆儿，攥着两头儿一道儿黑。二姑娘描眉去打鬓，照着镜子两道儿黑。粉皮墙，写川字儿，横瞧竖瞧三道儿黑。象牙桌子乌木腿儿，搁到炕上四道儿黑。买了个小鸡儿不下蛋，搁到笼儿里捂（五）到儿黑。挺好骡子不吃草，拉到街上遛（六）到儿黑。买了个小驴儿不套磨，鞴上鞍鞯骑（七）到儿黑。二姐儿男人去割麦，丢了镰刀拔（八）到儿黑。月窠儿的孩子得疯病，团几个艾球儿灸（九）到儿黑。卖瓜子儿的时运背，哗啦撒了一大堆。笤帚簸箕不凑手，一个一个拾（十）到儿黑。

正月儿里　正月儿正　姐妹二人去逛灯。大姐名叫粉红女　二姐名叫女粉红。粉红女穿着一件粉红袄　女粉红穿着一件袄粉红。粉红女怀里抱着一瓶粉红酒　女粉红怀里抱着一瓶酒粉红。姐妹找个无人处　推杯换盏饮刘伶。女粉红喝了粉红女的粉红酒　粉红女喝了女粉红的酒纷红。粉红女喝了一个酩酊醉　女粉红喝了一个醉酩酊。女粉红揪着粉红女就打　粉红女揪着女粉红就拧。女粉红撕了粉红女的粉红袄　粉红女撕了女粉红的袄粉红。姐妹打罢摞过手，自己买线自己缝。粉红女买了一条粉红线　女粉红买了一条线粉红。粉红女反缝缝缝粉红袄　女粉红缝反缝缝袄粉红。

闲来没事出城西，树木榔林数不齐。一个一，一二三三二一，一二三四五六七，七六五四三二一，六五四三二一，五四三二一，四三二一，三二一，二一一，一一一。一棵树长着七个枝，七个枝结的七样果，结的是槟子、橙子、橘子、柿子、李子、栗子、梨。

三、气息训练

（一）深吸慢呼气息，控制延长练习

其要领是先学会“蓄气”，先压一下气，把废气排出，然后用鼻和舌尖间隙像“闻花”一样，自然松畅地轻轻吸。吸得要饱，然后气沉丹田，慢慢地放松胸肋，使气像细水长流般慢慢呼出，呼得均匀，控制时间越长越好。反复练习 4 ~6 次。

（二）深吸慢呼数字练习

我们把第一步骤称为“吸提推送”，“吸提”的气息向里向，“推送”的气息向外向下再“推送”，同时做气息延长练习。我们推荐三种练法：

（1）数数练习，“吸提”同前。在“推送”的同时轻声快速地数数字“12345678910”。一口气反复数，数到这口气气尽为止，看你能反复数多少次。

（2）“数枣”练习，“吸提”同前。在“推送”的同时，轻声念“出东门过大桥，大桥底下一树枣，拿竹竿去打枣，青的多红的少。（吸足气）一个枣两个枣三个枣，四个枣五个……”直到这口气气尽为止，看你能数多少个枣。反复4~6次。

（3）“数葫芦”练习，“吸提”同前。在“推送”的同时轻声念：“金葫芦，银葫芦，一口气数不了24个葫芦。（吸足气）一个葫芦两个葫芦三个葫芦……”直到这口气气尽为止，反复4~6次。

数数字、“数枣”和“数葫芦”控制气息，千万不要跑气。开始腹部会出现酸痛，练过一段时间，则会自觉大有进步。

（三）深吸慢呼长音练习

经过气息练习，声音开始逐步加入。这一练习仍是练气为主，发声为辅，在推送的同时选择一中低音区，轻轻地，男生发“啊”音（大嗓发“啊”是外送与练气相顺），女生发“咿”音（小嗓发“咿”是外送）。一口气托住，声音出口呈圆柱形波浪式推进，能拉多长拉多长，反复练习。

（四）托气断音练习

这是声、气各半练习。双手叉腰或护腹，由丹田托住一口气到额咽处冲出，同时发声，声音以中低音为主，有弹性，腹部及横膈膜利用伸缩力同时弹出。我们介绍三种练习：

（1）一口气托住，嘴里发出快速的“噼里啪啦　噼里啪啦”（反复），直到这口气将尽时发出“嘭——啪”的断音。反复4~6次。

（2）一口气绷足，先慢后快地发出“哈哈”（反复）（加快）“哈　哈　哈……”锻炼有进发爆发力的断音。演唱中的“哈哈……”大笑、“啊哈”“啊咳”常用。

（3）一口气绷足，先慢后快地发出“嘿——厚、嘿——厚”（反复逐渐加快）“嘿厚　嘿厚……”加快到气力不支为止，反复练习。

经过这一阶段练习，气为声之本、气为声之帅的气息已基本饱满，“容气之所”已基本兴奋、活跃起来，而声音一直处于酝酿、保护之中，在此基础上即可开始准备声音练习了。

四、气、声、字的练习

戏曲演员尤其是京剧演员包括戏曲爱好者，在喊嗓练声上容易犯急于求成的毛病，恨不得很快地就能喊出又高又亮的嗓音来。急着喊高音，猛喊甚至瞎喊乱喊，这往往是事与愿违的。我们在研究喊嗓练声时，有意地先练气息不急于发声，有利于发声练习，要大家明确练习必须循序渐进，持之以恒。在这第三阶段，我们建议还是不急于爬音阶喊高音，而从气、声、字结合练起。这三者关系应依这样一个顺序：气为音服务，音为腔服务，腔为字服务，字为词服务，词为情服务。从这个顺序中，我们可以看到字的位置居于中心，前面牵着“音”和“腔”，后面联着“词”与“情”。当中一塌，满盘皆输。字音的真切，决定着声音的圆润，“以字行腔”正是这个理儿。在喊嗓练声中，字、音、气的关系应是托足了“气”，找准了“音”，咬真了“字”。具体方法是用汉语拼音的方法把字头、字腹、字尾放大放缓，以字练声，然后加快，同时练嘴皮子和唇齿牙舌喉的灵活性。

（一）唇音练习（先放慢、放大念一遍，逐渐加快到念绕口令）

八—百—标—兵—奔—北—坡，
北—坡—炮—兵—并—排—跑，
炮—兵—怕—把—标—兵—碰，
标—兵—怕—碰—炮—兵—炮。

（二）齿音练习（方法同上）

四——是四，
十——是——十，
十四是——十四，
四十——是——四十，
不要把十四——说成——四十，
也不要把四十——说成——十四。

（三）舌音练习（方法同上）

六十六岁刘老六，
推着六十六只大油篓。
六十六枝垂杨柳，
拴着六十六只大马猴。

（四）喉音练习（方法同上）

山前有只虎，
山下有只猴，
虎撵猴，猴斗虎。
虎撵不上猴，
猴也斗不了虎。

（五）舌音牙音练习（方法同上）

街南来了个瘸子，右手拿着个碟子，左手拿个茄子。街上有个橛子，橛子绊倒了瘸子，右手摔了碟子，左手扔了茄子。

（六）十三道辙字音练习

风（中东）—催（灰堆）—暑（姑苏）—去（一七）—荷（波梭）—花（发花）—谢（乜斜）

秋（由求）—爽（江阳）—云（人辰）—高（遥条）—雁（言前）—自（支思）—来（怀来）

俏（遥条）—佳（发花）—人（人辰）—扭（由求）—捏（乜斜）—出（姑苏）—房（江阳）—来（怀来）

东（中东）—西（一七）—南（言前）—北（灰堆）—坐（波梭）

这样一练，你哪路音圆润，哪路音干瘪，分得清，找得准。气、音、字练习非常实用有效。练声的具体要求如下：

第一，练声的时间以早晨为好，练声之前做一些热身活动，如扩胸运动、广播体操等，然后做口部训练操。（主要是唇部和舌部的训练）

第二，找好练声的正确姿势，双脚自然分开与两肩同宽，头面向正前方，不抬不压。两肩要放松，然后先做深呼吸的练习。接下来从字到词再到短句、到段落、最后到文章，循序渐进地进行训练。

第三，元音 a/o/e/i/u/ü 这几个音应该作为练声的基本音素。特别是元音 a 的练习，如 a 的延长音，a 的直上之下，a 的绕行等。

第四，训练一定要注意循序渐进。用科学的发声方式进行练习，否则适得其反。练习者从每天 10 分钟开始，一直到多日练习后的 30 分钟，依据自己的具体情况决定。以声带没有不适的感觉为准。

第五，如感到声带不适，可以用以下方法缓解：（1）热气熏喉头，倒一杯热水，用双手捂在水面，露一个小口，嘴对着小口吸气、呼气。（2）可做气泡音的练习。

第三章　语言表达基础训练

第一节　语言表达技巧

一、创作准备与思想感情的运动状态

（一）备稿的定义、内容、方法以及应注意的问题

备稿，即创作依据的准备，是每一次具体的播音创作过程中第一个环节，是播音创作活动的开始。经过备稿，播音员、主持人最终的目标是要做到：有稿播音，锦上添花；无稿播音，出口成章。

1. 备稿的含义

（1）播音主持不是个人的随意活动

播音是播音员、主持人在话筒前的有声语言的创作活动，而不是个人的随意的言语活动。播音员、主持人只有忠实、准确地反映稿件的精神实质，鲜明、生动地传达稿件的思想感情，才能圆满完成播音任务，才能实现稿件的播出目的。稿件是作者对于生活的认识和提炼，是作者的“一度创作”。播音作品，是播音员、主持人基于对生活的理解，把稿件的文字符号转化为直接可感的声音符号的“二度创作”。试想，如果对创作客体——稿件没有深刻的了解和把握，这播音创作又从何谈起呢？倘若播音员、主持人与稿件之间处于一种生疏或隔膜状态，是很难产生好的播音作品的。

（2）从文字到有声语言的转换不是简单的对应过程

文稿播音的创造性集中地体现在将文字稿件转化为有声语言的符号转换过程中。稿件的文字语言和由此转化而来的播音有声语言，是稿件内容的两种不同存在形式，各有不同的物质形态，前者诉诸播音员、主持人的视觉，后者诉诸受众的听觉。但是，这二者之间并不仅仅是文字和语音的简单对应。我们知道，稿件是作者对客观世界的认识的反映，是作者思维活动的成果。播音员、

主持人要将这一思维成果转化为清晰、准确、生动感人的有声语言，必须深入稿件中去，并透过稿件认识其反映的现实生活，把握作者的思维过程，领悟、体味作者的认识成果。如果播音员、主持人只做“字形—语音”这样一种语言表层结构的转换，是远远不够的，是不能使语音变成稿件作者和播音员、主持人的双重“心理印迹”的，也就不能渗进播音员、主持人的创造力，也就不会产生出好的播音作品。

（3）稿件内容纷繁、形式多样

播音员和主持人接触到的稿件内容纷繁、形式多样，所涉及内容的深浅不同、雅俗幅度很大，风格各异。这众多而丰富的内容，不可能都为播音员、主持人所熟知，只有在备稿上狠下功夫才能应付自如，保证准确无误，才能清晰从容地传达稿件，为受众服务。

2. 备稿的内容与方法

备稿可以分为广义备稿和狭义备稿。

（1）广义备稿

它是播音创作的基础，播音员和主持人掌握稿件、表达稿件的思想文化基础及语言基本功的锤炼，实质上反映出他们的修养。广播电视节目内容丰富，形式多样，风格各异，其中新闻性节目时效性极强，具体准备稿件的时间往往十分紧迫。这就要求播音员、主持人平时要注意各方面的学习和积累，培养较高的思想政治觉悟和理论水平；积累广博的文化知识和生活体验；具备较丰富的艺术修养和熟练的语言表达技巧。这些为播音再创作提供坚实的基础。

（2）狭义备稿

它是播音员、主持人播出稿件的具体准备方法、要求和步骤。我们把狭义备稿概括为六个步骤，简称“备稿六步”：

第一步：划分层次。所谓层次，是指稿件的布局、结构。拿到一篇稿件后，首先要对稿件的句、段进行整理，即从播音的角度对稿件中的自然段进行归并和划分。

第二步：概括主题。主题是指主要事实中包含的思想意义，也称“稿件的中心思想”。概括主题既要揭示出深刻的思想含义，又要有利于调动播讲者的思想感情。

第三步：联系背景。背景主要是指稿件的播出背景。播出背景包括上情和下情两方面内容。上情是指和稿件有关的党和政府的路线、方针、政策等；下情是指国际、国内各方面的现实情况及其变化，下情里还有“主流”和“支流”。分析背景是为了更好地把握稿件中的政策精神和播音的针对性。

第四步：明确目的。知道了稿件是针对什么而发的之后，还要进一步明确通过播出达到什么样的宣传目的。播讲目的和稿件主题不同，稿件的主题具有稳定性和不变性，但播讲目的在不同时期有不同的侧重和表现，所以，必须结合现实情况去分析目的。

第五步：分清主次。首先要找出重点。找出重点是为了在播讲中有主有次。重点一般是指直接表现主题、体现目的、抒发感情、感染受众的地方。稿件内容的次要部分是指那些起说明、铺垫作用的词语和句段。次要部分为重点部分的表达服务。

第六步：确定基调。基调，是指稿件总的思想感情色彩和分量、播音时总的态度倾向。它体现的是播讲者对稿件认识、感受的整体结果。可以说，一篇稿件播得是否成功，基调提供着最直观、最易感觉到的判断依据。实质上，基调要求播音的表达与理解感受统一，要求声音形式与稿件的体裁风格统一。

3. 备稿应注意的问题

(1) 高度重视，认真备稿

要克服对稿件不重视，凭老经验播音主持的不良倾向，积极认真地进行创作依据的准备。

(2) 备稿应准确迅速

播音员主持人必须具有高质量和高效率的意识。具体到备稿这个环节，从语言表达上，要求准确无误；从效率上，要求备稿迅速熟练。

(3) 备稿不能机械死板

那种拿到稿件，不假思索地张口就念，或者不深入思考，只是简单机械地一遍遍复读的备稿方法，往往是事倍功半的。因为只有消化稿件，把握稿件的精神实质，在稿件的播出目的、针对性和思想感情上下功夫，才有可能播好这篇稿件。

(4) 处理好备稿“质”与“量”的关系

一般来说，在普遍准备的基础上要抓住重点，坚持养成分析稿件的习惯，久而久之，快速驾驭稿件的能力就会不断地提高。

(二) 思想感情的运动状态

1. 感受、态度、感情

(1) 感受

对于播音员主持人来说，播音创作中的感受，就是“感之于外，受之于心”的意思。感之于外，就是视觉、听觉等感受器官不只是感到文字、声音的存在，而是透过文字、声音的符号，感觉到这符号所代表的具体的客观事物的存在。受之于心，是指客观事物对播音员主持人的直接或间接刺激而引起的内心反应和体会。感受，是播音员或主持人因语言符号（文字的、声音的）达于客观事物，从而接受其刺激并主动体验产生内心反应的过程。播音感受，既从稿件、话题、节目和与受众的直接交流中来，又要融化到播音的有声语言中去。

感受本身也是随着理解的深化和感情的积聚而由浅到深，反复推进的。

（2）态度

所谓态度，就是创作者对外界刺激的估量、判断、评价。它是具体的，随语言内容变化的；无论肯定或否定、赞扬或批评都应该是鲜明的、分寸适当的，这些体验和评价还要贴切地体现在播音的有声语言中。播音主持艺术创作的性质和特点决定我们的态度应该是正确的、明朗的，肯定所是，否定所非。

（3）感情

不同的感受、不同的态度，就形成了不同的感情。它比感受更积极、更深刻。它反映创作者的道德、理智、经验，表现出情操、性格、毅力等个性。

2. 具体感受与整体感受

（1）具体感受

感受的基本要素：形象感受。播音创作主体的感受首先是从稿件、话题、节目内容的“表层感触”开始的。而语言、词语、形象的感知是播音感受的起点。客观事物、稿件文字作用于播音员、主持人的感官，首先引起视觉、听觉、嗅觉、触觉、时间、空间知觉、运动知觉的运动，形成一系列相应的形象感知。正是诸如感知的初步内心体验，我们称之为形象感受。形象感受是播音感受中最基本的感受。

感受的结构要素：逻辑感受。在播音感受的初级阶段，播音员、主持人不仅感触到词语所代表的客观世界的形象，同时，也感受到语言序列的内在逻辑。我们称之为逻辑感受，即播音员和主持人在播音创作过程中对文字、声音符号所反映的客观事物间的关系的主观体验。

（2）整体感受

形象感受和逻辑感受都是在客观事物的具体发展阶段和具体稿件、具体话题的具体环节上产生的，因此，都是具体感受。随着语言序列的展开以及对稿件、话题和节目内容的理解的深入，随着对语词文字符号形象感受、逻辑感受的积累，播音员、主持人的感受逐渐地脱离相对孤立的词语感受的材料，而逐渐进入抽象、本质、概括、整体的认识表象的阶段——整体感受。整体感受，就是感受由分散的具体导向综合的整体的过程，就是播音感受由量的积累导向质的飞跃的过程。

二、调动思想感情的方法

（一）情景再现的定义、展开过程以及应注意的问题

1. 情景再现的定义

情景再现就是播音员、主持人以语言内容为依据展开再造想象，使其中的人物、事件、情节、场面、景物、情绪……在自己的脑海里不断浮现，形成连

续的活动的画面，并不断引发相应的态度、感情的过程。

我们可以从以下几个方面来把握情景再现的内涵：

（1）情景再现属于一种联想、想象活动，是对播音员、主持人再造想象特点的概括。

（2）播音员、主持人的联想与想象必须以语言内容为依据，以符合稿件的需要为前提，必须遵循稿件规定的目的、性质、范围、任务，不能信马由缰，任意驰骋。

（3）依据语言内容想象出的画面应该是连续的、活动的、有内在联系的，而不是孤立的、静止的。

（4）播音员和主持人进行联想、想象的目的应该是引发相应的态度、感情。这里需要强调的是，情景再现一定要产生于具体感受中，要以情为主。播音员、主持人通过对语言内容的具体感受，要引发相应的态度、感情，进而激发强烈的播讲愿望，而不能只满足于“画面”清晰，只重视景而忽视情。

2. 情景再现的展开过程

播音员、主持人在具体的语言创作过程中，运动情景再现可以按以下步骤来调动自己的思想感情：

第一步：理清头绪。这一步主要是从情景再现的角度对语言内容进行梳理，它与备稿当中的划分层次有着一致的地方，也有不同之处，这里更注重从画面的角度来理清内容的头绪。包括：把握结构，明确先后顺序；把握画面的主次详略及特点。

第二步：设身处地。设身处地就是通过想象，将自己置身于稿件所描述的情景中，缩短我们与稿件所述情景的时空距离和人物的心理距离等，使我们迅速地投入稿件所规定的情景中，获得现场感，感到“我就在”。

第三步：触景生情。触景生情是情景再现的核心问题。这里强调的是内心积极的反应，摒弃的是“视而不见”“充耳不闻”式的无动于衷。在触景生情这一步，我们还要掌握两点要求：一是反应积极、一触即发；二是以情为主、情景交融。

第四步：现身说法。当内心情感积累到一定的程度时，他们就想把我“亲眼所见，亲耳所闻，亲身所历，亲身所感”的情景再现给受众，并使受众产生某种情景的再现，从中受到感染。这也正是创作主体始而有意、继而实现的责任。

以上四步并非界限分明，而是联系紧密，常常你中有我、我中有你。总之，是要让自己的思想感情运动起来。

3. 情景再现过程中应注意的问题

一是要以播讲目的为中心。情景再现受播讲目的的引导和制约，不要为

"情景再现"而"情景再现"。

二是善于调动各方面的积累，对情景加以丰富和补充，加深创作主体的体验。需要说明的是，不是每一个情景都必须详细补充，也不是同一情景中的每一个地方都要花同样的力气去想象，要抓重点、难点，关键要获得感情触发点。

三是把握情景再现准备与播出时的区别。情景再现在准备与播出的两个环节中，既有联系又有区别。准备是播出的基础，播出应该是体现准备的成果。但两者之间也存在着区别，主要体现为：第一，准备时有较充足的时间去展开想象，再现情景；播出时语句要连续不断，一句紧接一句，没有时间去细致地展开和浮想联翩。否则容易造成情景分离，说到下句时，内心还停留在上句。第二，准备时，创作主体脑海中的画面可以较清晰，形象较鲜明；而播出时，景已模糊，情愈加凸显。在这个阶段，我们不必再细致地展开想象，只需让情景稍加显露，重要的是快速唤起我们准备时的具体感受和触动心灵的那一点。

（二）内在语的定义、作用、分类及把握

1. 内在语的概念及其意义

播音的内在语是指那些在文字语言中所不便表露、不能表露，或没有完全显露出的语句关系和语句本质。

内在语是帮助播音员和主持人把稿件变成自己想要说的话、使思想感情运动起来的内部技巧之一，对播音表达的直接引发和深化含义有着极为重要的意义。

2. 内在语的作用

内在语是播音员、主持人的心理活动，为播音语言表达提供充实的内心依据，其作用概括起来有两大方面：揭示语句本质和揭示语言链条。

（1）揭示语句本质

语句本质是指句子在具体的语言环境中深层的内在含义和态度情感。我们要结合上下文的语境来分析，从语句较宽泛的表层意义来锁定语句本质。语句本质落实到表达上则可以引发出贴切的语气。

（2）揭示语言链条

语言链条实际上是指语句间的逻辑关系。揭示语言链条就是搞清句与句、段与段、层次与层次如何衔接成一个有机整体的问题。特别是在文稿中那些文气不太贯通的地方，在段落层次需要做明显转换而又不好衔接的地方，或需要赋予语言以动作感、形象感的地方，或在需要唤起受众注意、引发他们思考的地方。这些地方都可以运用内在语来衔接、过渡、铺垫或转换，以帮助找到自然贴切的语气，造成一气呵成、浑然一体的效果。

3. 内在语的分类

根据内在语的性质和作用的不同，我们把它分为以下六种基本类型：

（1）发语性内在语

所谓发语性内在语，就是在呼台号之前，在节目、稿件、层次、段落、语句之间加上适当的词语。播音员、主持人把这些词语作为开头在内心播出来，并与稿件原来开头的词语自然地衔接，将其“带发”出来。

（2）寓意性内在语

寓意性内在语是稿件文字的“弦外之音”，是隐含在语句深层的内在含义，是结合上下文语言环境挖掘出来的语句本质和语句目的。

（3）关联性内在语

关联性内在语是指那些没有用文字表示出来的语句关系，具体地说，就是那些体现语句逻辑关系和语法意义的隐含性关联词和短语。它的最大特点是，通过挖掘语句间隐含性的关联词或短语，使语句关系更加明晰。

（4）提示性内在语

提示性内在语用于语句段落层次之间，也是为了解决上下语气衔接的问题，但与关联性内在语有所不同，它不是以关联词和短语的形式出现，而且内容上也更丰富多彩。如果说关联性内在语重在使语句逻辑关系更加严密，那么提示性内在语则更注重使表达语气富于灵动的活力。

（5）回味性内在语

回味性内在语一般用于段落、层次，特别是全文的结尾处。大体上有四种形式：寓意式回味、反问式回味、意境式回味、线索式回味。

（6）反语性内在语

反语性内在语直接体现了语句表层意义与深层含义，即语句本质的对立关系或对比关系。一般来说，它在上下文语境中比较容易把握，大体有对立型反语内在语、反问型反语内在语、双关型反语内在语、非对立型反语内在语。

4. 内在语的最优化

（1）内在语是对稿件理解和感受的集中概括

语句内在语的最优化，是服从于稿件整体，即宣传目的、主题思想和整体基调，切忌就句论句地确定内在语。

（2）在稿件的重点和难点上把握内在语

所谓重点，是宣传目的和主题思想的落脚点，是全篇的关键所在。所谓难点，是指语句本质不好把握，文气不十分贯通，播起来又不好衔接的地方。我们没有必要句句都找内在语，但对重点语句的本质含义应深入挖掘。

（3）要注意语句本质的差异

有两种情况：一是要在搞清语句表层意义的基础上，根据语句目的和上下文语境挖掘语句的深层含义，并准确判断把握具体的态度分寸。二是有些句子表层意义与深层含义异向，这时的内在语应该和句子的深层含义的意向一致统一，而不被文字表面意义所迷惑。

（4）内在语要精确可感，鲜明简洁，有说服力

表述内在语的目的，是训练把握内在语的能力，使自己的思想感情运动起来，而不是为了表述而表述。内在语的把握应力求避免朦胧模糊，内在语的概括表述要精确可感，鲜明简洁，有说服力。

（三）对象感的定义、特征、把握以及应避免的几个误区

1. 对象感的定义

所谓对象感，就是指播音员、主持人必须设想和感觉到对象的存在和对象的反应，必须从感觉上意识到受众的心理、要求、愿望、情绪等，并由此而调动自己的思想感情，使之处于运动状态，从而更好地表情达意，传达稿件节目的精神实质。

2. 对象感强的播音特征

大凡能调动听众、观众思维的积极性，引起共鸣，受欢迎的播音都有很强的对象感。换言之，对象感的作用使播音体现出以下特征：

（1）体现出人文关怀

播音员要在“目中无人”的环境中努力做到“心中有人”，心里时刻装着受众，感觉到受众的存在，想受众之所想、急受众之所急地把握对象的心理要求、愿望和兴趣点，它已经融入传者对受众的真诚、尊重与关爱，这本身就是一种人文关怀。

（2）表达丰富亲切

富有对象感的播音音色富于变化，语气上亦丰富，避免了长时间同一频率所造成的单调，从而保持受众心理上的兴奋状态。表现在播音语言上，语气显得亲切、有变化。

3. 如何把握对象感

要熟悉传播对象，要重视对受众的基本构成进行定性分析，努力获得对象感。那么，怎样才能使对象感不失之笼统？如何获得并把握住对象感？

我们必须具体设想：这样的稿件、这样的内容、这样的形式、这样的宣传目的，在今天，应该播给什么样的人听？哪些人最需要听？听到不同的地方会有什么不同的反应？听完了又会有什么反应？给什么样的人听最能增强我们的播讲愿望，最有利于达到播讲目的？

（1）对象感的“质”与“量”

为了获得对象感，我们可以从质和量两方面去具体设想。所谓质的方面，是指环境、气氛、心理、素养等有关对象的个性要求；所谓量的方面，是指性别、年龄、职业、人数等有关对象的一般情况。而质的方面又是最根本的。从质和量两方面了解受众，设想并掌握受众的特征，找准与受众利益最密切的相

关点，由此获得对象感，我们就能播出新闻的新鲜感，吸引并满足受众的兴趣和要求。

（2）依据节目内容所反映的主题和目的设想对象，获得对象感

一旦掌握了受众的心理需求，找准了与受众利益密切的相关点，有了充足的依据，对象感就会强烈起来，也就到了非说不可的地步。

（3）我们所设想的对象应该稳定统一

就某篇稿件来说，我们设想的具体对象应该是稳定的、统一的，不应该这一段设想对这些人播，那一段设想又对另一些人播。一般而言，设想的对象稳定会使播讲更集中、更鲜明。

（4）播音员、主持人与所设想的对象之间关系是平等的

对象感不是单单设想对象，同时要解决好播音员、主持人与对象的关系问题。为了达到传播的有效性，为了使受众对播音员、主持人产生“认同”和“自己人”的亲近感，播音员、主持人与所设想的对象的关系就应该是平等的关系。这种关系意味着平等、融洽、真诚和坦诚。

（5）熟知对象情况，丰富生活体验

为了获得对象感，为了使设想的对象具体有依据，要尽可能多地熟知各种对象的情况，丰富生活体验。这就要求播音员、主持人应深入生活，通过直接或间接的种种渠道关注现实，了解熟悉各种人，尽量和各个层次各种职业的人打交道，了解更多人的更具体的需要，只有这样，在设想具体对象时才会更切合节目和稿件的内容和形式，更好地达到播讲目的。

4. 注意几个误区

误区之一：播音员主持人执着地去追求设想对象的客观实体。

误区之二：无论什么稿件都设想一种具体对象。

误区之三：对象感时断时续，时有时无。

误区之四：认为稿子并无确定的对象，不必多此一举；或认为稿子已有了限制，就不必设想具体对象了。

误区之五：以为面前有对象就不需要对象感。不知道场外的受众才是我们传播的主体。

三、表达思想感情的方法

（一）停连的定义、作用、位置的确定以及表达

1. 停连的定义

停连是指在有声语言的流动过程中，声音的中断和延续。我们给停连下的定义是：在有声语言的表达过程中，那些为表情达意的需要所作的声音中断、休止就是停顿；反之，那些不中断、不休止的地方（特别是有标点符号而不中

断、不休止的地方）就叫连接。停连，是在有声语言行进中的“标点符号”，停连要按文意、合文气、顺文势，自如地服从思想感情运动的需要。

2. 停连的作用

停连的作用可以表现在许多方面，有的组织区分，使语意明晰；有的造成转折呼应，使逻辑严密；有的可以强调重点，使目的鲜明；有的并列分合，使内容完整；有的体现思考判断，使传情更加生动；有的令人回味想象，创造意境。

当然，停连常常是和其他技巧一起共同服务于表达的。它与重音等技巧相比，最主要的作用是使语言意思更加清楚。也就是说，停连主要是解决播音时怎样断连词句、组织好语言意思的表达问题。因此，播音员、主持人必须学会运用停连组织语句、区分意思。这是进行播音再创造活动的一项语言基本功，是播音员、主持人借以表情达意的语言技巧之一。

3. 停连位置的确定

（1）准确理解语句意思

要想恰当地选定停连的位置，准确达意，首先必须正确理解语句的意思，因为这是关系达意正确与否的大问题。

（2）正确分析语句结构

在理解了书面语言的意思之后，特别是对那些容易看懂而不易让人听明白的长句子，播音员、主持人有必要再作一下播前的句子结构分析。

（3）恰当体会情景神态

有些语句，我们理解意思没错，语句结构也清楚了，但是按一般的词语关系来确定停连位置却仅仅可以使语意清楚，不发生错误，而不能使语句中所蕴含着的生动、丰富的情景神态得以充分的表达。在为表达情景神态而设置停连时，要以不影响语意清楚为前提，然后再以传“神”恰当为标准。

（4）合理处置标点符号

我们再播音中，要按照自己对稿件内容的理解，合理地处置标点符号。也就是说，在那些有标点符号的地方，我们根据需要也可能要连接；在那些没有标点符号的句子中间，我们根据需要也可能特意要停顿。

4. 停连的表达方式

常见的停连方式有以下几种：

（1）落停

这种方式一般用于一个完整的意思讲完之后。它的特点是：第一，停顿的时间较长；第二，停时声止气也尽（气正好用完）；第三，句尾声音顺势而落，停住。

（2）扬停

这种方式一般用在句中无标点符号之处，或一个意思还没有说完而中间又需要停顿的地方。它的特点是：第一，停顿时间较短；第二，停时声停气未尽；第三，停之前的声音稍上扬或是平拉开。

（3）直连

这种方式一般用于有标点符号而内容又联系紧密的地方。它的特点是顺势连带，不露接点。

（4）曲连

这种方式一般用于标点符号两边既需要连接又需要有所区分的地方，特别是一连串的顿号之间，或者是排比句式之类的连接点。它的特点是：连环相接，连而不断，悠扬向前。

（二）重音的定义、作用、位置的确定与表达

1. 重音的定义

在播音中，那些根据语句目的、思想感情的需要而给予强调的词或短语就叫重音。重音的问题实际上是词或词组在句子里面的主次关系问题，不同于词的轻重格式中的重读音节。确定重音的位置，选择重音的表达方法，都要从具体语句着手，从全篇稿件着眼。重音表达方法多种多样，并非只有重读，而应以内容、环境、情感而定。

2. 重音的作用

每篇作品有主题，朗读作品有目的，落实到语句中，语句也有目的，重音就是体现语句目的的重要手段。一般来说，每一个语句至少有一个重音。重音愈精，语意愈清，目的愈明。语言的目的性要靠重音来体现，语句重音必须准确地为语言目的服务。

3. 重音的确定

在正确理解语句意思的基础上，根据重音的主要作用，我们提出三条参考标准和相应的具体选择办法：

（1）重音应该是突出语句目的的中心词

这类词，是指那些在语句中占主导地位和最能揭示语句本质意义的词或词组。它们是准确、鲜明地传达语句目的的核心。

（2）重音应该是体现逻辑关系的对应词

这类词是指那些具有转折、呼应、对比、并列、递进等作用的词语。它们是语句目的的实现过程中的重要逻辑线索。

（3）重音应该是点染感情色彩的关键词

这类词是指那些对显露丰富的感情色彩、情景神态和烘托气氛等起重要作用的比喻、象声以及其他形容性的词或词语。它们可以使特定环境中的语句目的生动形象地突出出来。

选择确定重音的总的原则是：以能否突出语言目的为首要标准，综合考虑

逻辑关系和感情表达的需要，有利则取，不利则舍。

4. 重音的表达

选定了重音之后，并不一定就能恰当地表达出语句目的，还要注意准确地表达重音。运用重音的方法是多种多样的，下面就简单介绍几种常见的强调重音的方法：

（1）强弱法：这是一种用声音的轻重、高低变化来强调重音的方法。需要注意的是，重音不光可以用强和高的声音来强调，强中见弱、高中显低也不失为有效的方法。

（2）快慢法：这是一种用声音急缓、长短、顿连等变化来强调重音的方法。

（3）虚实法：这是一种通过声音的虚实变化来强调重音的方法。

总之，所谓强调重音、突出重音，都是在对比之中实现的。强调重音的方法尽管是多样的，但总的要求只有十六个字：加强对比，协调适当，将就变化，切忌呆板。选用方法时，要从三个方面去考虑：一要能准确体现出语句目的；二要依据思想感情的运动；三要复合语流变化的需要。具体地讲也就是：既要从全篇稿件的高度着眼，达到主次分明；又要从听和说的正常习惯考虑，不显生硬；同时，重音的确定要少而精。这就是运用强调重音的各种方法时所应遵循的基本原则。

（三）语气的定义、感情色彩和分量、声音形式

1. 语气的定义

语气是具体思想感情运动状态支配下语句的声音形式。对语句的实质可以从以下三个方面进行把握：首先，具体的思想感情是语气的“神”、灵魂；其次，具体的声音形式是语气的“形”、躯体；最后，语气存在于句子之中，它在整个的语言流动中占据着核心的位置。

2. 语气的感情色彩和分量

在有声语言的创作活动中，总的感情色彩体现在节目的基调中，而具体的感情色彩体现在语气之中。语气的感情色彩，是指语句包含的是非和爱憎等。“是非”，是指正确、错误、反对、支持、赞扬、批判、严肃、亲切、郑重、活泼、坚定、犹豫等态度方面的具体性质；爱憎，是指挚爱、憎恨、悲痛、喜悦、热望、焦急、恐惧、疑虑、冷淡、愤怒等感情方面的具体性质。态度、感情交融为一体，可以展现各类语句的丰富多彩。

语气的色彩是语句的内在的思想感情的积极运动的显露，它体现为创作主体声音与气息的变化。语气的分量指的是在把握语气感情色彩的基础上，创作主体还要区分是非、爱憎的“度”，能区分感情色彩不同的程度和不同的量级并能使之付诸有声语言的表达。

3. 语气的声音形式

语气的感情色彩和分量是千变万化、丰富多彩的，所以声音形式也一定是曲折起伏、不断变化的。我们用“语势”来表示语气的声音形式。语势，是指一个句子在思想感情的运动状态下声音的态势，或者说有声语言的发展趋向。语势是由气息、声音、口腔状态这三方面因素多层次、立体化的多重组合而构成的。构成语势的这三方面因素是互相渗透、融合在一起的，也使语势呈现为立体的运动变化态势。

(四) 节奏的定义、类型及方法

1. 节奏的定义

节奏是有声语言运动的一种形式。在播音中，节奏应该是由全篇稿件生发出来的、播音员思想感情的波澜起伏所造成的抑扬顿挫、轻重缓急的声音形式的回环往复。我们从四个方面做一下具体分析：首先，播音节奏是以思想感情运动为依据的声音运动形式；其次，播音节奏的外部形式表现为有声语言语流的抑扬顿挫、轻重缓解；再次，节奏的核心是具有一定特点的声音形式的回环往复；最后，播音节奏的基本要求要立足于全篇和整体。

2. 节奏的类型

(1) 轻快型

多扬少抑，声轻不着力，语流中顿挫少，且顿挫时间短，语速较快，轻巧明丽，有一定的跳跃感。全篇重点处的基本语气、基本转换都比较轻快。

(2) 凝重型

多抑少扬，多重少轻，音强而着力，色彩多浓厚，语势较平稳，顿挫较多，且时间长，语速偏慢。重点处的基本语气、基本转换都显得分量较重。

(3) 低沉型

声音偏暗偏沉，语势多为落潮类，句尾落点多显沉重，语速较缓。重点处的基本语气、基本转换多偏于沉缓。

(4) 高亢型

声多明亮高昂，语势多为起潮类，峰峰紧连，扬而更扬，势不可遏，语速偏快。重点处的基本语气、基本转换都带有昂扬积极的特点

(5) 舒缓型

声多轻松明朗，略高但不着力，语势有跌宕但多轻柔舒展、语速徐缓。重点处的基本语气、基本转调都显得舒展、徐缓。

(6) 紧张型

声音多扬少抑，多重少轻，语速快，气较促，顿挫短暂，语言密度大。重点处的基本语气、基本转换都较急促、紧张。

3. 运用节奏的方法

（1）欲扬先抑，欲抑先扬

“扬”一般指声音的趋势向上发展，“抑”一般指声音的趋势向低发展。如果重点要“扬”，“扬”前要“抑”；如果重点要“抑”，“抑”前要“扬”。扬、抑二者本身是对比而言的，并没有什么绝对的标准。

（2）欲停先连，欲连先停

在播音中，连要连得顺畅，停要停得恰当。在连接时，要同时考虑停顿；在停顿中，要注意连接。停连的运用不能生搬硬套，要依文意、合文气、顺文势。

（3）欲轻先重，欲重先轻

轻重相间，虚实相间，也是形成节奏的重要方法。语流推进过程中，由于色彩和分量的需要，在加重声音之前，要先弱化声音，在轻化声音之前，要先强化声音。

（4）欲快先慢，欲慢先快

快慢是节奏的一个重要方面。“慢”是指字音稍长，停顿多而时间长；“快”是指字音短促，停顿少而时间短，连接较多。重点句需要慢时，前面句子则需适当加快；重点句需要快时，前面句子则需要适当减慢。

在实际运用中，四种方法交错、重叠使用。只有综合使用它们，才能使节奏更多灵活多样。四种方法的核心是：加强对比，控纵有节。

第二节　语言表达训练

【训练一】古诗词七首

泊秦淮

杜　牧

烟笼寒水月笼沙，夜泊秦淮近酒家。

商女不知亡国恨，隔江犹唱后庭花。

【释文】

浩渺寒江之上弥漫着迷蒙的烟雾，皓月的清辉洒在白色沙渚之上。入夜，我将小舟泊在秦淮河畔，临近酒家。金陵歌女似乎不知何为亡国之恨黍离之悲，竟依然在对岸吟唱着淫靡之曲《玉树后庭花》。

江　雪

柳宗元

千山鸟飞绝，万径人踪灭。
孤舟蓑笠翁，独钓寒江雪。

【释文】

所有的山，飞鸟全都断绝；所有的路，不见人影踪迹。

江上孤舟，渔翁披蓑戴笠；独自垂钓，不怕冰雪侵袭。

锦　瑟

李商隐

锦瑟无端五十弦，一弦一柱思华年。
庄生晓梦迷蝴蝶，望帝春心托杜鹃。
沧海月明珠有泪，蓝田日暖玉生烟。
此情可待成追忆，只是当时已惘然。

【释文】

瑟本有二十五根弦，但此诗创作于李商隐妻子死后，故五十弦有断弦之意。即使是这样，它的每一弦、每一音节，也足以表达对那美好年华的思念。（此句为转折句。）

庄周其实知道自己只是向往那自由自在的蝴蝶。（本句是对“华年”的阐释。）

望帝那美好的心灵和作为可以感动杜鹃。（本句亦是对“华年”的阐释。）

大海里明月的影子像是眼泪化成的珍珠。（喻指诗人的悲哀，即使是一个明媚的夜晚，依然想到的是眼泪。）

只有在彼时彼地的蓝田才能生成犹如生烟似的良玉。（暗指诗人对当时社会局势的不满。）

那些美好的事和年代，只能留在回忆之中了。（亦指自己对青春年华的追思之情。）

而在当时那些人看来那些事都只是平常罢了，却并不知珍惜。（亦指自己在年轻时对生活的态度也是那样不知珍惜。）

念奴娇·赤壁怀古

苏 轼

大江东去，浪淘尽，千古风流人物。
故垒西边，人道是，三国周郎赤壁。
乱石穿空，惊涛拍岸，卷起千堆雪。
江山如画，一时多少豪杰。
遥想公瑾当年，小乔初嫁了，雄姿英发。
羽扇纶巾，谈笑间，樯橹灰飞烟灭。（樯橹一作强虏）
故国神游，多情应笑我，早生华发。
人生如梦，一尊还酹江月。（人生一作人间；尊通樽）

【释文】

大江浩浩荡荡向东流去，滔滔巨浪淘尽千古英雄人物。

那旧营垒的西边，人们说那就是三国周瑜鏖战的赤壁。

陡峭的石壁直耸云天，如雷的惊涛拍击着江岸，激起的浪花好似卷起千万堆白雪。

雄壮的江山奇丽如图画，一时间涌现出多少英雄豪杰。

遥想当年的周瑜春风得意，绝代佳人小乔刚嫁给他，他英姿奋发豪气满怀。

手摇羽扇头戴纶巾，谈笑之间，强敌的战船烧得灰飞烟灭。

我今日神游当年的战地，可笑我多情善感，过早地生出满头白发。

人生犹如一场梦，且洒一杯酒祭奠江上的明月。

月下独酌

李 白

花间一壶酒，独酌无相亲。
举杯邀明月，对影成三人。
月既不解饮，影徒随我身。
暂伴月将影，行乐须及春。
我歌月徘徊，我舞影零乱。
醒时同交欢，醉后各分散。
永结无情游，相期邈云汉。

【释文】

准备一壶美酒，摆在花丛之间，自斟自酌无亲无友，孤独一人。我举起酒杯邀请媚人的明月，低头窥见身影，共饮已有三人。月儿，你那里晓得畅饮的乐趣？影儿，你徒然随偎我这个孤身！暂且伴随玉兔，这无情瘦影吧，我应及时行乐，趁着春宵良辰。月听我唱歌，在九天徘徊不进，影伴我舞步，在地上蹦跳翻滚。清醒之时，咱们尽管作乐寻欢，醉了之后，免不了要各自离散。月呀，愿和您永结为忘情之友，相约在高远的银河岸边再见！

声声慢

李清照

寻寻觅觅，冷冷清清，凄凄惨惨戚戚。乍暖还寒时候，最难将息。三杯两盏淡酒，怎敌他、晚来风急？雁过也，正伤心，却是旧时相识。满地黄花堆积。憔悴损，如今有谁堪摘？守着窗儿，独自怎生得黑？梧桐更兼细雨，到黄昏、点点滴滴。这次第，怎一个愁字了得！

【释文】

苦苦地寻寻觅觅，却只见冷冷清清，怎不让人凄惨悲戚。乍暖还寒的时节，最难保养休息。喝三杯两杯淡酒，怎么能抵得住早晨的寒风急袭？一行大雁从眼前飞过，更让人伤心，因为都是旧日的相识。

园中菊花堆积满地，都已经憔悴不堪，如今还有谁来采摘？冷清清地守着窗子，独自一个人怎么熬到天黑？梧桐叶上细雨淋漓，到黄昏时分，还是点点滴滴。这般情景，怎么能用一个“愁”字了结！

满江红

岳　飞

怒发冲冠，凭栏处，潇潇雨歇。
抬望眼，仰天长啸，壮怀激烈。
三十功名尘与土，
八千里路云和月。
莫等闲白了少年头，空悲切。

靖康耻，犹未雪；
臣子恨，何时灭！
驾长车，踏破贺兰山缺。
壮志饥餐胡虏肉，
笑谈渴饮匈奴血。
待从头，收拾旧山河，朝天阙！

【释文】

我愤怒得头发竖了起来，帽子被顶飞了。独自登高凭栏远眺，骤急的风雨刚刚停歇。抬头远望天空，禁不住仰天长啸，一片报国之心充满心怀。三十多年来虽已建立一些功名，但如同尘土微不足道，南北转战八千里，经过多少风云人生。好男儿，要抓紧时间为国建功立业，不要空空将青春消磨，等年老时徒自悲切。

靖康之变的耻辱，至今仍然没有被雪洗。作为国家臣子的愤恨，何时才能泯灭！我要驾着战车向贺兰山进攻，连贺兰山也要踏为平地。我满怀壮志，打仗饿了就吃敌人的肉，谈笑渴了就喝敌人的鲜血。待我重新收复旧日山河，再带着捷报向国家报告胜利的消息！

【训练二】 现代诗两首

再别康桥

徐志摩

轻轻的我走了，
正如我轻轻的来；
我轻轻的招手，
作别西天的云彩。

那河畔的金柳，
是夕阳中的新娘；
波光里的艳影，
在我的心头荡漾。

软泥上的青荇，
油油的在水底招摇；
在康河的柔波里，
我甘心做一条水草！

那榆荫下的一潭，
不是清泉，
是天上虹，揉碎在浮藻间，
沉淀着彩虹似的梦。

寻梦？撑一支长篙，
向青草更青处漫溯；
满载一船星辉，
在星辉斑斓里放歌。

但我不能放歌，
悄悄是别离的笙箫；
夏虫也为我沉默，
沉默是今晚的康桥！

悄悄的我走了，
正如我悄悄的来；
我挥一挥衣袖，
不带走一片云彩。

相信未来

佚名

当蜘蛛网无情地查封了我的炉台，
当灰烬的余烟叹息着贫困的悲哀
我依然固执地铺平失望的灰烬，
用美丽的雪花写下：相信未来。

当我的葡萄化为深秋的露水，
当我的鲜花依偎在别人的情怀，
我依然固执地用凝露的枯藤，
在凄凉的大地上写下：相信未来。

我要用手指那涌向天边的排浪，
我要用手撑那托起太阳的大海，
摇曳着曙光这支温暖漂亮的笔杆，
用孩子的笔体写下：相信未来。

我之所以坚定地相信未来，
是我相信未来人们的眼睛，

她有拨开历史风尘的睫毛，
她有看透岁月篇章的瞳孔。

不管人们对于我们腐烂的皮肉，
那些迷途的怅惘，失败的痛苦，
是寄予感动的热泪，深切的同情，
还是给予轻蔑的微笑，辛辣的嘲讽。

我坚信人们对于我们的脊骨，
那无数次的探索，迷途，失败和成功，
一定会给予热情、客观、公正的评定。
是的，我焦急地等待着他们的评定。

朋友，坚定地相信未来吧，
相信不屈不挠的努力，
相信战胜一切的青春，
相信永不衰竭的斗志，
相信未来相信生命。

【训练三】　　猴子吃西瓜

很早很早以前，猴王得到一个大西瓜，它非常高兴。

可是这个西瓜怎么个吃法呢？猴王可是擀面杖吹火——窍不通。想问问别的猴子吧，又怕掉价。于是它灵机一动，召开了一个猴子大会。什，猴王手摸胡须，高声讲道："诸位、各位、在其位、猴子猴孙们！本猴王得到一只大西瓜，这只大西瓜的味道，那可真是……啊，太鲜美啦。我今天把大家召来，就是想和大家一起分享。至于这只西瓜是怎么吃法，我当然是非常清楚了。不过，我今天先要考考大家，看看你们当中谁最有学问，知道这只西瓜怎么吃法，谁说对了就奖励它，谁说错了呢！就惩罚它。"

猴子们一听，一个个抓耳挠腮，议论纷纷，是啊！这西瓜到底是怎么个吃法呢？这时一只小毛猴从台下大声喊道："我知道！我知道！吃西瓜当然是吃瓤了！""什么？吃西瓜吃瓤，呸，真是小毛猴没见过世面！""这猴乳臭未干，它懂什么？这西瓜，怎么能吃瓤呢？大伙想想我们吃甜瓜，不是都吃皮，把瓤倒掉吗？对吧？"其他的猴子其实也不知道这西瓜到底是怎么个吃法？一听老猴子说得有根有据的。再说，人家老猴了年纪大，经验多，他说得肯定没错。于是就一起嚷道："对对，猴大伯说得对，吃西瓜就是吃皮儿就是吃皮儿，吃皮儿吃皮儿吃皮儿吃皮儿。”猴王一听，老猴子说要吃皮儿，大伙都说是吃皮儿，心里有了底儿，把桌子一拍，说道：“大家静一静，静一静，看来大家是非常聪明的，这吃西瓜嘛，当然是吃皮儿啦，怎么能吃瓤呢？这是学问，对待学问，知道就是知道，不知道就是不知道，不要知道说不知道，也不要不知道装知道，一定要做到老老实实，实事求是，不折不扣地真知道！小毛猴不懂装懂，说什么，吃西瓜要吃瓤，好。本王就成全你，我们大家吃皮儿，让小毛猴吃西瓜瓤吧！”猴王说完，群猴就欢呼起来：“猴王英明，猴王英明！请猴王先吃西瓜！”猴王也不客气，抱过大西瓜哼哧就咬了一口皮儿，咦，怎么这西瓜涩不拉叽的没啥滋味，可是为了自己的尊严它只好装出副非常好吃的样子，嗯：“好吃！好吃！非常好吃。来来，大家尝尝。”听猴王一说好吃，群猴早就迫不及待地围了上来。于是，老猴子们、大猴子们、半大猴子们最后是小猴子们一个个都啃了一口，大家一咂巴嘴儿，都觉得不是个味儿，可是大家刚才都嘲笑过小毛猴，谁也不能改口呀！就都咧着嘴说：“嗯，好吃，好吃，好吃极了！”等大家将西瓜皮都啃光，只剩下一个光溜溜的西瓜瓤，就扔给了小毛猴。

小毛猴手捧西瓜瓤跑到一边，有滋有味地吃了起来，其他猴子看到小毛猴吃得那么开心，那么高兴，心里都在暗暗盘算，看来这吃西瓜还真是要吃……

【训练四】 军　礼

天，下着鹅毛大雪。一支红军队伍在零下三十多度的严寒中艰难地行进着。突然，队伍中有人喊起来：“有人冻死啦！”军长一震，急步向前跑去。松树下，一名战士依着树干，坐在雪窝里，一动也不动。他的左手夹着半截子用树叶卷成的烟，小心地放在胸前，仿佛在最寒冷的时刻，还在渴望一支烟的温暖。他右手握着一个小纸包，脸上还挂着一丝早已冷却了的笑容。军长用颤抖的手打开了那个纸包，一只红辣椒跳进了军长的眼帘。他轻轻拂去战士肩头的积雪，猛然发现他身上竟然穿得那样单薄，单薄得像一张纸。“棉衣，棉衣呢？为什么没发给他棉衣？”军长两眼发红：“军需处长呢？”警卫员在发愣。“给我找军需处长。”还是没有人应声。“快！给我找军需处长！”警卫员“哇”的一声哭了出来：“报告军长，他就是刚任命的军需处长。棉衣不够了……每人发的御寒辣椒他都没舍得吃一口……”

军长愣住了，他望着雕像般的军需处长，眼泪成串成串地流了下来。他高高地举起了那只鲜红的辣椒，在铅灰色的天穹下，在迷漫的雪雾中，辣椒就像一把燃烧的火炬，照耀着前程。在这火炬下，一只又一只右手缓缓举起。军礼是那样庄重，整个队伍发出一片抽泣声，像一曲悲壮的哀乐，回荡在雪地的上空。

人们不知道这位军需处长的名字。可是永远也忘不了他留给我们的那只鲜红的辣椒。

【训练五】 麻 雀

屠格涅夫

我打猎归来，沿着花园的林荫路走着。狗跑在我前边。

突然，狗放慢脚步，蹑足潜行，好像嗅到了前边有什么野物。

我顺着林荫路望去，看见了一只嘴边还带着黄色、头上生着柔毛的小麻雀，它从巢里跌落下来（风猛烈地吹动着林荫路上的白桦树），呆呆地伏在地上，孤苦无援地张开两只刚刚长出羽毛的小翅膀。

我的狗慢慢地逼近它。忽然，从附近一棵树上扑下一只黑胸脯的老麻雀，像一颗石子似的落在狗的眼前——它全身倒竖着羽毛，惊惶万状，发出绝望、凄惨的叽叽喳喳叫声，两次向露出牙齿、大张着的狗嘴边跳扑前去。它是猛扑下来救护的，它以自己的躯体掩护着自己的幼儿……可是，由于恐怖，它整个小小的躯体都在颤抖，它那小小的叫声变得粗暴嘶哑了，它吓呆了，它在牺牲自己了！

在它看来，狗该是个多么庞大的怪物啊！然而，它还是不愿站定在自己高高的、安全的树上……一种比它的意志更强大的力量，使它从那儿扑下身来。我的特列左尔站住了，向后退下来……看来，它也承认了这种力量。

我赶紧叫开受窘的狗。于是，我怀着极恭敬的心情，走开了。

是啊，请不要见笑。我崇敬那只小小的、英勇的鸟儿，我崇敬它那爱的冲动。

爱，我想，比死和死的恐惧更加强大。只有依靠它，依靠这种爱，生命才能维持下去，发展下去。

【训练六】 秋天的怀念

史铁生

双腿瘫痪后，我的脾气变得暴怒无常。望着望着天上北归的雁阵，我会突然把面前的玻璃砸碎；听着收音机里甜美的歌声，我会猛地把手边的东西摔向四周的墙壁。这时，母亲就悄悄地躲出去，在我看不见的地方偷偷地注意着我的动静。当一切恢复沉寂，她又悄悄地进来，眼圈红红地看着我。“听说北海的花儿都开了，我推着你去走走。”她总是这么说。母亲喜欢花，可自从我的腿瘫痪后，她侍养的那些花都死了。“不，我不去！”我狠命地捶打这两条可恨的腿，喊着：“我活着有什么劲！”母亲扑过来抓住我的手，忍住哭声说：“咱娘儿俩在一块儿，好好儿活，好好儿活……”

我却一直都不知道，她的病已经到了那步田地。后来妹妹告诉我，她的肝常常疼得她整宿整宿翻来覆去地睡不了觉。

那天我又独自坐在屋里，看着窗外的树叶“唰唰啦啦”地飘落。母亲进来了，挡在窗前：“北海的菊花开了，我推着你去看看吧。”她憔悴的脸现出央求般的神色。“什么时候?”“你要是愿意，就明天。”她说。我的回答已经让她喜出望外了。“好吧，就明天。”我说。她高兴得一会儿坐下，一会地站起：“那就赶紧准备。”“哎呀，烦不烦？几步路，有什么好准备的!”她也笑了，坐在我身边，絮絮叨叨地说着：“看完菊花，咱们就去仿膳，你小时候最爱吃那儿的豌豆黄儿。还记得那回我带你去北海吗？你偏说那杨树花是毛毛虫，跑着，一脚踩扁一个……”她忽然不说了。对于“跑”和“踩”一类的字眼儿，她比我还敏感。她又悄悄地出去了。

她出去了，就再也没回来。

邻居们把她抬上车时，她还在大口大口地吐着鲜血。我没想到她已经病成这样。看着三轮车远去，也绝没有想到那竟是诀别。

邻居的小伙子背着我去看她的时候，她正艰难地呼吸着。别人告诉我，她昏迷前的最后一句话是：“我那个生病的儿子，还有那个还未成年的女儿……”

又是秋天，妹妹推着我去北海看了菊花。黄色的花淡雅，白色的花高洁，紫红色的花热烈而深沉，泼泼洒洒，秋风中正开得烂漫。我懂得母亲没有说完的话，妹妹也懂。我俩在一块儿，要好好儿活……

【训练七】 海 燕

高尔基

在苍茫的大海上，狂风卷集着乌云。在乌云和大海之间，海燕像黑色的闪电，在高傲地飞翔。

一会儿翅膀碰着波浪，一会儿箭一般地直冲向乌云，它叫喊着，——就在这鸟儿勇敢的叫喊声里，乌云听出了欢乐。

在这叫喊声里——充满着对暴风雨的渴望！在这叫喊声里，乌云听出了愤怒的力量，热情的火焰和胜利的信心。

海鸥在暴风雨来临之前呻吟着，——呻吟着，它们在大海上飞蹿，想把自己对暴风雨的恐惧，掩藏到大海深处。

海鸭也在呻吟着，——它们这些海鸭啊，享受不了生活的战斗的欢乐：轰隆隆的雷声就把它们吓坏了。

蠢笨的企鹅，胆怯地把肥胖的身体躲藏在悬崖底下……只有那高傲的海燕，勇敢地，自由自在地，在泛起白沫的大海上飞翔!

乌云越来越暗，越来越低，向海面直压下来，而波浪一边唱歌，一边冲向高空，去迎接那雷声。

雷声轰响。波浪在愤怒的飞沫中呼叫，跟狂风争鸣。看吧，狂风紧紧抱起一层层巨浪，恶狠狠地将它们甩到悬崖上，把这些大块的翡翠摔成尘雾和碎末。

看吧，它飞舞着，像个精灵，——高傲的、黑色的暴风雨的精灵，——它在大笑，它又在号叫……它笑那些乌云，它因为欢乐而号叫！

这个敏感的精灵，——它从雷声的震怒里，早就听出了困乏，它深信，乌云遮不住太阳——是的，遮不住的！

狂风吼叫……雷声轰响……

一堆堆乌云，像青色的火焰，在无底的大海上燃烧。大海抓住闪电的剑光，把它们熄灭在自己的深渊里。这些闪电的影子，活像一条条火蛇，在大海里蜿蜒游动，一晃就消失了。

——暴风雨！暴风雨就要来啦！

这是勇敢的海燕，在怒吼的大海上，在闪电中间，高傲地飞翔；这是胜利的预言家在叫喊：

——让暴风雨来得更猛烈些吧！

【训练八】 四月的纪念

刘 擎 王 嫣

（男）二十岁，我爬出青春的沼泽
像一把伤痕累累的六弦琴
喑哑在流浪的主题里
你来了
（女）我走向你
（男）用风铃草一样亮晶晶的眼神
（女）你说你喜欢我的眼睛
（男）擦拭着我裸露的孤独
（女）孤独！为什么你总是孤独?!
（男）真的
（女）真的吗?
（男）第一次
（女）第一次吗?
（男）太阳，暖融融的手
（女）暖融融的
（男）轻轻的
（女）轻轻的
（男）碰着我了
（女）碰着你了吗

（男）于是往事再也没有冻结怨了

（女）冻结怨了

（男）我捧起我的歌

（女）捧起你的歌

（男）捧起一串串曾被辜负的音符

（女）捧起一串串曾被辜负的音符

（男）走进一个春日的黄昏

（女）一个黄昏，一个没皱纹的黄昏

（男）和黄昏里不再失约的车站

（女）不再失约，永远不再失约

（男）四月的那个夜晚没有星星和月亮

（女）没有星星，也没有月亮那个晚上很平常

（男）我用沼泽的经历交换了你过去的故事

（女）谁都无法遗忘沼泽那么泥泞 故事那么忧伤

（男）这时候你在我的视网膜里潮湿起来

（女）我翻着膝盖上的一本诗集一本惠特曼的诗集

（男）我看见，你是一只纯白的飞鸟

（女）我在想，你在想什么

（男）我知道，美丽的笼子囚禁了你 也养育了你绵绵的孤寂和优美的沉静

（女）是的
囚禁了我，也养育了我

（男）我知道，你没有料到会突然在一个
早晨开始第一次放飞而且正好碰到下雨

（女）是的
第一次放飞就碰到了下雨

（男）我知道雨水打湿了羽毛
沉重的翅膀也忧伤你的心

（女）是的
雨水忧伤了我的心

（男）没有发现吧

（女）你在看着我吗

（男）我湿热的脉搏
正在升起一个无法诉说的冲动

（女）真想抬起眼睛看看你

（男）可你却没有抬头
（女）没有抬头
我还在翻着那本惠特曼的诗集
（男）是的，我知道
我并不是岩石，也并不是堤坝
（女）不是岩石，不是堤坝
（男）并不是可以依靠的坚实的大树
（女）也不是坚实的大树
（男）可是，如果你愿意
（女）你说如果我愿意
（男）我会的
我会勇敢地以我并不宽阔的肩膀和
一颗高原培植出来忠实的心
为你支撑起一块永远没有委屈的天空
（女）你说，如果我愿意
（男）是的，如果你愿意
（合）如果你/我愿意

【训练九】　　母爱的光辉

这是一个不幸的女人，在一个风大雨大的夜晚，肇事车将她在从斑马线上撞飞了出去，又在茫茫夜色中逃逸。她又是幸运的，交通事故绿色生命通道，使她在第一时间，得到了最好的救护，也没有医疗费用上的后顾之忧。

自从入院以来，她一直昏迷不醒，医生说，她脑部神经受到损伤，也许永远也醒不了了。她还有身孕，已经五个多月了，出于治疗上的需要，应该考虑引产，可当她从神经科转到妇产科的时候，医生却迟迟下不了决心，实施这个手术。她腹中的胎儿不仅发育正常，而且在一些生命指数上，高于同孕期胎儿，这简直就是一个奇迹！

她的身世也是个谜，她从哪里来？要到哪里去？她匆匆的旅程是与谁相约？她腹中孩子的父亲是谁？其中有着怎样的故事？只要她不清醒，将无从得知，更没有人知道，在出事之前，她的日子是快乐？还是悲伤。

时光就这样在她的昏迷中一天天地过去了，终于有一天，她被推进了产房，然后医生骄傲地宣布：五公斤重的男婴，健康极了！护士把孩子抱过来给她看。她们觉得虽然母亲是个植物人，也应该让母子见见面。随着婴儿本能的吸吮，母亲的脸上显出了种种的抽动，她的胸前竟然濡湿一片，乳汁在一点一点地分泌。此后，每当护士小姐把孩子抱过来给她喂奶的时候，她的脸上都会浮现出这种幸福、洋溢的表情，有时嘴里还会发出呢喃细语，一如一位快乐的母亲在对着自己的孩子唱歌。

三个月后，又一次让孩子吃得饱饱的，她终于平静安详地离开了人世。她入院的时候，体重121斤，分娩后86斤，临终前的体重，只有63斤。她是用自己的血肉在孕育和哺育这个孩子啊！本来她生下孩子以后，就可以走的，但她怕孩子孤单，就又坚持着陪着他在人生的路上走了一段儿。

后来我们给她买了一块平价墓地，没有她的名字，也没有她的生平，简单的墓碑上，只有一行文字："一个浑身闪耀着母爱光辉的女人！"

【训练十】 新闻稿件三篇

全国交通迎来返程客流高峰

今天是小长假最后一天，各地铁路公路都迎来返程客流高峰。

今天（3日）早上，北京大部分地区能见度在1公里左右，目前仍处于霾和空气重污染黄色预警中。从昨晚开始，北京多条高速公路部分路段一度封闭。

为应对大雾天气，天津采取重点排污工业企业燃煤设施限产、主要道路加强保洁等措施。气象部门预计1月6号左右，天津将迎来4到5级东北风，驱散雾霾的同时也会带来降温降雪。

重庆市22个区县也从昨晚开始出现大雾天气，部分高速公路路段的滞留车辆排成了长队，给市民返程带来了许多不便，当地交警部门正在加紧交通疏导。

受大雾影响，今天共有辽宁、四川、山东、湖北等11个省市的60多条高速公路局部路段关闭。截至目前，大部分公路已陆续恢复通车。

全国铁路今天也陆续迎来返程高峰。西安、呼和浩特、兰州、武汉等各大火车站管内短途客流增幅近20%。京沪高铁前往热门方向车票已基本售罄。

铁路部门元旦期间预计发送旅客820万人次，共加开了166列客车缓解客流。

黑龙江：规范收储 好粮卖好价

2015年，我国粮食产量实现"十二连增"。在产粮大省黑龙江，一系列公平、规范的收储措施，让农户们得以安心卖粮，再也不用担心"人情粮""关系粮"的问题。

这几天，富锦市农民王德钢，正盘算着把收获的粮食卖给当地的粮食收储企业。因为是种粮大户，企业专门给老王开辟了绿色通道。而收粮过程和检测结果，他也可以通过监控大屏幕随时看到。

老王说，往年卖粮，一些粮库收了粮后，收粮款什么时候能到手说不准，有时候还得“打白条”。现在，黑龙江省推行的卖粮“一卡通”，让这种情况有了很大改变。“一卡通”包含了农户的身份信息和银行卡，卖粮款不用像以前那样先经过粮库，而是直接就能打到农户的银行卡上，时间大大缩短。

如今，卖粮“一卡通”已经覆盖了黑龙江省所有执行粮食收储企业。而为了确保收粮资金及时到位，当地政府还协同金融机构，在收粮前对粮食产量、资金总体额度进行预估，差异性布控资金，目前已投放资金超过1000亿元。

浙江：巡视整改清单　倒逼建章立制

2014年，中央第五巡视组对浙江省进行了巡视并反馈了4方面31项问题。一年多来，浙江省借助巡视整改的契机，细化十大整改行动，查处了一批群众身边的腐败案件，并有针对性地出台了40余项管人、管事、管钱的长效机制，使巡视发现的问题整改落到了实处。

前不久，浙江省杭州市桐庐县合村乡正在对所辖行政村的财务账目进行审计。这是浙江省开展的“万村审计”行动中的一环，这次行动就是源于2014年11月，中央巡视组对浙江省的巡视反馈。在中央巡视组移交给浙江省的问题线索中，涉及农村基层侵害群众利益的“四风”和腐败问题占到了90%以上。

在合村乡的审计过程中，工作人员发现了一张违规单据，上面的文字显示：2015年2月份，合村村委会给9名村干部每人发放800元，合计7200元春节慰问补助。

合村乡纪委随后按照浙江省针对顶风违纪行为的有关处分规定，给予了当事人合村村党委书记严财华警告处分，并责令相关人员退还了慰问款。

与此同时，浙江省还对基层干部贪污侵占问题线索进行了一次彻底排查。2015年以来，浙江省共查处发生在群众身边的腐败问题589件，查处乡科级以下干部776人，其中给予党政纪处分728人。

针对中央巡视组反馈的一些领导干部插手土地出让、工程建设、房地产开发问题反映集中，顶风违纪现象时有发生，有的地方干部选拔任用工作不够规范等问题，浙江省都进行了系统梳理，制订了“十大整改行动方案”，细化整改任务，明确整改时限，将整改责任落实到具体人、具体事、具体工作。

在落实巡视整改行动中，对顶风违反八项规定的行为，浙江省建立了省直机关、事业单位津补贴专项检查制度以及财务决算分类分档检查制度，通过加强检查和审计，重点整治违规转移餐费、接待费和违规发放津补贴、公款送节礼等隐蔽化“四风”问题。

对于中央巡视组专门指出的超职数配备干部问题，浙江省不仅通过免去兼职、到龄免职、岗位调整等方式，减少了8名省政府副秘书长，还制定出台了一系列管人、管事、管钱的长效机制，使巡视反馈意见真正落到了实处。

【训练十一】　主持稿训练两篇

旅游指南

（报头）不出门的宅男宅女（音效），还是整日朝九晚五的上班族（音效）。为了生活的奋斗，背着生活的压力，偶尔也需要放下重担，背上背包，踏上旅途（声音处理）……

哈喽，亲爱的听众朋友们大家好，又到了我们旅游指南的节目了，我是你们最最亲爱的小美，哈哈，允许我自恋一下。那今天我要说的地方，你们一定一定会喜欢，不能说不喜欢啊，哈哈。云南，在《天龙八部》里面的景色，大家是不是还记得呢？

（《天龙八部》主题曲引入）云南地处低纬度高原，地理位置特殊，地形地貌复杂，所以气候也很复杂。主要是受到气流的影响，地理好的一定都比我知道得清楚啊，因为受到南孟加拉高压气流影响形成的高原季风气候，有没有被我绕晕啊（音效笑声），全省大部分的地区冬暖夏凉，四季如春。大理、昆明、丽江又是这个高原气候，所以呢，昼夜温差很大，夜晚气温偏低，所以听众朋友们，记得去之前要备好衣服哦，晚上要注意保暖，这是很重要的。

（音乐起）

云南少数民族非常多，为什么会有这么多的民族呢，主要是因为云南地处高原，崇山峻岭，交通阻隔，这样的地形九让各地的居民处于相对封闭的状态之中了，像这样时间一长，那不得了吧，相互都没了联系，就自然而然地形成了自己的民族，导致了少数民族众多的现象。

云南是全国宗教类型最多的省份，佛教、道教、基督教、伊斯兰教、原始宗教在云南几乎全部都有，堪称中国的宗教王国。在云南有很多的节日，泼水节在泰历六月，各民族有不同的解释，节期2～3天。三月街，每年清明节前后举行。刀杆节呢是傈僳族传统节日，傈僳族同胞为了发扬勇敢顽强的抗敌精神，以象征上刀山下火海的爬刀杆活动来鼓励勇敢精神。

还有很多的节日，像酥油花灯节、扎勒特、月亮节、洗牛脚、火把节，都非常有意思，如果你感兴趣，就背上行囊吧……

（音乐起）

可以先到达丽江，再转大巴或火车到大理或是昆明，都很方便；如果觉得麻烦呢，也可以报旅游团，但是跟团的话呢，就比较受限制了。所以出行前呢要有个完美的计划。温馨提示，要避开旅游高峰期哦。

今天的旅游指南您有所收获吗，记得背上行囊，让自己放飞身心哦，明天再见吧！（《天龙八部》片尾曲副歌部分）

健康航班

大家好，欢迎收听今天的《健康航班》。最近小林我遇到一件麻烦事，一位好友因为食用不当造成了食物中毒而进了医院。那今天在节目中我将向大家提示几种日常食物毒过砒霜。当提到有毒的植物，许多人认为大多是陌生的野生植物，其实不然，我们日常生活中有许多常见的粮食作物、油料作物、蔬菜、水果等食用植物中会有些可能引起中毒的因素。下面介绍几种常见的食用有毒植物。

蚕豆：蚕豆中含有巢菜碱苷，人食用这种物质后，可引起急性溶血性贫血（蚕豆黄病）。春夏两季吃青蚕豆时，如果烹制不当，在4～24小时后会使人发生中毒现象。为了防止出现蚕豆中毒，最好不要吃新鲜的嫩蚕豆，而且一定要煮熟后再食用。

芹菜、荠菜、灰菜等野菜都含有大量的亚硝酸盐。如果人体摄入过量的亚硝酸盐，亚硝酸盐可阻止氧合血红蛋白释放氧，从而引起组织机体缺氧，使人发生中毒。

那么，一定要吃新鲜菜，煮熟的菜不宜久闷存放，腌菜应在腌制一个月以后洗涤后才可食用。

春天到了，万物复苏。当然也是疾病易发季节。市疾控中心发布消息提醒，本月是呼吸道传染病多发季节，应注意预防麻疹、腮腺炎、流感等疾病，特别是托幼机构和学校，应做好预防准备。

最近一段时间麻疹在合肥处于发病上升期，这是一种由麻疹病毒引起的急性呼吸道传染病。由于传染性强，传播速度快，很容易在幼托、小学等单位集中爆发。除了要做到室内空气流通和新鲜、加强户外锻炼外，幼托机构应加强晨检，发现病人及时去医院诊治。适龄儿童应该接种或补种麻疹疫苗。

流行性腮腺炎也是春季容易传播的传染病。临床上主要表现为发热，伴有头痛、畏寒、倦怠、食欲不振等症状，其后出现单侧或双侧腮腺肿大，并伴有疼痛。5～15岁儿童和少年最易感染。此外，流行性感冒、手足口病、水痘都容易在这一季节高发。

市疾控中心提醒，三月惊蛰节气过后，冬眠的动物开始苏醒，蚊蝇等媒介生物开始繁殖活动，在这一季节消灭早春第一代蚊蝇，能有效控制蚊蝇密度。

除了预防，还要提高我们自身的免疫力。人体的免疫体系是人体的卫士，天天都打击入侵的“敌人”。但是免疫体系不是天生充足的，是不断建立起来的。免疫力低下，人就容易生病。

免疫力低下，说明身体处于酸性体质之下，因此最根本的是调节酸性体质。造成酸性体质最直接的原因就是人体过多地摄入酸性食品，如肉类、鱼类、乳制品类、谷类等，它们被消化分解后，在体内留下酸性元素。而水果、蔬菜属于碱性食物，它们被消化分解后，在体内留下的是碱性矿物质，维持酸碱平衡。平时饮食要有选择性，同时记住五色补五脏，白色入肺，红色入心，绿色入肝，黄色入脾，黑色入肾，这样就可以碱化体质，平衡血液酸碱值，活化细胞，加速体内排毒，增强抵抗力。

第二部分 应试项目训练

第四章 自我介绍训练

第一节 自我介绍要求

一、自我介绍的内容要求

自我介绍不要千篇一律网上范例拿来就用，可以参考，要加入自己的内容。一篇好的自我介绍是只有自己能用的。要根据自己的特点来介绍自己，可以根据自己名字的特点，每个人的名字都有着不同含义，可以把父母的希望作为介绍内容和自我介绍的立意。每个人的经历也各不相同，自我介绍里可以加入自己故事，来体现自我介绍的立意。表现的形式应该有表达上的创新和设计，也可以根据自己的特长形式来表现。

二、自我介绍的表达要求

第一，语言流畅运，用停连等技巧。要庄重大方、稳重，不能过于张扬。

第二，注重对象，根据老师是哪个专业的、年纪如何来设计。

第三，强调自己的目的要明确，要展示自己、推销自己，让对方了解你。设计自己，让对方知道自己好的一方面。

第四，注意仪表，包括发型、着装、言谈举止等。进入复试后要录像上镜，一个人的镜头形象与发型、着装十分有联系。

第五，语言凝练，见解明了，鲜明生动。

第六，注重言语交流，交流要有对象，无对象无交流、语言苍白无力都不合适。与考官交流是十分必要的。

第七，注重分寸，态度谦逊，拒绝“最棒最强”等限定性词语。老师在考生进门时都看其气质等方面，可以估量人的水平怎么样。因此，要显得落落大方、有内涵，分寸把握非常重要。

第八，状态自如，形式模仿在初期很重要，后期吐字归音等方面完善，要达到一种自然的状态。进入考场要注重心态的把握，在考场门外深吸口气，调整自己，松弛放松。

第九，自我介绍，准备30秒和1分钟两种，可以根据考试情况使用。

第二节 自我介绍范例

【范例一】 一分钟自我介绍1

（鞠躬）（与所有的评委老师用眼神交流）各位老师，你们好！

我叫×××，来自美丽的×××，我从小就在××长大，是××（你们那的特色）孕育了我，滋润了我，赋予了我如同名字一样的性格——××，××，××（用几个和你名字相关的褒义形容词）。

喜欢播音与主持艺术的我，每当看到电视机上那一位位主持人优雅的身姿、机智的反应和华丽的语言，都会被深深地打动，并且在内心深处暗暗立下誓言，一定要通过自己的努力实现这个梦想，用自己的汗水和智慧登上这个绚丽的舞台，用自己的努力和执着演绎完美的人生。

我深知现在的我只是一棵小小的萌芽，我渴望得到各位老师的滋润与栽培，让我更加茁壮地成长！感谢各位老师。（鞠躬）

【范例二】 一分钟自我介绍2

您好！

我的考号是××××××××。

我来自炎黄故里河南××，中原自古多才俊，在这块人才辈出的热土上，我接受了××年的优秀教育。我骄傲，因为我终于可以用自己的才华去诠释这块土地的人杰地灵；我期待着，现在是你们，将来是更多的观众，能够倾听到××这块热土成长的声音。

我喜欢长笛，喜欢钢琴，喜欢用或舒缓或热烈的音乐表达我对生命的热爱，诠释我对人生的理解。而喜欢播音主持似乎也来自这种表达的渴望，我希望自己能够像倪萍一样拥有为所爱挥洒汗水和泪水的“日子”，愿意和白岩松一起“痛并快乐着”，了解崔永元“不过如此”背后的付出和人性，和水均益并肩站在“故事前沿”，像黄健翔一样为了理想“像英雄一样去战斗”。

实现了真的渴望，才能够算到过了天堂。现在，播音主持，就是我最想去的地方，我会紧握着自己的梦想不放，固执地守候，真诚地期待。我知道，自己就像一只蛹，需要更多磨难与砥砺；我希望能得到这次机会，从而让自己变成那只最美丽的蝴蝶，无限接近播音主持那份光华与荣耀。谢谢！

【范例三】　　三十秒自我介绍1

大家好！我叫陈德宝，很多人说我的名字土，带有很强的乡土气息。这个名字是我爷爷取的，爷爷是个农民，他说我们庄稼人，可以没有钱，可以没有车，可以没有房，但是一个人生活在天地间一定要有德行，有德便是一宝。这是爷爷对我的希望，也是我一生做人做事的准则，这就是我，行事以德为先的陈德宝。

【范例四】　　三十秒自我介绍2

我曾为时光匆匆流逝而遗憾，曾为生命如此短暂而感伤，曾为花草树木的凋残而惆怅，曾为生活的艰辛而彷徨。当情海思绪积压心头的时候，我想寻找一叶扁舟，在大海上游荡，让思绪尽情地释放。于是，我爱上了能倾诉心声的播音主持，它精彩而不张扬，它充实而不烦琐，它神圣美丽而不骄傲媚俗，它带给我无尽的快乐和自信，让我更坚定地去选择它。爱生活，爱播音，这就是一个爱唱爱跳爱笑爱闹而又多愁善感的女孩，希望阳光下的蓓蕾能在这里开放，在电波的摇篮里茁壮成长！

【范例五】　　三十秒自我介绍3

我喜爱用篮球展现青春的活力，珍爱用乐器发出动听的旋律，热爱用声音触动你的心灵。各位老师，你们好！我是一个爱体育、爱音乐、更爱播音主持的阳光男生，希望这朵阳光下的蓓蕾能在传媒的土壤中尽情开放，在电波的摇篮里茁壮成长。请记住——来自××的××号考生

【范例六】　　三十秒自我介绍4

（先唱了一段黄梅戏“为救李郎离家园，谁料皇榜中状元”。）相信大家都听过这出著名的黄梅戏，没错，我就是来自黄梅戏的故乡安徽的×××。从小啊，当一名优秀的播音主持人就是我的梦想，我相信不忘初心方得始终，希望老师能给我这个机会，让我在这条道路上越走越远。

【范例七】　　三十秒自我介绍5

评委老师好，我是××号考生思佳。我的爸爸妈妈非常浪漫，他们在看电影时给我取了这个名字，寓意是希望我像乱世佳人里的郝思嘉那样，勇敢善良地

面对自己的一生。

【范例八】　　　　　　　三十秒自我介绍6

各位评委老师好，很高兴站在这里接受各位老师的考核，我叫×××，来自×××，选择播音主持并不是因为这个专业可以拥有聚光灯下的光环，喜欢它是因为，它可以用声音拉近你我的距离。谢谢各位老师耐心听完我的个人独白。

【范例九】　　　　　　　三十秒自我介绍7

各位评委老师好，我是来自安徽合肥的考生，名叫××，父母之所以给我取这个名字，是因为他们希望我在做任何事情的时候都能够拥有自己的头脑，理性分析，不盲目跟风。正如父母所期望的一样，生活中的我遇事往往比较冷静，善于从多个角度看待问题，作为学习播音主持的学生来说，更应该如此，冷静对待身边发生的事情，对于突发事件能够做到不慌张，不胆怯。但是正值青春的我们也要有自己的热情与活力，而我将会带着我的热情，在播音主持这条道路上奋勇向前！

【范例十】　　　　　　　三十秒自我介绍8

评委老师好！我的名字叫×××，（很高兴能够参加贵校的考试）硕果累累是我名字的含义，父母希望我能通过自己的努力和积累，取得人生道路上的成功。在追求艺术的道路上，我一直坚持自律、勤奋的原则，不断增强自身的能力，虽然自己的力量还略显单薄，但是我相信可以在这条道路上越走越远，越走越好，谢谢！

【范例十一】　　　　　　三十秒自我介绍9

各位评委老师好，我是来自安徽的考生。安徽自古以来是兵家必争之地，也是汉文化的发祥地。而我从小生活在这里，受着汉文化的熏陶，成长为一个开朗大方、热爱播音的皖南姑娘。

【范例十二】　　　　　　三十秒自我介绍10

年龄赋予我青春的激情，梦想带给我敢闯的勇气。打起十二分的精神，时刻做好与人交流的准备。面对不一样的面孔，做容颜焕发的自己。大家好，我是×××。

【范例十三】　　　　　　三十秒自我介绍11

各位老师好，我是×××，来自合肥。我出身在一个传统的大家族中，比如我名字中的“道”字，就是家族辈分的体现；而鑫字，则象征了父母和族长爷爷对我未来的祝福和期盼，希望我能够通过自己的努力，去争得美好的未来。因为生活在这样一个传统文化氛围浓厚的家庭，我从小就对书本知识耳濡目染，养成了浓厚的学习兴趣，这也使我有着很强的求知欲。当我得知，播音主持专业是一个对综合素养要求极高的艺术传媒专业，并且能够很好地拓展自己的知识面时，我就下定了学习这门专业的决心。今天我来到这里，就是希望能够考进×××学校，向各位在座的老师认真学习，收获满载着知识、快乐、友谊的青春。

【范例十四】　　　　三十秒自我介绍 12

我性格沉稳而不呆板，活泼不失率真，性格中透露出阳光与自信。我爱好跑步，因我觉得人生就是在不断地奔跑，不管未来的路是平坦还是泥泞，只要拥有拥抱梦想的执着，相信自己一定会成功的！梦想就在前方，追逐它你将成功，看着它远去，你将是一个默默的人，放开翅膀去追逐吧！

【范例十五】　　　　三十秒自我介绍 13

十年寒窗、苦读诗书，使我人生接触到最多的生活，回顾间我发现，伴随我一路走来的还有那一幕幕的光影。学校是文化气息浓厚的地方，但我并未感到快乐，反而当我听到主持人那一句句动听的旋律的时候，我才觉得释怀。

【范例十六】　　　　三十秒自我介绍 14

老师好我叫腾飞，我是一名阳光、帅气、乐观、开朗的男孩，喜欢唱歌跳舞，喜欢用声音给大家传播快乐，更喜欢在舞台上被聚光灯笼罩的感觉。当然，现在的我自身还有很多不足，但是我会朝着我的播音梦不断努力。希望各位老师给我一个进入贵校学习的机会，也记住我这个爱唱爱跳更爱播音的男孩腾飞。

第五章　自备稿件训练

第一节　自备稿件的准备

一、自备稿件的选择

（一）适合自己

适合自己声音条件，能发挥自己声音和表达优势的稿件，考生应根据自己的专业特点选择稿件。

（二）适合考试

考试的时间很短，最多三分钟，有的学校初试自备稿件不到40秒，因此要选择开口就能吸引考官的稿件，同时选择的稿件要适合舞台表现。

二、自备稿件的表达要求

（一）诗歌

1. 诗歌的含义

诗歌是一种具有韵律、句子分行排列、词语高度精练、能创造主客观和谐统一意境的独特的文学体裁。

2. 诗歌的种类

（1）格律诗：形式有一定的规格，音律有一定的规律，可以变化，但需按一定的规律变化。有五言、七言的绝句和律诗。

（2）自由诗：语言不讲究规律，诗的段数、行数、字数也没有固定的规格，但有节奏并押大致相近的韵。

3. 自由诗的类型

（1）抒情诗：通过直接抒发诗人的思想感情来反映社会生活，没有完整的故事情节和人物形象，声音饱满，节奏起伏变化较大。

（2）叙事诗：有比较完整的故事情节和人物形象。自然、真挚。

（3）哲理诗：包含哲理意味的诗。声音稳实，节奏对比幅度不大，语速较缓，多停断。

（4）朦胧诗：是指一些运用象征、隐喻等手法创作的新诗。声音稳实，节奏对比幅度不大、语速较缓、多停断。

（5）爱情诗：表现爱情内容的诗。声音柔美，情感细腻，音量不宜过大，声音也不宜过高。

4. 朗诵原则

深入心灵，激起诗情。

思脉清晰，形象依托。

运用技巧，表现诗情。

5. 对朗诵者的要求

现代感——身处现代，有感而发。

时代感——时代风云，心潮起伏。

（注意：诗歌最忌平。）

（二）散文

1. 散文的含义

散文是指与诗歌、小说、戏剧文学并列的一类文学体裁。

2. 散文的种类

散文包括杂感、小品、随笔、游记、素描、速写等。又可分为记叙性散文、抒情性散文、议论性散文。

3. 散文朗诵特点

（1）表达轻柔化；

（2）人物语言写意化；

（3）文辞美、音韵美。

（三）寓言、童话

寓言是文学作品的一种体裁，分为正面劝喻与反面劝喻两种。童话是儿童文学的一种，分为短篇与中长篇两种。

1. 寓言、童话的特点

（1）寓言的篇章一般比较短小，童话有些篇章较长。文字通俗，表现生动。

（2）运用拟人、夸张、比喻、影射和象征等手法。

2. 朗诵技巧

（1）丰富、合理的想象。除了对具体的形象要有准确、鲜活的丰富想象外，对与之相关的时间、地点、环境等因素也应想象合理、具体，方可表达得准确、生动。

（2）加强形象夸张、对比。

（3）化神为形，准确造型。

（4）注重讲述身份感。

（四）小说（故事）

1. 小说的分类

小说是文学的一种样式。按内容分，有长篇、中篇、短篇、微型小说；按创作手法分，有古典小说、现代意识流小说、一般小说。

2. 小说演播样式

（1）播讲式：演播者站在第一或第三者位置上，以叙说、转述的方式将情节、人物讲得很清楚、自然；适合播回忆录、自传体之类人物语言少及抒情性较强的小说。

（2）表演式：它的特点是对人物语言的处理，表演成分较大。适合演播人物语言集中、较多、又生动的小说。

（3）土味：糅进方言味，让人听得出浓郁的地方味道。适合演播地域色彩和民族色彩浓的作品。

（4）洋味：糅进一些洋味，让人一听便知是外国作品。语言特点是语尾翘起，语调有些弯曲、上飘。

第二节　自备稿件的训练内容

一、诗歌

【训练一】

致凯恩

普希金

记得那美妙的一瞬间，
在我的面前出现了你，
犹如昙花一现的幻影，
犹如纯洁至美的精灵。
在那无望的忧愁的折磨中，

在那喧闹的浮华生活的困扰中，
我的耳边长久地响着你那温柔的声音，
我还在睡梦中见到你那可爱的倩影。
许多年代过去了，
暴风骤雨般的激烈，
驱散了往日的梦想，
于是我忘却了你温柔的声音，
还有你那天仙般的倩影。
在穷乡僻壤，
在囚禁的阴暗生活中，
我的日子就那样静静地消逝，
没有倾心的人，没有诗的灵感，
没有眼泪，没有生命，也没有爱情。
如今心灵已经开始苏醒，
这时候在我的面前又重新出现了你，
犹如昙花一现的幻影，
犹如纯洁之美的精灵，
我的心在狂喜中跳跃，
心中的一切又重新苏醒，
有了倾心的人，有了诗的灵感，
有了生命，有了眼泪，也有了爱情。

【训练二】

我爱这土地

艾　青

假如我是一只鸟，
我也应该用嘶哑的喉咙歌唱：
这被暴风雨所打击着的土地，
这永远汹涌着我们的悲愤的河流，
这无止息地吹刮着的激怒的风，
和那来自林间的无比温柔的黎明……
——然后我死了
连羽毛也腐烂在土地里面。
为什么我的眼里常含泪水？
因为我对这土地爱得深沉……

【训练三】 **春天，遂想起**

余光中

春天，遂想起江南，唐诗里的江南，
九岁时，采桑叶于其中，捉蜻蜓于其中（可以从基隆港回去的）江南，
小杜的江南，苏小小的江南。
遂想起，多莲的湖、多菱的湖、多螃蟹的湖、多湖的江南。
吴王和越王的小战场（那场战争是够美的）。
逃了西施，失踪了范蠡，失踪在酒旗招展的（从松山飞三个小时就到的）乾隆皇帝的江南。
春天，遂想起遍地垂柳的江南，想起太湖滨一渔港，
想起那么多的表妹，走在柳堤（我只能娶其中的一朵）。
走过柳堤，那许多的表妹就那么任伊老了，任伊老了。
在江南（喷射云三小时的江南），
即使见面，她们也不会陪我，陪我去采莲，陪我去采菱，
即使见面，见面在江南。
在杏花春雨的江南，在江南的杏花村，
借问酒家何处，何处有我的母亲？
复活节，不复活的是我的母亲，一个江南小女孩儿变成的母亲。
清明节，母亲在喊我，在圆通寺喊我，在海峡这边喊我，在海峡那边喊，
在江南，在江南，多寺的江南，多亭的江南，多风筝的江南呐，钟声里的江南。
站在基隆港（想，想，想回也回不去的）多燕子的江南。

【训练四】 **乌骓别霸王**

公元前202年，项羽被困垓下，他率领八百子弟拼死冲出十面埋伏，但他终觉无颜见江东父老，遂自刎于乌江边上。项羽之爱马乌骓亦追随主人自跳乌江而亡。

男：这汗津津的一身疲惫，冷冷地包裹着我苍凉的心。
女：霸王啊，我的霸王，我的横扫千军的霸王，
就在你枕剑酣睡的时候，呼啸的狂风吹来了四面的楚歌，
我腾地而起，用带血的嘶鸣将你唤醒。

男：霸王啊，我的霸王，我的义薄云天的霸王，

这黑沉沉的夜晚，这楚歌如潮的夜晚，这腥风血雨、扑天而来的夜晚，
你不该用缰绳窒息我的怒火，锁住我的悲愤。

霸王啊，我的霸王，我的气吞山河的霸王，
千万里的血流成河，没有阻挡我勇往直前的血性；
数不清的刀光剑影，遮不住我喷发烈火的眼睛。
霸王啊，今天晚上你不该用围栏困住我为你冲杀的豪情。

霸王啊，我的霸王，我的力拔泰山的霸王，
你就暂且放下你手中的酒杯吧，
用你那把寒光凝血的利剑砍断锁住我的缰绳，
让我一声长啸，向你作生离死别的辞行。

女：霸王啊，你就果断地放下怀中的虞姬，
用你无数次爱抚我的双手，打开困住我的栅栏，
让我一路奋蹄，为你把突围的道路踏平。

霸王啊，我的霸王，我的豪气盖世的霸王，
你没有啊，你没有这杀声震天的时刻，这绝境求生的时刻。
你的酒杯中，为什么只有无奈的惆怅？
你的怀中，为什么只有虞姬的深情拥吻？

霸王啊，你看不见我泪流满面吗？
我不仅仅是在悲愤啊，我还在剜心刻骨地痛心，
江山是江东父老的江山，而美人，只是你霸王一个人的美人。

男：霸王啊，我的霸王，我的沽名钓誉的霸王，
我不仅仅是剜心刻骨的痛心，我还在撕肝裂胆地反省。
鸿门宴上，你用天真放跑了刘邦；
荥阳城外，你用猜疑赶走了范增。

划一条鸿沟，你的善意没有引来和平的甘泉，引来的却是残酷的战争；
点一把大火，你燃烧的虽然是胜利者短暂的激情，可焚毁的是老百姓长久的信任；
发一个号令，你劫掠了阿房宫的珠宝和美女，却把整个人间的正义和美德

化为了灰烬。

女：霸王啊，我的霸王，我的英雄气短的霸王，
你为什么，为什么就不能效仿越王勾践卧薪尝胆。
千百万江东父老还在把你殷殷地期盼，
家乡的山山水水到处传颂着你的英名。

男：霸王啊，一个虞姬为什么就这样让你痴情，
难道东山再起的旗帜竟不如她飘飞的衣裙？

女：霸王啊，一柄短剑为什么就让你这样无情，
难道收拾河山的壮怀竟不能容纳你的憧憬？

男：奔流不息的乌江啊，此刻正在为你哭泣。
女：悲风怒号的垓下啊，此刻正在为你伤心。
霸王啊，我的霸王，我的相依为命的霸王。
女：你是我的生命，
男：我也是你的生命。
女：你举起了短剑，倒在了虞姬冰冷的怀中。
男：我迈开了脚步，奔向乌江汹涌的江心。

女：就让我悲愤的泪水汇入这无尽的江流吧，为你化作流传千秋、永不停歇的嘶鸣。

男：就让我悲愤的泪水汇入这无尽的江流吧，为你化作流传千秋、永不停歇的嘶鸣。

【训练五】　　青春中国

用茫茫的夜色作墨，用疮痍的土地作纸，
在鸦片战争的硝烟之后，是谁写下的两个字——中国。
让人读得昏暗，读得疲惫，
更让人读得心痛，读得悲愤。
那畏缩在清末史书里的消瘦的中国啊，
那跪倒在《南京条约》里的软弱的中国啊。
那一天，无数的青年走上了街头，
面对淋漓的鲜血，面对惨淡的人生。
他们的呐喊如同一阵阵惊雷，激荡着这昏睡的土地。

他们就像一束束火焰，在曲折的道路中蔓延，盛开成五月绚丽的花朵。
此后，他们加入共产党人的行列中，
他们义无反顾地选择了用铁锤砸碎黑暗，用镰刀收割光明。
他们走过漫道，他们越过雄关，
他们驰骋疆场，他们英勇杀敌。
他们要以枪杆做笔，写下一个崭新的中国；
他们要以热血为色，描绘一个青春的中国。

许多年后的今天，
当我的目光穿越历史的峰峦，我依然可以感受到他们的呼吸。
我又看见了，一群又一群的青年那挂满汗水的面孔；
我又听见了，他们嘹亮的歌声在荒芜的土地上回荡。
他们用无怨无悔的青春在悠悠岁月中写着一首爱的诗篇。

是的，岁月悠悠、人生漫漫，
那是一首激情澎湃的诗篇，那是一片开满鲜花的风景，
那是一曲气势磅礴的交响，那是一座壮志凌云的丰碑。

哦，中国，我要为你写一首诗，
用太阳金色的语言，用心海浩瀚的蔚蓝。
哦，中国，我要为你画一幅画，
用春天百花的色彩，用五星红旗的光芒。

今天，一个大写的中国让人读得光明、读得酣畅。
今天，一个腾飞的中国更让人读得生动、读得自豪。
这就是在世界的东方喷薄而出的希望的中国，
这就是在中国共产党领导下的辉煌的中国。
这就是我们的青春中国！

【训练六】 回延安

贺敬之

心口啊，莫要这么厉害地跳；灰尘呐，莫把我眼睛挡住了。
手抓黄土我不放，紧紧贴在心窝上。
几回回梦里回延安，双手搂定宝塔山。
千声万声呼唤你，母亲延安就在这里。

杜甫川唱来柳林铺笑，红旗飘飘把手招。
白羊肚手巾红腰带，亲人们迎过延河来。
满心话顿时说不过来，一头扑在亲人怀。

二十里铺送过柳林铺迎，分别十年又回家中。
树梢树枝树根根，亲山亲水有亲人。
羊羔羔吃奶望着妈，小米饭养活我长大。
东山的糜子西山的谷，肩膀上的红旗手中的书。
手把手儿教会了我，母亲打发我们过黄河。
革命的道路千万里，天南海北想着你。

米酒油馍木炭火，团团围定炕头坐。
满窑里围得不透风，脑畔上还响着脚步声。
老爷爷进门气喘得紧："我梦见鸡毛信来，可真见亲人呐。"
亲人见了亲人面，双眼的眼泪眼眶里转。
保卫延安你们费了心，白头发添了几根根。
团支书又领进社主任，当年的放羊娃如今长成人。
白生生的窗纸红窗花，娃娃们争抢来把手拉。
一口口的米酒千万句话，长江大河起浪花。
十年来革命大发展，说不尽这三千六百天。
千万条腿来千万只眼，也不够我走来也不够我看。
头顶着蓝天大明镜，延安城照在我心中。
一条条街道宽又平，一座座楼房披彩虹；
一盏盏电灯亮又明，一排排绿树迎春风。
对照过去我认不出了你，母亲延安换新衣。

杨家岭的红旗啊高高地飘，革命万里起高潮。
宝塔山下留脚印，毛主席登上了天安门。
枣园的灯光照人心，延河滚滚喊"前进"。
赤卫队，青年团，红领巾，走着咱英雄几辈辈人。
社会主义路上大踏步走，光荣的延河还要在前头。
身长翅膀吧脚生云，再回延安看母亲。

【训练七】　　　　　　我的祖先名叫炎黄

蒹葭苍苍，白露为霜，

所谓伊人，在水一方。
溯洄从之，道阻且长，
溯游从之，宛在水中央。

男一：登上那古老的城墙，抚摸着泛苔的柱梁，当我兴奋地倚栏远望，总会有一丝酸涩冲上喉头，总听到有一个声音在大声地说：记得吗？你的祖先名叫炎黄。

女：有人跟我说，曾经有一条大鱼，生活在北溟那个地方，它化作一只巨鸟，在天地之间翱翔。巨鸟有如垂天之云般的翅膀，虽九万里亦可扶摇直上。圣贤赋予我们可以囊括天宇的胸襟，为我们塑造一个博大恢宏的殿堂。

男二：那时候，有一个怪异的青年名叫嵇康，临刑前，他弹奏了一曲绝响，那宽袍博带在风中飞扬，他用了最优雅的姿态来面对死亡。几千年过去了，依旧余音绕梁，只是他不知道，真正断绝的不是曲谱，而是他的傲骨，乃至他身上的衣裳。

男一：我也曾梦回大唐，和一个叫李白的诗人云游四方，他用来下酒的是剑锋上的寒光，他的情人是空中的月亮。我曾见他在月下徘徊、高歌吟唱，长风吹开他的发带，长袍飘逸，宛如仙人模样。

女：时间的车轮悠悠荡荡，终于在甲申那里失去了方向。于是瘦西湖畔，梅花岭上，为纪念这个悲剧建起了一座祠堂。那个叫史可法的文弱书生，他不愿散开高束的发髻，更不能脱去祖先留给他的衣裳。于是他决定与城共存共亡，丢了性命，护了信仰。残酷的杀戮，如山的尸骨，并不能把民族的精神埋葬。有人相信，在千百年后，它依然会在中华大地上熠熠发光。

男一：就在千百年后的今天，我坐进麦当劳的厅堂，我穿起古奇牌的时装，随口唱着 *my heart will go on*，却莫名其妙地心伤，因为我听到有一个声音在大声地说：忘了吗？你的祖先名叫炎黄。

男二：我记得了，一群褐发蓝眼的豺狼，带着坚船利炮，拆了我们的庙宇，毁了我们的殿堂。而百年之后的今天，我们懂得民主自由，却忘了伦理纲常；我们拥有音乐神童，却不识角徵宫商；我们能建起高楼大厦，却容不下一块公德牌坊；我们穿着西服革履，却没了自己的衣裳。

男一：在哪里，那个礼仪之邦？在哪里，我的汉家儿郎？

男二：为什么我穿起最美丽的衣衫，你却说我行为异常？为什么我倍加珍惜的汉装，你竟说它属于扶桑？为什么我真诚的告白，你总当它是笑话一场？为什么我淌下的热泪，丝毫都打动不了你的铁石心肠？

在哪里，那个信义之乡？在哪里，我的汉家儿郎？

男一：我不愿为此痛断肝肠，不愿祖先的智慧无人叹赏，不愿我华夏衣冠倒靠日本人去宣扬。我总有一个渴望，有一天，我们可以拾起自己的文化，撑起民族的脊梁。

拾起自己的文化，撑起民族的脊梁。

女：记住吧。

男一：记住吧。

男二：记住吧。

女：曾经有一个时代名叫汉唐，

男二：曾经有一条河流名叫长江，

男一：曾经有一对图腾名叫龙凤，

女：曾经有一件羽衣名叫霓裳。

【训练八】　　妈妈，我等了你20年

妈妈！
那一定是你，
我听到了，
那手工的绣花布鞋，
踏在地上的声音。
从襁褓时开始就听着，
一直听到穿上了绿色的军装。
当我在军营的梦乡中醒来时，
仿佛有你轻轻的脚步来到我床前，
准备给我盖上裸露的手臂，
当我在猫耳洞里感到饥渴时，
我就闭上眼睛，
仿佛又听到你轻轻的脚步来到我跟前，
准备端给我一碗甜甜的汤圆。

妈妈，20年前，
当我被敌人罪恶的子弹击倒在前沿时，
我多么想你亲手为我合上双眼，
用你温柔的手，
再摸我的脸颊一遍，
让我在冥冥中，
再次接触你手上粗硬的老茧。
妈妈，我多想对你说，

我倒下的时候，
我的枪刺，
指向敌人阵地的那边。
妈妈，我多想向你证明，
我，作为一个军人，
没有给你丢脸。

妈妈，20 年来，
我和我忠实的弟兄们，
默默地站在这昔日的前线，
我昔日的兄弟姐妹们来过，
他们给我们带来了欢笑，
他们给我们倾诉衷肠，
他们把泪水洒在这墓前，
鲜花、美酒、醇烟，
还有他们的后代那红红的嫩脸。
可是，
没有妈妈那替代不了的抚摸，
我心中的寂寞，
永远无法排遣。

妈妈，20 年，
你走了好远，好远，
妈妈，20 年，
我知道你好难，好难，
我不怪你，
因为你没有足够的钱，
妈妈，你空手来的，
没有任何祭品，
我不怪你，
因为你没有足够的钱。
妈妈，我明白，
你还没有吃饭，
可惜我不能为你尽孝，
只能望着你无言。

妈妈，
你的哭声是那样辛酸，
我明白你嫌自己来得太晚，
妈妈，
你在我头上的拍打是那样的无奈，
我明白你在追问为什么要20年。

妈妈，
为了千万个另外的妈妈，
我和你都做出了无悔的奉献。
妈妈，
在你的身后，
是飞速发展的喧闹，
是灯红酒绿的金宵，
是耸入云端的豪华，
但是，
你感受到了什么，妈妈？
我不求再有什么额外的照料，
一声“烈士”已经足够，
我只求下个清明，
我的妈妈，
能够再来抚摸我的墓碑，
因为我的妈妈，
没有剩下多少20年。

【训练九】

在山的那边

（一）
小时候，我常伏在窗口痴想
山那边是什么呢？
妈妈给我说过：海
哦，山那边是海吗？
于是，怀着一种隐秘的想望
有一天我终于爬上了那个山顶
可是，我却几乎是哭着回来了
在山的那边，依然是山

山那边的山啊，铁青着脸
给我的幻想打了一个零分！
妈妈，那个海呢？

（二）
在山的那边，是海！
是用信念凝成的海
今天啊，我竟没想到
一颗从小飘来的种子
却在我的心中扎下了深根
是的，我曾一次又一次地失望过
当我爬上那一座座诱惑着我的山顶
但我又一次次鼓起信心向前走去
因为我听到海依然在远方为我喧腾
那雪白的海潮啊，夜夜奔来
一次次漫湿了我枯干的心灵……
在山的那边，是海吗？
是的！人们啊，请相信
在不停地翻过无数座山后
在一次次地战胜失望之后
你终会攀上这样一座山顶
而在这座山的那边，就是海呀
是一个全新的世界
在一瞬间照亮你的眼睛……

【训练十】

诗人之死

焦浩展

诗人　死了
这荣誉的俘虏
他受尽流言蜚语的重伤
胸隐着铅弹
渴望着复仇
垂下了高贵的头颅，
身亡了！

诗人的这颗心
已经无法忍受
那琐碎的凌辱所带来的耻羞
他挺身对抗
上流社会的舆论了
还是，单枪匹马

被杀害了，他被杀害了
而今，谁要这号哭
这空洞无用的恭维的合唱
这嘟嘟囔囔的无力剖白

命运已经做出了他的宣判
不正是你们这伙人
先磨灭他才气横溢的锋芒
然后为了自己取乐解闷儿
把他强压心头的怒火扇旺

好了，你们可以高兴了
他再也忍受不住这最后的磨难

熄灭了
这盏，天才的明灯
凋零了
这顶绚丽的花冠

凶手漠然地瞄准他放枪
此刻甚至连搭救都没有希望
那颗空虚的心平静地跳着
他，他手中的枪竟然没有一丝抖颤
这……这真是怪事

命运把他从远方抛向我们的祖邦
让他来猎取高官厚禄
像千万个逃亡者那样

他常放肆地蔑视和嘲笑
这个异国的语言和风尚
他哪能珍惜我们的荣耀
他怎知……

在这血腥的一瞬，是对准了谁
举起手，放枪
他被杀害了
被坟墓夺走

像那位经他用妙笔赞美过的
不为人知，但很可爱的诗人
就是那妒火难熄的牺牲品
也像他在无情的手下陨灭

为什么要抛却事情意绪和淳朴的友谊
他要跨上这窒息幻想和激情的
妒贤嫉能的上流社会的门槛
为什么还同重伤他的小人握手言欢
既然他在年轻的时候
就已经洞悉了人世

为什么
还要相信虚情假意
和巧语花言

他们摘下他先前佩戴的花冠
把满插月桂的金冠给他戴上
而一根根暗藏着的脊针
把他好端端的前额刺伤
那帮专好嘲弄的愚妄之徒
以窃窃的恶语玷污他弥留的时光

他死了！！！

空怀着雪耻的遗愿
带着希望落空的隐隐懊丧

美妙的歌声
从此沉寂了
他再也不会到处传扬

诗人的栖身之所
阴森而狭小
他的嘴角
被打上了封闭的印章

你们这帮以卑鄙著称的
先人们不可一世的子孙
把守命运奚落的残存的氏族
用奴才的脚掌恣意蹂躏

你们，蜂拥在皇座两侧的人
扼杀天才、自由、荣耀的刽子手

你们藏身在法律的荫蔽下
不准法庭和真理开口

但是，堕落的宠儿啊
还有一个神的法庭

有一位严峻的法官正等候着你们
他听不见金钱叮咚的响声
他早就看穿了你们的勾当与祸心
到那时你们想重伤也是枉然
恶意诽谤再也救不了你们
你们即使倾尽全身的污血
也洗不净诗人
正义的血痕!!!

二、散文

【训练一】 不朽的胡杨

我曾钟情于黄山的松，也曾留恋于长白山的白桦，可是，最让我刻骨铭心的却是那不朽的胡杨！

沙漠绵延，沙海茫茫，平填了万亩碧湖、千里青河；吞噬了无数铁血的男儿，断送了无数柔情的女子；城郭坍废，村庄消失，万劫不复中只有胡杨——神奇、傲岸地耸立在无边无际的沙海中。生者苍翠挺拔，春满生机，秋染斜阳；死者傲然挺立，不卑不亢，傲视风暴；任岁月沧桑，任大漠迷茫，它始终坚守着梦中的家园。

胡杨是沉默的，沉默是一种珍贵的不可多得的品质，沉默的胡杨是无语的宣言，挑战沙漠的宣言，它以一千年不死的绿意，死也一千年不倒的精神，倒也一千年不朽的骨骼，震慑着沙漠。沉默的勇士是不可摧毁的，我相信沉默的力量。沧海桑田，岁月做证，沙漠的死亡之神，永远也无法渗透胡杨的灵魂。在语言也无法触及的灵魂里，潜藏着怎样的智慧和力量？沉默的胡杨给予我无知的亢奋，也将我世俗的愚昧的欲望一点点湮没，它让我的灵魂得以提高和升华。

胡杨孤寂而神秘，它以一种绝美的姿态，在沙漠站立成一道绝世的风景。它让我心潮澎湃、心灵震撼。那是一种刺破心扉、深入骨髓的震撼。不倒的胡杨透露出坚韧和刚毅，让人崇敬和仰望，震慑着万物和生灵。纵横于死亡之海的人都会被它不屈的精神和顽强的生命力所折服，这种折服足以使他们以滴血的姿态与胡杨融为一体，真切地感悟生命的绝唱。

仰望死去的胡杨，就如同瞻仰一座英雄的丰碑，它让人热血沸腾，心灵颤动。我不是基督徒，但在胡杨不倒的躯体面前，我却要以一个基督徒的虔城向它顶礼膜拜。人有一种死不叫死，而叫作万古；树有一种枯不叫枯，而叫作千秋。胡杨虽死，精神万古；胡杨虽枯，豪气千秋！

【训练二】 天上的草原

在儿时依稀的记忆中，我是出生在飘着炊烟的——白色毡房，茫茫的大草原啊，是我熟睡时的摇篮、是我嬉戏时的玩伴，也是我学习时的殿堂。养育我的这片土地，我把你当作自己身躯一样爱惜；沐浴我的江河水啊，你为何总像母亲的乳汁一样纯香？苍鹰在天穹中寻望，黑色的骏马在肆意飞奔，平顶山下，成群的牛羊，还有你，我天上的草原，还有你那悠扬的牧歌，夜夜伴我入梦乡。

我喜欢纵马驰骋，放声歌唱，那就像是回到了传说中的时代；我向往着像我的祖辈那样，成为一匹苍狼去周游世界，去看看祖父故事中那无边的海洋。

而现在，我是真的离开了你，来到这陌生的地方，不见了蒙古包，不见了牧场，只为心中一个小小的理想而不停地奔忙。其间有欢笑也有泪水，曾经骄傲也曾经气馁。但是，但是我从未曾后悔呀，因为每当我拖着疲惫的身体入睡时，我发现你那悠扬的牧歌又在我的耳边回响；我发现我的那颗心啊，一直跳跃在绿宝石似的草原上。如水晶般清澈的河水啊，我真的发现，那歌声就像是号角，而那颗心源源不断地给我力量与希望！

滕格里塔拉，我天上的草原，哎！直到现在我才明白，为什么我的祖辈千回百转历经艰险，都要重回你的身旁，为什么我身在异乡总觉得你在不住地把我盼望！蒙古人，是草原的儿子，草原的儿子就是这样的恋乡啊。

滕格里塔拉，我天上的草原，请你听我讲，我也是草原的儿子啊，我也是草原的儿子啊，我今日所做的一切，就是为了有朝一日，能够重回你的身旁，替你抚去脸上的皱纹，替你驱赶那肆虐的风暴，让你昔日的笑容重新绽放！

等着我呀，我天上的草原，我长生天的故乡，我的亲娘！

【训练三】

青　衣

自古到今，唱青衣的人成百上千，但真正领悟了青衣意蕴的，极少。

筱燕秋是个天生的青衣坯子，二十年前，京剧《奔月》的成功演出，让人们认识了一个真正的嫦娥。可造化弄人，此后她沉寂了二十年，在远离舞台的戏校里教书，学生春来的出现让筱燕秋重新看到了当年的自己。二十年后，《奔月》复排，这对师生成了嫦娥的AB角，把命都给了嫦娥的筱燕秋一口气演了四场，她不让给春来，谁劝都没用。可第五场，她来晚了。筱燕秋冲进化妆间的时候，春来已经上好妆了，她们对视了一眼，筱燕秋一把抓住化妆师，她想大声说，我才是嫦娥，只有我才是嫦娥，但是她现在只会抖动着嘴唇，不会说话。

上了妆的春来真是比天仙还要美，她才是嫦娥。这个世上没有嫦娥，化妆师给谁上妆，谁就是嫦娥。

大幕拉开，锣鼓响起来了，筱燕秋目送着春来走向了上场门。筱燕秋知道，她的嫦娥在她四十岁的那个雪夜，真的死了。

观众认可了春来，掌声和喝彩声就是最好的证明。筱燕秋无声地坐在化妆台前，她望着自己，目光像秋夜的月光汪汪地洒了一地，她一点都不知道自己做了些什么，拿起水衣给自己披上了，取过肉色底彩挤在左手的掌心，均匀地一点一点地往脸上抹，往脖子上抹，往手上抹，然后请化妆师给她吊眉，包头，上齐眉穗，戴头套，镇定自若，出奇的安静。

筱燕秋并没有说什么，只是拉开了门，往门外走去。

筱燕秋穿着一身薄薄的戏装走进了风雪，她来到剧场门口，站在路灯下面，她看了大雪中的马路一眼，自己给自己数起了板眼，她开始唱，唱的依旧是二黄慢板转原板，转流水，转高腔。

雪花在飞舞，剧场门口，人越来越多，车越来越挤，但没有一点声音。筱燕秋旁若无人，边舞边唱，她要给天唱，给地唱，给她心中的观众唱。

筱燕秋的告别演出轰轰烈烈地结束了，人的一生，其实就是不断失去自己至爱的过程，而且是永远的失去，这是每个人必经的巨大伤痛，而我们，在筱燕秋的笑容中看到了她的释怀，看到了她的执着和期盼。

生活中充满了失望和希望，失望在先，希望在后，有希望就不是悲。

【训练四】 二泉映月

“看不见黑暗，是因为穿行在黑暗之中；听不见苦难，是因为置身于苦难之中”。阿炳，一个失去了用明亮的眼睛看世界的大师，却用二胡的弦完整地抚摸世界。那么，世界在他的心中，他的梦中是怎样的一个世界呢？

行家说，两根弦的二胡是悲哀的乐器。把一种对世事的洞察的悲哀藏在两根弦里，阿炳通过你实现了。倾诉，叹息，他赋予悲哀的乐器以生命和灵性，轻轻拉动，琴弦就流出了母亲用以洗面的眼泪。

松风呼啸，泉月翻腾，二泉中的映月伤痕斑驳，惨淡无光。在叠嶂栖云之间，阿炳叩响了那扇神奇的大门，在千年古树下，抚摸听松石上的指纹，松风吹破泉中明月。一阵阵的悲凉袭上了心头，渗进了琴弦，于是，你像一条沉重的河流，低沉地唱出一支和人类有关的歌。不平的弓弦往返于波峰浪谷之间，由沉思而忧郁，由忧郁而悲愤，由悲愤而怒号，由怒号而憧憬，如悲啼如控诉般地告诉世人，这世上只有一种现实：黑暗下面是命运，不甘的灵魂在扭动、挣扎、呐喊……

那个社会的不公平，他以弓弦诉说，层层叠叠地推进；将道不完的苦情话，流不完的辛酸泪，汇成源源不断的音律，让它们弥漫在天地之间，充盈在宇宙之内，与世界同在。

【训练五】 母 爱

我的孩子，今天是你的生日。在为你煮长寿面的那短短的十分钟里，缓缓的炉火，似乎传达了一种关于回忆的情绪。过去的种种，就像电影里的那些泛黄但精致的黑白画面。从你降生的第一天直到现在，我似乎从不曾这么苍老，以后，也将不会像现在这样年轻。

在这十分钟的回忆里，生命已经过去了很多年，如水流不停歇，这个时候，我多想你也能回头一看，或许，能等一等那被自己走得太快，而落下的灵魂。

我的孩子，如果有一天，妈妈将要离你而去，请你不要伤心，更不要害怕。

你要认真倾听，并记住，妈妈对你说的这些话。

从你出生的那一刻起，我们的心，就紧紧地连在一起了。妈妈忍住了所有的痛楚，没有哭泣，却在你的第一声啼哭里流下了眼泪。

虽然妈妈从此再没有过一个完整的睡眠，但当你第一次叫我妈妈，第一次颤颤巍巍地迈开你人生的第一步，第一次张开笑脸跑进我的怀抱，再多的疲倦，也都在那一瞬间融化了。

当你第一次背上书包挣脱了妈妈的手，独自走进校园，当你第一次把领回的奖状作为礼物递到妈妈的面前，当你第一次在母亲节为妈妈买了一束鲜花，妈妈总是忍不住自己的眼泪，微笑得都有些不太自然。

而当你有一天，你终于学懂了爱情，第一次把你的爱人领到妈妈的眼前，请不要在意我突如其来的伤感，我的孩子，我是如此衷心地希望你幸福，却又担心她对你的照顾能否像妈妈那样细心。

在你的孩子学会走路的那些日子里，妈妈的腿脚已经开始变得有点不听使唤了。有时候，孤单会让我变得胆小和焦虑，有时候我会用一天的时间等着你的电话，甚至，常常错把别人的声音听成是你对我的呼唤。

而当有一天，你忽然间发现，妈妈的头上早已生出了白发，脸上，也布满了皱纹，不要恐慌，更不用悲伤，我的孩子，你的成长是妈妈毕生的梦想，而岁月，是我甘愿付出的代价。

如果你的生活让你感到开心、快乐、健康，那将是妈妈最大的快乐。而不论在何时，如果你感到伤心、疲惫，甚至是绝望，都不要感到孤独，因为妈妈随时都会向你敞开怀抱。

如果这个世界上，真的有天堂，妈妈一定会在那里等你；如果天堂里真的有神，妈妈一定是你的保护神。我会永远爱你，我的孩子。

【训练六】　　我的心

近来，不知道什么缘故，我的这颗心痛得更厉害了。

我要对我的母亲说："妈妈，请你把这颗心收回去吧，我不要它了。"

记得你当初把这颗心交给我的时候曾对我说过："你的父亲一辈子拿着它待人爱人，他和平安宁地度过了一生。在他临死的时候把这颗心交给我，要我在你长成的时候交给你。他说，承受这颗心的人将永远正直、幸福，并且和平安宁地度过一生。现在你长成了，也就承受了这颗心，带着我的祝福，孩子，到广大的世界中去吧。"

这些年，我怀着这颗心走遍了世界，走遍了人心的沙漠，所得到的只是痛苦和痛苦的创痕。

正直在哪里！幸福在哪里！和平在哪里！

这一切可怕的景象哪一天才会看不到？这样的可怕的声音哪一天才会听不见？这样的悲剧哪一天才会不再上演？这一切像箭一样射到我的心上，我的心布满了痛苦的创痕，因此我的心痛得更厉害了，我不要这颗心了。

有了它，我不能闭目为盲；有了它，我不能塞耳为聋；有了它，我不能吞痰为哑；有了它，我不能在人群中寻找我的幸福；有了它，我就不能和平地生活在这个世界上；有了它，我就不能活下去了。

妈妈，请你饶了我！这颗心我实在不要，我不能要哇！

多时以来，我就下决心放弃一切。让人们去竞争，去残杀；让人们来虐待我，凌辱我，我只要有一时的安息。可我的心不肯这样，它要使我看、听、说。看我所怕看的，听我所怕听的，说人所不愿听的。于是我又向它要求道："心啊，你去吧！不要再这样苦苦地恋着我。有了你，我无论如何不能活在这个世界上，所以请你为了我幸福的缘故，撇开我去吧。"

它没有回答，因为它知道：既然它已被你的祝福拴在我的胸膛上，那么也就只能由你的诅咒而分开。

好吧妈妈，请你诅咒我吧！请你收回这颗心吧，让它去毁灭吧。因为它不能活在这个世界上，而有了它，我也不能活在这个世界上了。

在这样大的血泪的海中，一个人，一颗心，算得什么？能做什么？

妈妈，请你诅咒我吧，请你收回这颗心吧！我不要它了。

可是我的母亲已经死了多年了。

【训练七】 商 鞅

勒死他，勒死他，用这马央勒死他。

为什么？为什么我一生下来亲生父亲就要勒死我？

因为巫说，你是五岳之子，冲克父母。

巫？为什么巫要我死，我就必须死？

你，难道还能成为人上之人，你还能翻天覆地，倒转乾坤吗？

为什么不？

我不愿做畜生，祖祖辈辈，甘愿当畜生，只会哀号，不会反抗。我要问，我要问天，如今，这浑噩的苍天，我来问你：为什么有些人活着，天定为人上之人；为什么有些人活着，却如同一头畜生。

商鞅，商鞅，商鞅乃辛卯年五月七日亥时生人，五岳之子，金质热烈，父母不堪将受其患，命当族灭满门，五马分尸，这又如何？绝后代，断宗祀，乃天下第一孤寡之人，孤寡之人，这又如何？

我逃脱了驾驭生命的马央，我活过来了，活了整整五十二年，五十二年，人之有为，不在其身，而在其志。生活在这个年代，你必须为自己争取一切，甚至是生的权利。任何一个时代都需要英雄，他能改变这个时代，改变生活于这个时代的人的命运。我变法之所以成功，正是因为遇上了这样的时代、这样的国家、这样的子民。我要让山川移位，乾坤倒转，让奴隶们见天日，令显贵们变脸色。

你听，他们来杀我来啦。

不要对我放箭，不要对我放箭，这箭矢曾是用来刺穿敌人胸膛的。

我不死，我不能死。我这时要去哪儿？哪里不能去？哪里不是我的归宿？

百姓们，奴隶们，我，商鞅，就是为了你们而变法的商鞅，你们是秦国的子民，为了秦国的现在和将来，谁，为我说句公道话呀？

你们这些愚人，这四野的烈火正在熊熊地燃烧，这烈火是我亲手将它点燃的，而我将在这腾腾的烈焰中化为灰烬。

商君，你被你自己点燃的火焰吞噬了。秦国，秦国，你们的商君将在这里永远消失，他把自己的生命浇铸在这秦国的大鼎之中，他用自己的生命铸造起这里的辉煌，而他却被自己所拯救过的人们放逐了。

他死啦，他走啦，他，升天啦，升天啦。

你可知，商鞅虽死，然而，商鞅之法千年不败，

你可知，商鞅虽死，然而，一百一十七年之后，秦王朝一统天下！

【训练八】 钟 声

除夕之夜，悠悠的钟声响彻中国大地，这是怎样的钟声啊？洪亮而纯粹、博大而精深。它发自岁月的心脏，悠悠扬扬，震撼大地，气吞山河。而新的一年就在这富有号召力的旋律中拉开了帷幕。

这悠悠的钟声曾在商周祭天的天坛上响起，曾在枫桥夜泊的游子耳畔响起，曾在沙场点兵的将帅心中响起，如今又年复一年地震荡在中国大地上。几千年来音韵袅袅。

你听懂它发出的召唤了吗？它在说岁月流逝，脚步匆匆，每一个人在逝去的韶光前，要无怨无悔，那韵律像激越的鼓声，催人迈向新的征途。

你听懂它的叹息了吗？它长叹世上某些人的贪得无厌，它叹息某些人庸庸碌碌，它嗟叹有些人的胆小懦弱，它怨叹有些人的虚掷光阴……

你听懂它的劝诫了吗？它规劝人要努力奋斗，它告诫人要胸襟宽阔，目光远大，志存高远。

【训练九】 给父亲的一封信

亲爱的爸爸：

我从北京部队赶赴集合地，与您匆匆一见，未及细述，儿知道，爸爸此前

的时间，可谓分秒千金也。遵爸爸所嘱，我已来到这担任执行联合国维和任务的部队，等待我们的，将是一场怎样的战斗？现在不管对您，还是对我们来说，都是个 X。

去年冬，爸爸在《军事学术》上读到我写的两篇千字短文，来信倍加鼓励，并夸我有可能是个将才。不，不，亲爱的爸爸，您的凯华不瞒您说，我不但想当未来的将军，更想成为未来的元帅。

嘿嘿，爸爸，您看，您的凯华口气多大呀。不管此乃野心也好，雄心也罢，反正，我极推崇文明世界的这一兵家格言：不想当将军的士兵不是好士兵。

诚然，绝非每一个士兵都能成为将军。举目当今世界，眼花缭乱的现代物质文明对我们这一代骄子有何等的诱惑力呀。但我的信条是：花前月下，没有将军的摇篮；卿卿我我中，产生不出元帅的气质；恋栈北京的士兵则不可能成为未来的元帅。未来的元帅，应出自深悉士兵含义的士兵，应来自血与火的战场上。因此，我才请求离开京都，来做一场未来元帅之梦。

爸爸，您在写给我的信中云：一介武夫，是不可能胜任现代战争的。此语出自爸爸笔下，儿感到尤为振奋。有人把军人视为头脑最简单的人，错了，大错特错了。

且不说那张翼德的丈八蛇矛和关云长的青龙偃月刀啊，即使小米加步枪的时代也一去不返了。现代科学技术日新月异，世界列强又把科技尖端首先运用于军事，小小地球日行八万里，转速何等惊人，现代战争对我们的元帅和士兵提出了多少全新的课题呀。

如果我们的双脚虽已踏上了波音 747 的舷梯，但大脑却安睡在当年的战马背上，那该多么危险。如果在不久的将来，我们的元帅和将军个个都是掌握尖端科技的高素质军事人才，个个都能集虎将之雄风和儒家之文采于一身，那完全会是另一番风采。

爸爸，马上就要集合了，您戎马一生，出发意味着什么，毋庸儿直言。如果在执行任务中，我作为一名光荣的战士而献身，那是为了祖国和世界的和平而牺牲，我虽死而无憾，也无愧于华夏之后代，炎黄之子孙了。

此次任务胜券稳操，凯旋指日可待。

祝爸爸健康长寿！

您的爱子凯华敬上

2004 年 2 月 16 日下午四时

【训练十】　化蝶之约

化蝶的传说渐渐地飞远了。

灯下，弥漫的小提琴声里，我极力捕捉它的本源。也是一个春暖花开的日子，庄子与蝴蝶的命运在一个神奇的梦境里和谐交融，顺理成章地，不久又在文人骚客喋喋不休的争论中演化为惨淡的现实：追随美好的事物，即使不是过错，也将是非常不幸的。

这个偶言默默地生长，终于上演为千年后的一幕悲剧：文明的进步，最为险恶地将圣洁的爱情和音乐掷向无辜的泪海。于是，在传说的废墟中，不难发掘出惊人的相似——千年风雨，造化了另一对蝴蝶，他们在凄婉的小提琴声里飞越青青碧草，飞越蒙蒙烟雨，飞越无数仰慕和心痛的目光。

莫不是千年蝶梦的相约？

风光明媚的江南，这一对青年男女将生命和幸福的热望化作蝶翼，勇敢地撞破世俗的围幛，自由结对飞翔。化蝶，成为他们所能做出的唯一选择。琴声如怨如慕，仿佛那撕心裂肺的倾吐和控诉：美何之过？爱，何之罪？

现代人的伟大就在于他们能从容不迫地将鲜活的美丽采制成凝固的标本，然后再兴致勃勃地加以鉴赏。这不，哀怨的小提琴声竟能使他们在音乐厅轻歌曼舞，宛若一群再生的蝴蝶。只是，谁还会惦念，惦念脚下有美丽而孱弱的魂灵们在痛苦地呻吟。

远离浮尘，那一对飞苦飞累的蝴蝶再也寻觅不到栖息的枝丫，更不会知道他们曾以生命换取的追求早已被时代所稀释。哲学理念不断提醒人类，物质决定意识范畴的爱情。就这般，人们对真善美的执着又多了几分惆怅和无奈，这也是小提琴现身大街繁华地、小巷僻静处都得以容身的缘故。说真的，唯有无边的月色和荣枯有序的草木是在用心参悟这悠扬的琴音。

为数不多的人依旧沉湎于蝶梦，依旧逐字逐句地推敲浮动在小提琴声中的美丽与幸福的隐义。或许，这个世界正悄悄地变得空旷，神圣的爱情除了羽化成蝴蝶停在被血泪浸润得发亮的琴弦上别无归所。与之遥遥对应的是，当年十八相送的长亭独自在残阳里垂首苍老。

蝶梦在响彻千年的琴声里跌落得支离破碎。毋庸讳言，在琴音中跌落的还有现代人尘封的心情。尽管，化蝶的盟约还在尘世里寂寞地传颂和等待。

琴音中，庄子化蝶时的洪蒙大荒扑面而来。

三、寓言故事

【训练一】　　强者不吹牛

小老鼠、小白兔、大公鸡比谁最厉害，在一起吹牛。

老鼠说：“我最厉害，有一次和大象决斗，我钻进它的鼻孔里，咬得它直喊饶命！对于我，大象都不在话下，还有什么可怕的呢！”

小白兔对小老鼠说："你这个小地豆子，按体重只是我的二十分之一，也敢在这儿逞能！我是三次马拉松的冠军获得者，一次还创造了世界纪录，连赛跑能手猎豹都惧我三分！"

大公鸡说："你们都给我住嘴！俗语云'雄鸡一唱天下白'，太阳都按我的叫声出来，连人类也听我的指挥，按我的命令起床下地，因此老子天下第一！"

他们正在不着边际地吹牛，旁边的草丛中躺着一只老虎，似睡非睡，似醒非醒，听了他们的话，闭目微笑。过了一阵，老虎忽然打了一个哈欠，不由自主地说："好困呀！"

老鼠、白兔、公鸡一听，无不抱头鼠窜……

【训练二】 时间和爱的故事

从前有一个小岛，上面住着快乐、悲哀、知识和爱，还有其他各种情感。

一天，情感们得知小岛快要下沉了，于是，大家都准备船只，离开小岛。只有爱留了下来，她想坚持到最后一刻。

过了几天，小岛真的要下沉了，爱想请人帮忙。

这时，富裕乘着一艘大船经过。爱说："富裕，你能带我走吗？"富裕答道："不，我的船上有许多金银财宝，没有你的位置。"

爱看见虚荣在一艘华丽的小船上，"虚荣，帮帮我吧！""我帮不了你。你全身都湿透了，会弄坏我这漂亮的小船。"

悲哀过来了，爱向她求助："悲哀，让我跟你走吧！""哦……爱，我实在太悲哀了，想自己一个人待一会儿！"悲哀答道。

快乐走过爱的身边，但是她太快乐了，竟然没有听见爱在叫她！

突然，一个声音传来："过来，爱，我带你走。"

这是一位长者。爱大喜过望，竟忘了问他的名字。登上陆地以后，长者独自走开了。

爱对长者感恩不尽，问另一位长者知识："帮我的那个人是谁？"

"他是时间。"知识老人答道。"时间？"爱问道："为什么时间要帮我？"

知识老人笑道："因为只有时间才能理解爱有多伟大。"

【训练三】 东郭先生和狼

有一位书生东郭先生，读死书、死读书，十分迂腐。一天，东郭先生赶着一头毛驴，背着一口袋书，到一个叫"中山国"的地方去谋求官职。突然，一只带伤的狼窜到他的面前，哀求说："先生，我现在正被一位猎人追赶，猎人用箭射中了我，差点要了我的命。求求您把我藏在您的口袋里，将来我会好好报答您的。"东郭先生当然知道狼是害人的，但他看到这只受伤的狼很可怜，考虑了一下说："我这样做会得罪猎人的。不过，既然你求我，我就一定想办法救你。"说着，东郭先生让狼蜷曲了四肢，然后用绳子把狼捆住，尽可能让它的身体变得小些，以便装进放书的口袋中去。

不一会儿，猎人追了上来，发现狼不见了，就问东郭先生："你看见一只狼没有？它往哪里跑了？"东郭先生说："我没有看见狼，这里岔路多，狼也许从别的路上逃走了。"猎人相信了东郭先生的话，朝别的方向追去了。

狼在书袋里听得猎人的骑马声远去之后，就央求东郭先生说："求求先生，把我放出去，让我逃生吧。"仁慈的东郭先生，经不起狼的花言巧语，把狼放了出来。不料，狼却嗥叫着对东郭先生说："先生既然做好事救了我的命，现在我饿极了，你就再做一次好事，让我吃掉你吧。"说着，狼就张牙舞爪地扑向东郭先生。

东郭先生徒手同狼搏斗，嘴里不断对狼喊着"忘恩负义"。正在这时，有一位农民扛着锄头路过，东郭先生急忙拉住他，向他讲述自己如何救了狼，狼忘恩负义要伤害自己的事，请农民评理。可是狼却一口否认东郭先生救过它的命。老农想了想说："你们的话，我都不相信，这只口袋这么小，怎么可能装下一只大狼呢。请再装一下，让我亲眼看一看。"狼同意了，它又躺在地上，蜷作一团，让东郭先生重新用绳子捆起来，装进了口袋里。老农立即把口袋扎紧，对东郭先生说："这种伤害人的野兽是不会改变本性的，你对狼讲仁慈，简直太糊涂了。"说罢，抡起锄头，把狼打死了。

东郭先生恍然大悟，非常感谢农民及时救了他的命。现在，"东郭先生"和"中山狼"已经成为汉语中的固定词语，"东郭先生"专指那些不辨是非而滥施同情心的人，"中山狼"则指忘恩负义、恩将仇报的人。

【训练四】 谦虚过度

水牛爷爷是森林世界公认的谦虚人，很受大家的尊重。小白兔夸它："水牛爷爷的劲最大了！"它说："唉，过奖了，犀牛、野牛劲儿都比我大。"小山羊夸它："水牛爷爷贡献最多了！"它就说："唉，不能这样讲了，奶牛吃下的是草，挤出来的是奶，它的贡献比我多。"

狐狸艾克很羡慕水牛爷爷谦虚的美名。它想：我也来学习一下谦虚吧，这谦虚太好学了。它想：水牛爷爷的谦虚不就是这两点吗？一是把自己的什么都说小点儿；一是把自己的什么都说少点儿。嗯，对！就是这样。

一天，艾克遇到一只小老鼠。小老鼠看到艾克有一条火红蓬松的大尾巴，不禁发出了由衷的赞美："哎呀，艾克大叔，您的尾巴真大呀！"艾克学这水牛爷爷的口气，歪歪嘴说："唉，过奖了，你们老鼠的尾巴比我大多了。""啊，什么？"小老鼠大吃一惊："你长那么长的四条腿，却拖根比我还小的尾巴？"

艾克谦虚地说："哎，不能这么讲了，我哪有四条腿，三条了，三条了。"小老鼠以为艾克得了精神病，被吓跑了。

艾克的谦虚没有换来美名，倒换来一大堆谣言。大家说："唉，森林世界出了一条妖怪狐狸，只有三条腿，还拖一根比老鼠还小的尾巴……"

【训练五】　　蠢　驴

有头驴子，听到人们骂它"蠢驴"很不服气，它想学样本事，气气人们。

驴子想：我跟谁学本事呢？对了，跟老虎学捕食。啊，不行，它虽然有本事，可太凶残了。对了，跟孔雀学化妆。啊，不行，它虽然有本事，可太风流了。对了，和蜜蜂学建筑。啊，不行，它太爱唠叨。哎，跟谁学好呢？

驴子思前想后，觉得没有合适的本事可以学。于是，它决定拜访猴子，请它出出主意。要知道，猴子可是有个聪明的脑袋。

猴子听驴子诉完了苦衷，想了一会儿，说："我看啊，你还是去买些书吧，据我所知，有学问的人都有很多书。要知道，有学问可是件好事，会得到许多人的赞扬。"

就这样，驴子买来了许多书，它觉得，从此以后，自己就是学问家了，人们再也不会对它出言不逊。谁知，它还是听见人们骂"蠢驴"。

驴子伤心极了，决定再去问问猴子。

猴子听完驴子的叙述，埋怨道："你可真笨，买了书要看啊。要知道有学问的人可都爱'咬文嚼字'！"

驴子茅塞顿开，它乐颠颠地跑回家，拼命咬书，看见字就嚼，折腾了好几天，才把文"咬"掉，把字"嚼"完。这下，驴子可神气啦，认为自己真的成了天下有名的学问家。

可是，真奇怪，不知为什么，驴子仍然听见人们叫它"蠢驴"。

【训练六】　　一头学问渊博的猪

一头绝顶聪明的猪，住在一个非常出名的图书馆的院子里。它深信自己由于多年图书馆的生涯，已经成了渊博的学者。

有一天，一只八哥来访问。这头猪立即按照惯例，对客人进行自我介绍。

"朋友，相信我吧！"它说，"我在这个图书馆里待的时间很长了，我对这儿的沟渠、粪坑、垃圾堆，都有着深刻的了解，甚至屋后山坡上的墓穴都拱翻了好几个。谁要是想在这个图书馆得到知识而不找我，那他是白跑了一趟。"

八哥说："你所说的都是图书馆外面的事，那里面的东西也了解吗？"

"里面？"这头学问渊博的猪说，"那我最清楚不过了。里面无非是一些木架子，上面堆满了各色各样的书。"

“你对那些书也了解吗?”八哥问。

“怎么不了解呢?”这位渊博的学者说,“那是最没意思的了。它们既没有什么香气,也没有什么臭气,我咀嚼过好几本,也谈不上有什么味道,干巴巴的,连一点儿水分也没有。”

“可是人们老在里面待着,据说他们在里面探求知识的宝藏呢!”八哥又说。

“人们?你说他们干什么!”这位猪学者说,“他们确实是那样想的,想在书里找点什么东西。我常常看到许多人把那些书翻来翻去,结果什么也没有得到,仍然把书丢在架子上又走了。我保险他们在里面连糠渣菜叶都没有得到一点,还谈什么宝藏!我从不做那种蠢事。与其花时间去啃书本,还不如到垃圾堆翻几个烂萝卜啃啃。”

“算了吧,我的学者!”八哥说,“一个从垃圾堆里啃烂萝卜的嘴巴,来谈论书本上的事,是不大相宜的。还是去啃你的烂萝卜吧!”

【训练七】 **神 灯**

在王国的首都,有一个叫穆斯塔法的裁缝。他十分贫穷,过着仅能使妻儿糊口的艰难的日子。

穆斯塔法的儿子阿拉弟诺,在家无所事事,总是与街上游手好闲之徒玩耍嬉闹。虽然父亲想教他学裁缝的手艺,但是他却连拿针也没有学会。

由于穆斯塔法对儿子的无用和恶习难改而痛心疾首,不久他便辞世而去。

阿拉弟诺的母亲卖掉了缝纫用具,关闭了裁缝店,想靠自己纺纱织布来糊口度日,一点也不想指望儿子。因此,阿拉弟诺就更加无拘无束,肆意横行。他已经十五岁了,成为最淘气的小伙子。

一天,他正在广场上玩耍,来了一个非洲魔术师。他仔细端详了一阵阿拉弟诺后,问他是不是裁缝穆斯塔法的儿子。小伙子承认是裁缝的儿子,并且说他父亲在许多年前就去世了。听到这个消息,魔术师装出非常吃惊的样子,抱着阿拉弟诺的肩膀,痛苦地叫喊着。他说他是穆斯塔法的兄弟,十分惦念嫂子,立即让阿拉弟诺带回去一些钱,并且说第二天去看她。

穆斯塔法的寡妇想准备一桌丰盛可口的饭菜来款待过世的丈夫的兄弟,虽然她从来也没听说过有这么一个人。那个非洲人自己带着水果和几瓶酒来了。他说他从四十年前起就一直生活在非洲,他想回来看看兄嫂。看来,他对可怜的哥哥的去世十分悲痛。当他询问阿拉弟诺干什么事时,母亲连声抱怨说,孩子无法无天,每日里游手好闲,胡作非为。

非洲人严厉地训斥孩子,并且保证使他变成非常有钱的人。他答应给阿拉弟诺办起一个布店,这样他就可以成为有钱的商人。但是阿拉弟诺讨厌烦琐的日常事务，对办布店不感兴趣。

非洲人带来了一位裁缝，给阿拉弟诺做了几身衣服；又给他介绍了一些商人，这些人在商业上会指点他；又领他到通常是上层人经常出没的地方去开开眼界。他们一起到了国王的清真寺和王宫，最后才回到家中。

一连几天，魔术师一直迟迟拖延着不办布店，借口还需要指点阿拉弟诺。他对小伙子说，他已经了解到许多对他有益的事情，但他还要教他见识一些极其神奇的东西，在节日那一天，他必须同他一起到郊外去。

那天是星期五。东方刚破晓，阿拉弟诺就起了床，穿好了衣服，怀着一个青年要见识神奇东西的心情去找那个非洲人。

天光大亮，他和那个非洲人开始上路了。他们走了几里路之后，四周是一片荒芜，没有人烟。再往前走，他们不时看见几棵树木。又走了很长时间，他们来到了一个地方，那里景色与前边不同，大地是绿油油的一片，五颜六色的鲜花竞相开放；小溪流水哗哗地响，泉水清澈见底；一座四周白墙环绕的宫殿在稠密的树木掩映之中，隐约可见。

阿拉弟诺停住了脚步，观赏美景。魔术师对他说：

“这仅是开始，一会儿你会看到更神奇的东西。”

随后，非洲人点燃了草木丛，口吐咒语，又向火堆撒了一把香。

大地轻轻地一动，地上就出现了一个洞，露出了一个石碑，上边还有一个金属环。

“阿拉弟诺，拎起石碑来！你轻轻一拎就能拎起来。”魔术师一边喊，一边念叨阿拉弟诺的祖父和父亲的名字。

阿拉弟诺非常害怕，想逃走。这位假叔叔给了他一个大耳光，打得他嘴角流血。魔术师对他说，他为了自己的利益必须拎起石碑来，在石碑下边埋着一个宝贝，它会使他比一个国王还要富有，还要有威力。

阿拉弟诺按照魔术师的命令拉起了石碑。石碑下边出现了台阶和一扇门。据魔术师说那就是洞口。然后，阿拉弟诺按照魔术师的指示，走下台阶，进了门；首先看见的是宽敞的大厅，四周摆着许多金银大花瓶；然后他又看见一扇通往花园的门和一个通向一个屋顶平台的台阶。在那屋子里有一个壁龛，按照魔术师的命令，他打开壁龛，里面有一盏灯。阿拉弟诺拿出灯来，把它藏在怀里往回走，他敲着戒指，这是他刚下来时魔术师送给他的，为了避免在洞里发生什么不测之事。

【训练八】 对贪婪的惩罚

从前有个名叫哈达利的国王。一天，他在第比利亚城郊的原野上散步，看到一位白发苍苍的老人正在栽一棵无花果树的小树苗。“啊，可怜的老人，”国王对老人说，“你年轻时干这活，等到老时还能享受；可如今你那么大年纪了，难道你还有可能分享到自己辛勤劳动的果实吗?”

“国王，”老人回答道，“我年轻时干活，老了仍要干活；上帝安排我干什么，我就干什么。”

“你究竟多大年纪了?”

“一百岁啦，王上。”

“一百岁！那你还如此辛勤地栽种这小树苗，好像你还能享受到果实似的。”

“如果上帝保佑我，那我就能享受到它的果实。不管怎么说，我的父辈们曾为我而劳动；而我也是在为我的儿孙们尽力啊!”

“感谢上帝！等你有幸亲自尝到这棵树的果实那天，别忘了告诉我。”

一年又一年过去了。这位老人仍然健在。那棵小树亦已开花结果。老人暗自思量：现在，我该让国王知道此事了。他装了满满一篮子的无花果，然后提上篮子到皇宫里去了。这位老人被带上宫殿。国王问他是谁，有什么事？他说：“我就是几年前国王曾经碰到过的那位老人。那天，我正在栽一棵无花果树的小树苗。您看到后，曾命令我，等我亲自吃上这棵树的果实那天，一定要禀告您。今天，我还特地为您带来了满满一篮子的无花果。”

国王哈达利忙说：“快给这位长老赐坐!”接着，他又命令：“收下老人的无花果，给他的篮子里装满金币!”群臣们都惊奇地问：“国王，你为何对一位犹太老人如此敬重?”哈达利答道：“向他表示敬意的不是我，而是他的造物主啊!”

这位老人的邻居是一个嫉妒心很强的女人。当她听说此事后，便对自己的丈夫说：“你难道没听说这个老头的事么？一篮子无花果换了满满一篮子的金币。别怕！你也弄一篮无花果去献给国王!”

这个蠢男人真的听信了老婆的话，提上一篮无花果去找国王了。到皇宫门口，他对卫兵说：“我听说国王特别爱吃无花果，我给他带来了满满一篮子。”卫兵们听了大笑起来。国王知道后，即下令将这个人捆在大门口，用无花果一只接一只地朝他脸上掷去。这傻瓜十分沮丧地回到家里，对他老婆说：“你给我出了一个多好的主意，他们对我表示了如此的敬意！这一切全是你弄出来的。”

“哼，你这个蠢蛋!”女人轻蔑地答道，“你还算运气呢！要是你的无花果没熟透，或者你带去的是石榴，那你就更受罪了。”

他们就这样争吵不休，互相挖苦嘲笑着。

【训练九】 和平的感染

一枝绽出花蕾的枝条和他身旁的花枝说道：“今天既沉闷又空虚。”身旁的花枝回答道："确实既空虚又沉闷。"

这时，一只麻雀飞落在一根枝条上，旁边又飞来了一只。

一只麻雀啁啾地说道："我的配偶离开我了。"

另一只叫道："我的配偶也走了，她是不会回来的。我才不在乎呢！"

这一对开始嘁嘁喳喳地对骂起来。很快就拳脚相加，弄得空气中充满了刺耳的吵声。

突然，另两只麻雀飘然而落，安安静静地坐在那两只无休止吵闹的麻雀旁边。这时，出现了安宁，出现了和平。

四只鸟结成两对飞走了。

第一根花枝和身旁的花枝说："好一阵叽叽喳喳的吵闹声！"另一根枝条说："随你怎么说吧。现在可是既和平又安宁。如果上层的气氛和谐，依我看，住在下层的一定也是和好的。你愿不愿意随着风摆得靠我近一点？"

第一根花枝说："看在和平的分上，或许趁着春光还没逝去，我愿意。"

说着，他随着强风，摆动身子去拥抱她。

【训练十】　　美人鱼

在太阳升起的地方，大海环绕着群岛，大海的深处，盛产着珍珠。就在深深的海底，躺着一个青年的尸体。在那尸体的眼前，一群金发的美人鱼坐在珊瑚丛间。她们瞧着那尸体，眼睛是那么美丽、那么蓝。她们在交谈，声音是那么悦耳，像音乐一般。海水听到了她们的谈话，波浪把它送到海边，于是风又把它吹进了我的心田。

一个美人鱼说："这是一个人，昨天掉进了海底，因为大海动怒，发了脾气。"

另一个说："不是大海动怒，发了脾气，而是人类——他们自称为神的后裔——在进行残酷的战争，流淌的鲜血把海水都染成一片猩红。这个人就是在战争中死于非命。"

第三个说："我不晓得战争是什么，但我知道人类征服了陆地后，还觊觎在海上称霸。他们发明了各种稀奇古怪的机器，乘风破浪在大海中游弋。海神尼普顿得知这种悍然侵犯，不禁怒气冲天。于是人类为了取悦我们的海神，只好向他进贡，奉献祭品。昨天我们见到落进海中的残肢骸骨，只是人类最近献给伟大的尼普顿的祭物。"

第四个美人鱼说："尼普顿可真是威风凛凛，不过他的心是多么残忍！

我若是当了海上女王，绝不会接受这种血淋淋的祭品。来呀，让我们看看这个青年的尸骸，也许它可以让我们对人类有所了解。"

美人鱼们朝青年的尸体游近，他们在他衣服口袋里搜寻，于是在他内衣贴心的地方找到了一封信。其中一个美人鱼将信打开，读了起来：

“亲爱的！现在已是夜阑更深，我却无法上床安寝。世上没有什么能将我安慰，唯有割不断的情思，流不尽的眼泪；没有什么能使我心情舒畅，唯有望穿秋水，怀着希望。希望你逃脱战争的魔掌，回到我的身旁。如今我只能反复想着我们分手的时光，你曾对我细语，每人欠下的泪水，总有一天要偿还……亲爱的！我不知该如何下笔，只听任我的一颗心向纸上流去。这颗心，不幸把它扯碎，爱情将它抚慰。那爱情使痛苦别有滋味，使悲伤变成欣慰。当爱情把我们两颗心连在一起，当我们期望着我们的灵魂和躯体能够合二为一，战争却把你召唤了去，于是你参加了战争，驱使你的是义务和爱国主义。这算是什么义务？它拆散了爱人，让孩子变成孤儿，让女人变成寡妇。这叫什么爱国主义？为了一些鸡毛蒜皮，就大动干戈，让国土变成一片残垣颓壁。对于可怜的乡下人，这叫什么责无旁贷？豪门巨室却从不加以理睬！如果义务是否定各国之间应和平相处，爱国主义是扰乱人类生活的安谧，那么就让这种义务和爱国主义见鬼去吧……不，不！亲爱的！别把我这话记在心里，还是应当热爱祖国，勇敢作战！不要听信一个姑娘的一片胡言——离别让她失去理智，爱情使她瞎了眼……如果爱情不能在今世把你送还到我身边，那么在来世爱情一定会让你我团圆……”

美人鱼把那封信放回青年的衣服下面，然后游走了，一个个忧郁悲伤，默默无言。当她们远离开那个青年，一个美人鱼不禁怅然长叹：“人类的心真比尼普顿的心还凶残！”

四、小说（故事）

【训练一】　　嘎达梅林

鲜血和汗水刺痛了我的眼睛，使我对眼前的一切越来越模糊了。

长生天呐，你睁开双眼看看这被血泪浸透的科尔沁草原吧，如今，她只留下了一片凄凉。

达尔汗王爷为了满足自己抽大烟的嗜好，竟然要把草原卖给日本人。一夜之间，牧民们失去了家园，温暖的蒙古包被烈火烧光了，风吹草低再也看不见了牛羊。军阀匪徒横行霸道，穷苦牧民受尽了折磨，这像鲜花一样的草原被践踏了，草原上到处是百姓们揪心的哀号。

我身为梅林，见百姓有难而不救是我的失职。这草原是祖先留下的生存之地呀，王爷，请为子孙后代着想，草原可不是荒地，一经翻垦，大风吹过，土被刮尽，只剩下了沙子，不出十年，科尔沁千里草原将化为沙漠。王爷，您是达尔汗之主，不能不顾百姓的死活就这么走了呀。王爷，草原上的草可以喂牛羊，也可以化为烈火，若是将百姓们逼到死路上去，你有没有想过，当年老王爷……

画外音：你已经不再是梅林了。

不能保护百姓，就是当一辈子的梅林也只是个奴才。我明白了，牧民们就是剥下一层皮，也不够王府摆一次宴席；农民们辛苦劳累一年的收成，也不够王爷和福晋点一盏烟灯。老百姓过不上安生日子，就是因为有你们这些吃人肉、喝人血的魔鬼。日本人，日本人勾结官府占我草原，用心阴险呐。王爷，自古官逼民反，你们鱼肉百姓，早晚会有报应的这一天。

画外音：说呀？继续说。你一个将死之人说什么我还在乎吗？

长生天在上，达尔汗的百姓们，我和你们一样，不分满蒙还是汉回，都生长在这片草原上，我们脚下的这片土地和草原，是长生天赐给我们每一个人的。祖先把这块草原留给了我们，而我们绝不能给后代留下沙漠。今天，老百姓没有了活路就只有造反，谁伤害百姓就让他用命来偿还。在这里，向长生天起誓的，是我，嘎达梅林。

受苦受难的百姓们，草原上的牧民们，拿起你们的棍棒刀枪，为了我们的土地和草原不落到日本人的手里，我们就是粉身碎骨，也要和他们决一死战。

现在，摆在我面前的，是明晃晃的刺刀和黑洞洞的枪口。开枪吧，你们的子弹可以从我的身上穿过去，可是却永远不会射穿这个伟大民族的胸膛。来呀，试试你们的胆量，冲这儿开枪。放心，草原上的男人不会跪着死。

嘎达死了，他是为了百姓的土地，为了人民的利益而死的。长生天呐，请厚葬这位蒙古民族的英雄吧。

请永远记住，那些为了美丽的草原流淌过鲜血和付出过生命的勇士们；请永远记住，嘎达梅林。

【训练二】 继母的账本

十岁那年，我没了父亲，只能和继母生活在一起。继母的儿子学习很一般，可她却要求我必须考第一，不然就别进门。我想：这是千方百计在赶我走哇。

期末成绩公布了，我排名第三，可没想到，一进家门，继母就罚我跪墙根，她还指着我骂：周家玉，你个不争气的废物。

这句话，我一辈子记得。

生活越来越难了，我的参考书也都是借的。继母知道了，像施舍一样甩给我一百块钱说：拿去买书去，记住了，以后加倍地还我，我这儿可都是给你记账的。

我发誓，我发誓一定要考上大学，我要离开这个女人。

终于，我考上了重点大学。之后四处坚持，再不用继母的一分钱，继母也从我的生活中消失了。几年后，我接到了继母儿子的电话，原来继母已经去世了。在坟前，继母的儿子给了我一张两万元的存折和一个破旧的本子。我认得，那正是继母给我做的账本，可打开一看却是日记。继母说，老周，你别怪我对孩子狠，家玉没有亲生父母，她得自强，她得自立，罚她跪，那是在跪你。继母说，家玉啊，你怎么不回来看看我啊？我打你，骂你，那是希望你有出息。继母说，老周啊，我这病好不了了，可是我活一天，我就要干一天，咱得帮孩子多攒点钱哪，你说是不？

妈，妈，我错了，真的错啦！妈，下辈子，我一定做您的好女儿。

我泣不成声，跪倒在继母的坟前。

【训练三】 **审　判**

A：谢林。

B：你看都没看，怎么知道是我？

A：你的味道，你走路的声音。你我相处这么多年，我了解你。

B：老师，其实你一点儿都不了解我。你看，我现在也抽烟斗了，没想到吧。

A：你还喝咖啡，你一天可以做四例成功的手术，你现在是伤兵医院的谢院长。

B：你杨冠宇能做的事儿我谢林都能做。你告诉我，老师，我到底哪一点儿比不上你？你都知道了吧，都是我干的。是我，让骆元发任命你为大药房的总经理；是我，利用大药房贩卖毒品然后嫁祸给你。但有一点儿我不大明白，既然你已经知道了，干吗不来找我，干吗不来问我？你知道吗，我一直都在等你。

A：我不想问。我对你已经失去信心了。

B：信心？有人对我有过那东西吗？你杨冠宇是我的老师，是神医，是圣人。在别人眼里，我永远是你屁股后面的小跟班儿，没有人觉得我能超过你，所有的医生、所有的患者，还有方舒晴。方舒晴她凭什么不爱我？她凭什么？我再也不做你的影子了，我再也不做你的小跟班儿了。我要成为一个伟大的人，没有人敢欺负我，没有人敢伤害我。我想要得到的东西就一定能够得到，没有人能够阻拦我。

A：看到你现在这个样子，我心里很难过。谢林呐，你变成这样，我是有责任的。

B：说得真好，真真诚，真让人感动。别说是方舒晴啦，我要是个女人，我都会爱上你的。你怎么做到的？永远的高高在上，用一副哲人的目光看这世界。看看那些愚蠢的老百姓，他们居然原谅了你，你都已经承认你是贩毒的主使，他们还是原谅了你。

A：你想知道为什么吗？

B：因为他们愚蠢。因为在他们心里你是神，你是这个肮脏人间唯一的希望。你真高大，你就像是我眼前的一座山，一座高山，让我望不到远方，看不到希望。我做了你这么多年学生，我怎么就迈不过你这座山呢？到底哪一点儿我比不上你？为什么永远要被笼罩在你的阴影之下？为什么？

A：你说的都不对，是人格。

B：什么玩意儿，它在哪儿？

A：在每个人的身上，每个有良知的人的身上都有人格。谢林，你现在很可怜，你连人最基本的人格都丧失了。你的心里只有仇恨，没有爱。

B：说完了？都是屁话。冠冕堂皇，光明磊落，你永远正确，永远有力量，你永远是神医，我受够啦。去蹲你的监狱吧，你会死在那儿的。

A：你永远也成不了一个好医生。

B：说什么？

A：我说你永远也成不了一个好医生。因为你贩卖毒品，给玉城的老百姓。

B：我一直是一个好医生，我贩卖毒品的原因不是已经和你说清楚了吗？

A：就是为了陷害我？

B：对，而且我已经做到了。

A：如果你只是为了陷害我，就可以置玉城县老百姓的生死于不顾，那你就跟医生这个称号一点儿关系也没有了。

B：又来了。

A：你过来。过来，看着我。你敢看着我吗？

B：我为什么不敢？我一直是一个好医生，我还是伤兵医院的院长呢。

A：那你还记得希波克拉底誓言吗？就是你当医生的第一天我让你背诵的，还记得吗？如果你还是个医生的话，医生是不应该忘记自己的誓言的，背吧。

B：医神阿波罗及天地诸神为证，鄙人敬谨宣誓，愿以余之能力与判断力之所及，遵守医家一切之信条，我不得将，不得将……

A：不得将危害药品给予他人，并不做此项之指导，虽然人请求，亦必不与之。你做到了吗？

B：你住口。

A：你看你都做了些什么？为了达到你的私欲，居然贩卖毒品，让人上瘾，造成死亡，多少家庭都陷入了家破人亡的困境。这些人都是无辜的，我的谢医生！

B：你给我闭嘴。

A：我之唯一目的，为病家谋幸福并检点吾身，不做各种害人及恶劣行为。

你检点过吗？

B：不要再说了，不要说了。

A：你在做着这些伤天害理的事情的时候，就没有停下来想一想你是一个医生吗？

B：我求你不要再说啦。

A：倘使我严守上述誓言时，请求神，只让我的生命与医术能得无上光荣。我若违誓，天地鬼神共殛之。我若违誓，天地鬼神共殛之，共殛之。

B：老师，不要啊。

A：我宣布，你不再是医生了。

B：不！

【训练四】 **替我叫一声妈妈**

当手铐铐在大强手上时，他哭了。

大强不是为自己哭，他是为他的母亲哭。守寡的母亲就这么一个儿子，儿子坐了牢，母亲谁来照料啊？想到这儿，他悔不当初，一张脸像泛滥的河，他哭了。

就在大强要被带走的时候，母亲突然“扑通”一下给警察们跪下了，堵在家门口。大强还是被带走了。当警车开动那一刹那，大强还回头哭嚷着：“妈，你没有儿子啦。”这喊声像鞭子一样抽着母亲的心。

大强被带走以后，母亲每天都到看守所去看他。可每次母亲都看不到。于是，母亲就在看守所的高墙外绕啊绕，绕啊绕，泪水在看守所的高墙外洒了一地。不到一个星期，母亲的眼睛就看不见了。但大强不知道，母亲每天只能在看守所的高强外绕啊绕，绕啊绕，天黑了都不知道。

后来，有人对母亲说，看守所放风的时候，爬上看守所旁边的小山坡，就可以看见犯人了。母亲终于找到了那个小山坡。刚爬上山坡，母亲就激动得一边哭一边喊：大强，大强，你在哪儿？妈来看你啦。大强，大强，妈来看你啦。”

也不知母亲喊了多少遍，就在母亲喊不出声、流不出泪的时候，突然，从山坡下传来一阵喊声，大强跪在人群当中拼命地磕着头，他撕心裂肺地喊，他不停地喊：“妈，妈，儿子在这儿，儿子在这儿，妈。”

原来，在山坡下放风的大强真的发现了母亲。母亲听到大强的声音，唤得更勤，一双手摸向远方，平举着像一把飞翔的梯子。

母子呼应的场面，让所有在场的人历历在目，也让所有人那面心灵之旗在泣然中悔恨。

就这样，一天一天，一月一月，母亲每天都准时在大强放风的时候喊他，大强也在山坡下对着山坡不停地挥着、喊着。大强不知道，母亲根本就看不见他挥手，母亲也不知道山坡下的人，哪一个才是她的儿子。

大强被看押一年后，就要被执行枪决。他即将在一声枪响之后，结束那曾经因罪恶而不能延续的生命。

临赴刑场那天，他哭着对同一监舍的人说："你们都知道，我妈妈每天都到对面的小山坡喊我的名字，听不到我的声音，她会哭的。我走了以后，如果你们谁要是听见了，我，我求求你们，我求求你们替我喊一声妈妈。"

这天，母亲又要到山坡上来看大强。有人劝母亲不要去了，可母亲坚持要去，她说："大强还在等着我呢，见不到我，大强会难过的，见不到我，大强会难熬的。"于是，母亲蹒跚着走上了山。

老天爷哭了，老天爷哭了，它不为大强，而是为他的母亲哭了。等母亲艰难地爬上山坡时，衣服鞋子全湿透了，浑身水淋淋的。可母亲和往常一样，心里无比的高兴，又开始无限怜爱地喊着："大强，大强，妈来看你啦。大强，大强，妈又来看你啦。"

风一直的刮着，雨一直的下着。其实，母亲看不到，山坡下已经没有了她的儿子大强。其实，母亲看不到，就在此刻，山坡下已有274名犯人正在雨中向她回应着：妈，妈，妈，儿子在这儿，儿子在这儿。并朝她深深地鞠着九十度的躬。

【训练五】 为中华之崛起而读书

这是一个发生在二十世纪初的故事。

新学年的钟声刚刚响过，老校长迎着大家尊敬的目光，健步登上讲台。他向着全体同学高声发问："请告诉我，你们为什么要来读书呢?"同学们望着老校长那和蔼的笑脸和期待的目光，纷纷举起手来，要求发言。

一名同学说："为了光宗耀祖而读书。"另一名同学说："为了出人头地而读书。"老校长微笑着，没有说话。

又有一名同学踮着脚，尖声地说："读书就是为了留洋，留洋，就是为了赚钱。我五舅留学去了东洋，他还娶了个洋老婆呢。"话音刚落，全场哄堂大笑。

老校长渐渐地收敛起笑容，还是没有出言。他环顾四周，看到一名浓眉大眼的少年正在屏心静气，若有所思，就走过去，亲切地问道："小同学，你来说说，为了什么而读书?"

少年站起身，略加思索后，挺直了身板，庄严而郑重地说："为中华之崛起而读书!"

听到这话，老校长为之一振，只觉得一腔热血在周身奔涌，不禁击掌长啸，放声喝彩："好！好！这话讲得好！小小年纪竟有如此雄心壮志。我堂堂中华何患后继无人哪!”这时全场响起热烈的掌声。

老校长问:“你叫什么名字?”

少年扬起两道剑眉,目光炯炯,朗朗答道:“我叫周恩来。”

这是1910年,少年周恩来刚满十二岁。从这以后的近百年里,周恩来,这个响亮的名字,“为中华之崛起而读书”这个响亮的口号,在神州大地上激起惊天的波澜。

【训练六】 生命的姿势

这对夫妇是登山运动员,为了庆贺他们的儿子一周岁生日,他们背着儿子登上了五千米的雪山。可是天公不作美,突然间,狂风大作,雪花飞舞,气温陡降至零下三四十度。最要命的是,他们由于完全相信天气预报而忽略了携带至关重要的定位仪。由于风势太大,能见度不足一米,上山或下山都意味着危险甚至死亡。两人无奈,情急之中找到一处山洞,只好进洞暂时躲避风雪。

气温继续下降,妻子怀中的孩子被冻得嘴唇发紫,最主要的是他要吃奶,要知道在如此低温的环境之下,任何一寸裸露在外的皮肤都会导致体温迅速地降低,时间一长就会有生命危险,怎么办?孩子的哭声越来越弱……

丈夫制止了妻子几次要喂奶的要求,他不能眼睁睁地看着妻子被冻死。然而如果不给孩子喂奶,孩子就会很快死去。妻子哀求丈夫:“就喂一次!”

丈夫把妻子和孩子揽在怀中。尽管如此,喂过一次奶的妻子体温下降了两度,她的体能受到了严重损耗。

时间在一分一秒地流失,孩子需要一次一次地喂奶,妻子的体温在一次又一次地下降。在这个风雪狂舞的五千米高山上,妻子一次又一次地重复着极为简单而现在却无比艰难的喂奶动作,她的生命在一次又一次喂奶中一点点地消逝。

三天后,当救援人员赶到时,丈夫已冻昏在妻子的身旁.而他的妻子——那位伟大的母亲已被冻成一尊雕像,她依然保持着喂奶的姿势屹立不倒。她的儿子,她用生命哺育着的孩子,正在丈夫怀里安然地睡眠,脸色红润,神态安详。

为了纪念这位伟大的母亲和妻子,丈夫决定将妻子最后的姿势铸成铜像,并且告诉孩子,一个平凡的姿势只要倾注了生命的爱便可以伟大并且抵达永恒。

【训练七】 徽州女人

上个世纪初
在古老的徽州
有一个

或一群女人的命运是这样的

…………

灰黑白色调的院围巷道，眼睁睁，一个女人由少到老，空守了三十五年的光阴，守的是一份虚无的爱，守的是一份枯涩的情。

黄梅戏《徽州女人》中，韩再芬调动了全部的感情，为在场的左右观众讲述着这样一个故事。

我家夫子虽来皖两年不到，却对黄梅戏情有独钟，只要是比较有名的演出，我都会陪他去一饱耳福。次数多了之后，但凡是坐下来细细听品，那悠扬婉转的黄梅调，真的能够沁入心脾，百转千回。

《徽州女人》称得上是近年来的黄梅戏代表作品，韩再芬用那特殊的嗓音，通过“嫁”“盼”“吟”“归”四个场景，讲述着一个女人的痴、执、贤、忍，从十五岁的花样年华，熬到五十岁的垂暮之年，熬的仅是一枚空有的名分、一份绝望的悲哀。

女人是宁静的。通篇听来看来，仅是她低低地唱，委婉地吟，古老的礼教和文化让她不识斗大的字，却懂得万种情。那个睡梦中才会出现的丈夫，仍如相亲时她曾偷望过的那样，伟岸潇洒。你听她唱：

隔着窗棂偷眼望哎。

细雨蒙蒙遮青山也。

青山脚下一把伞哪，

伞下书生握书卷哎。

高高的身材，宽宽的肩哪，

一条乌黑的长辫垂腰间哪，

…………

那么多的欣喜被她羞涩地藏在盖头里，窝在心窝里，小心翼翼地收藏。怀着对婚姻生活的向往，她被抬进了门。她从来没有怀疑过等待她的将是什么，即便是知道了未曾谋面过的丈夫为求功名已然离去，也仅是在失望之后擦干眼泪，柔柔地说道：

“求功名，好哇!”

于是，守着一条男人的辫子，她度过了一个孤独的洞房花烛，继而度过了漫长的三十五载春秋。

她的喜是小小的，她的悲也是低低的，压抑在心头，不是不愿意释放，而是再无力气去释放。大悲大恸需要一些导火索，或者说需要一些大的刺激，而她呢，竟犹如被放置在微火煎熬的油锅中，慢慢地煎。她由希望，到失望，再到绝望。绝望的时候，纵有千言万语，她也只能和泪而吞。

女人是坚强的。花开花落，年复一年，纵使丈夫依旧杳无音讯，她仍心怀着希望，恪守做媳妇的本分，清晨即起，洒扫庭除，孝顺公婆，喂养小叔。甚至于公婆对于那个离家的儿子都不再抱有希望，而令她也改口称其为爹娘，她也并没有因此而放弃。日子，长着呢，她期待着能有一天，与她的夫相伴而坐：他渴了，她为他沏茶；他饿了，她为他烹饪。只要能够实现这样小小的愿望，哪怕再等个十年，她也甘愿。

夜，那是需要多少的忍耐才可以度过的漫长呀！冬寒，夏燥，秋湿，春暖。辗转间，枕边无人相伴，无人相偎，任喜怒哀乐皆由自己扛，哦，这样的日子，哪里还有喜呢！三千六百个日夜过去了，再三千六百个日夜。日子，久了；人，老了；心，也冷了。而当最后，眼见他终于叶落归根，可却是使君有妇的时候，除了沉默，她还能说什么？当他一再问道："你究竟是谁?"女人的泪啊，就再也流不出来了："我是你伢子的姑姑。"

女人又是软弱的。漆黑冰冷的夜，她怕吗？她孤单吗？她是真的可以轻易就熬过一年又一年吗？这一切的一切，从每一个辗转无眠的夜里，从女人凄凉低沉的哭泣中，从她怀抱冷风、悲叹上天不公的唱腔中，便可洞悉一切。

她是真的想走出那一方天井的呀！可是，几番机会，几次心动，到最终，她只能犹如那只小青蛙，被温柔地困在井底，所能见的"世面"仅是巴掌大的一块圆。

那是只看不见的手，柔软，却不含半点温度。

一场戏，犹如一处山泉，清新流淌，连绵不断；又如云霾，厚重低沉，压迫人心。一个女人，就这样用同样一种守望的姿态，淡然度过了一生。

戏中从头至尾没有出现什么激烈的矛盾冲突，只是一个女人，在翻着一本记录了她所有心理动作的书，给你看，给他看，给自己看。一生啊！就那么几张纸，便翻完了。

散场回家的路上，我和夫子没有任何议论的话语。我懂他，他也懂我。这个时候，我们没有什么话要说，没有什么话可以说。我们都是感情充沛的人，但充沛处，无声胜有声。

到家门口，掏钥匙开门的时候，我趴在黑暗中他的背上，喃喃了一句："现在的徽州女人，真幸福!"

"傻样!"他回过头，笑着说。

【训练八】 大明宫词

武则天旁白：武则天似乎早已料到太平的到来。她坐卧在寝宫深处的床榻上，艰难地维持着脸上相对沉静的表情，内心却经历着前所未有的起伏。

太平旁白：太平定定地站在宫门口，第一次满目仇恨地盯视着自己的母亲。两个内心同样复杂的人在寒冷中对视，意识到战争正缓缓迫近。雨水顺着太平身体的轮廓淋漓地下滑。

武则天：你有身孕，不该淋雨，把御医找来。

太平：我丈夫死了。

武则天：我知道了，我为他感到悲哀，他很不幸。

太平：是我杀死了他，我是凶手。

武则天：不，你不是，他是自杀。

太平：不，母亲，他本来有着比谁都充足的活下去的理由。是我，是我的到来为他的生活带来了长达五年的噩梦。比这更可悲的是，您亲手制造了这一切，而我，却始终一厢情愿地认为自己是他一生中所拥有的最甜蜜的礼物。五年，整整五年哪，您在使他忍受折磨的同时，也让自己的女儿饱受屈辱。

武则天：你都知道了？

太平：我早该知道了。您为什么要骗我？

武则天：因为我爱你，因为作为母亲，我不想看到自己的女儿因过早地失去爱情而悲哀。

太平：可是您却剥夺了他人的爱情，甚至性命，也蒙骗了自己女儿第一次真诚的感情。母亲，您是一个没有感情的人。

武则天：感情？太平，如果我没有感情，我就不会容忍你的丈夫竟敢用一个丫鬟的尸体来充当慧娘，明目张胆地来蒙蔽我的眼睛；如果我没有感情，我就不会容忍他一生下来就已经成为罪犯的儿子来充当你的什么义子；如果我没有感情，我绝不会容忍他的妹妹在长安的一个角落里用最恶毒的词语诅咒自己的皇后。感情？我想这一切的根源就在于我对你太富有感情，太想满足你的心愿。所以，请你不要用这样的态度对我说话，毕竟，我是你的母亲。

太平：如果做您的女儿，就要上缴自己的命运，甚至宝贵的爱情，那么，我宁愿不做您的女儿。

武则天：是吗？你真的是这样想的吗？太平，为了你的幸福，我已经做了最大的努力，可结果不尽如人意，这只能怪人生无常。你和他没有缘分。我始终遵循着一个母亲最简单的逻辑，你爱上了一个人，我帮你找到他，你想嫁给他，我让他娶你。在满足女儿的心愿上，我与天下的母亲没有什么不同。唯一的区别是，我做得更有效率。

太平：这是什么样的效率？这是多么可怕呀，我的母亲在用权力表达对我的爱。您赋予我的爱情是残忍的、血淋淋的，这不公平。

武则天：你想得太多了，太平。薛绍的错误不应该由我来承担。他是个好男人，但他不懂得忘却。一个永远生活在过去、不知道珍惜现在的人，在这个世界上他不会走得太远。

太平：薛绍当然不会忘却，因为那是他仅存的生活理由，唯一的心情来源。

我更加不会忘却，因为我最倾心的爱人死在我的剑锋之下，而你，却是那个把他推向剑锋的人。

武则天：不，我没有杀死他，是他的懦弱杀死了他自己。他没有勇气爱你，他害怕。薛绍的不幸在于他太完美，有时候完美是一剂毒药。当他发现自己并不完美，竟然在心里爱上你的时候，他不可能这样活下去，你知道吗？不要再这样折磨自己了，这场悲剧该结束了。

太平：我一生中最重要的开始已经毁在您的手里，不可能就这么结束，这么轻易地挥之而去。母亲，您欠我的。

【训练九】　周恩来

位于文津街的解放军305医院有两套宽敞的病房；一套是为毛泽东主席准备的，他没有住；另一套，住进了人，他是我跟随已久的周恩来总理。

1975年5月的一天，周总理在散步时曾问身边的医护人员：“你们说实话，我究竟还能坚持多久？”医护人员猛地一怔，赶紧露出笑容，想用几句轻松安慰的话语搪塞过去。

周总理抬眼望着天空，仿佛在正视那冥冥之中的死神，忽然坦然地笑了。

他渐渐收起笑容，换上一副严肃的神情：“你们一定要把我的病情随时随刻如实地告诉我，因为还有许多工作，我要做个交代呀。”

医护人员的眼里陡地涌起一层泪花：“总理，你叫我们怎么讲呢。”

周总理的脸上逐渐恢复一丝不易辨清的浅笑，他缓缓说道：“好了，不用说了。”

1975年6月，周总理毅然拒绝所有医生的劝告，拖着沉重的病体，去参加为贺龙元帅举行的骨灰安放仪式。

签过到，他便朝休息室走去，在门口他就大声地呼唤：“薛明，薛明啊！”

贺龙的遗孀薛明，闻声抬头叫一声：“总理！”奔了过来，满脸是泪，周总理紧握住她的双手，身体由于悲恸而颤抖着。“薛明啊，我没有把他保护好哇……”说着，泪如泉涌。

贺龙的女儿紧握着周总理的手说：“周伯伯，您要保重身体呀。”周总理无言地望着她，片刻，平静地说：“我的时间也不长了。”

这令人心碎的叹息，又一次引来悲声四起。

1976年1月8日早晨8点左右，小高像往常那样来接班。简单交接过后，我便要离开了。在门口，我像往常那样回头再望一眼我们的总理，他仍在昏睡着。

唉，他这一生，睡得太少，太少了。在正常的年月里，总理每天能睡四个小时，可是近十年中，天下大乱，总理每天只能睡两到三个小时。什么叫全心全意？什么叫鞠躬尽瘁？什么叫夜以继日、不知疲倦？你只需在总理身边待一待，便一切都明白了。

“老张，老张。”小高旋风似的卷了进来，他脸色煞白，声音随着目光一道颤抖着，“总理，总理不好啦。”

我像被电打了一样，从瘫软中一跃而起，赶忙往楼下跑去。

下楼后，我看到周总理的床前只站着几名专家医生，其余二十几名医生都已稍稍后撤，环绕四周默立。

我赶紧冲到周总理的床前，一把抓住他的手，“总理，总理。”我叫着，可是手掌分明感觉到他的手指发了凉，那么快，那么突然。我慌极了，摸着、抚着，想温暖回来，想把我的热和血输送过去。可是，转瞬间总理的手掌也凉了，并且像退潮一样迅速凉到了胳膊。我急眼了，叫着：“大夫，大夫，这是怎么了呀？”

张医生沉重地摇了摇头，绝望地叹息道：“唉，不行啦。”

四周围陡地静了下来，世界哑了一般。我从来不曾经历过这样的场面，茫然四顾，我早已不会说话，但是我的心在滴血。

蓦地，我看见一圈低垂的头。我哭出了声音，所有人都放开了悲声。

“总理呀。”

【训练十】　有一种奇迹叫父爱

1948 年，在一艘横渡大西洋的船上，有位父亲带着他的小女儿，去和美国的妻子汇合。一天早晨，父亲正在舱里用腰刀削苹果，船却突然剧烈地摇晃，他摔了下去，刀子刚好扎在他的胸口，全身立即战栗，嘴唇瞬间乌青。

6 岁的女儿被父亲瞬间的变化吓坏了，尖叫着扑过来想要扶他，父亲却微笑着推开女儿的手：“没事，只是摔了一跤。”然后他轻轻地拾起刀子，很慢很慢地爬起来，不引人注意地用大拇指拭去了刀锋上的血迹。

以后三天，父亲每晚照常为女儿唱摇篮曲，早晨替她系好美丽的蝴蝶结，带她去看大海的蔚蓝。仿佛一切如常，而女儿却没察觉父亲每一分钟都在变化，他的脸色一分钟比一分钟苍白，看向海平面的目光是那样的忧伤。

抵达美国的前夜，父亲对女儿说：“明天见到妈妈的时候，请告诉妈妈，我爱她。”

女儿不解地问：“可是明天你就要见到妈妈了，为什么你不自己告诉她呢？”

他笑了，俯身，在女儿的额头上留下了一个深深的吻。船到纽约港了，女儿一眼便在熙熙攘攘的人群中认出了母亲，大喊：“妈妈……”周围忽然一片惊讶，女儿回头，看见父亲已仰面倒下，胸口血如井喷，一刹那染红了整片天空……

尸解的结果让所有人惊呆了：那把刀精确无比地洞穿了他的心脏，他却多活了三天，而且不被任何人知觉。唯一可能的解释是因为创口太小，使得被切断的心肌依原样贴在一起，维持了三天的供血。

这是医学史上的奇迹，医学会议上，有人说要称他为大西洋奇迹，有人建议以死者的名字命名，还有人说要叫他神迹。

但一位须发俱白、皱纹里满是智慧的老医生却一字一顿地说：“这个奇迹的名字，叫父爱。”

第六章　新闻播报训练

第一节　新闻播报理论

一、理论概要

播报新闻是广播电视传媒中播音员、主持人最主要的工作内容之一，新闻播报的质量直接影响着宣传效果。各个台的新闻播音员、主持人往往成为这个台的标识性人物，人们也往往拿他们的播报水平和主持形象作为评价一个台的重要依据。掌握新闻播报的规律、切实提高自己的播报水平，是每一个有志于从事播音、主持工作的人所期望的。希望下面的训练能帮助大家逐步实现这一期望。

新闻稿件的特点对新闻播音产生规定性影响，从对新闻稿件由内容到形式的整体认识中可以逐步寻求到新闻播音的基本要求，体会到新闻播报的语言特色。“用事实说话，以新感人”简略地概括了新闻播音的特点，换个角度说，新闻播音的基本要求就是：叙事要清楚，新鲜感要强。

（一）叙事要清楚

透过稿件文字还原新闻事实，在播报之前不仅要做到“知其然”，而且还要略知其“所以然”，这是将新闻事实叙述清楚的前提条件。新闻内容包罗万象：有的是简单的信息，有的却是引人注意的动态或是发人深省的现象，所以在凭借稿件文字了解事实表象之后，往往还需要探求其深层含义。这就需要我们将这一事实摆在它特有的时空坐标上，上挂政策，下联实际，明确其宣传背景和宣传目的，广义备稿在此有着十分重要的意义。不断积累知识，学习政策，了解实际，提高自己的新闻敏感程度，是每一个新闻播音员、主持人所必需的，否则只能做一个“匠人”，停留在见字读音简单成句的水准上。业内人士常说：“播新闻不难，播好新闻可太难了。”恐怕道理就在这里。

新闻稿件的结构有它的体裁特征，熟悉其导语、主体和结尾（有的还有背景材料）的三段式结构，对在较短的时间内迅速准确地把握新闻事实十分重要。而在语言表达过程中则要分别注意以下问题：

分析确定导语的语句重心，避免语势平直架起。导语“纲举”鲜明，导向清晰，新闻事实本质便一“耳”了然，而后的新闻主体部分方可顺气势“目张”明了。

新闻主体部分是事实的展现部分，最忌讳的就是摆单句，摆成一片散沙或一团乱麻。应该由宏观入手，先确定重点和层次，通过语流曲线的对比变化将其重点突出。比如层次内部的相对集中，是通过关联密切的语句关系和每一语句的准确表达来实现的。在这一环节，组织好句子、强化句与句间的关系至关重要。

明确背景材料的用途，充分发挥内在语的作用，避免直白肤浅和故弄玄虚，不躁不饰地将背景材料交代透彻，这样才能使新闻内容更加重点突出，使新闻价值更加明确。

结尾部分要注意与全篇消息的呼应，将语气自然过渡转换，自信平稳地将句尾蹲住，给人以结束感，并将新闻内容引向深化。

为了在快速运动的语流中仍能将事实叙述清楚，需要有扎实的语言基本功做保证。比如，明亮坚实的声音，通畅自如的气息，标准清晰的字音，灵活有力的口气等等。这些都是需要在持之以恒的锻炼中逐步加强的，在新闻播报过程中切不可着意去调整、改进某一项目，或是着意去展现某一项目，瞬间对内容的疏忽都会直接影响语意的清晰度，使事实含混。

（二）新鲜感要强

“我们的新闻播音要用时代的新鲜气息吸引和感染受众”，这种新鲜气息来源于播音员对新闻事件、新闻稿件的认识和感受，而这些又直接受到他个人的政策水平、新闻敏感度和认识结构状况的影响。一个新闻事件发生，一篇新闻稿件到手，能迅速准确地捕捉到新鲜点、感受到新意，是要有一个积累熟练过程的。只有开始时每一条新闻都不厌其“繁”，才能做到日后的其速其准。开始的时候可以先摸索，在广阔的新闻背景中绘制这一新闻事件的时空坐标图，然后再在同一时期的不同事件类比中（横向比较），和同一事件的不同时期的变化对比中（纵向比较）找到它的特别之处，即新意所在。新意表现在各个方面，比如事件新、政策新、思想新、角度新、形势新、听众新等等。稿件的新意被播音员的主观感受强化并向宣传职能的方向转化，这便形成了一股内驱力，通常把这种力称为播讲愿望。不同体裁稿件引发的播讲愿望都会呈现出自己的特点，新闻稿件刺激产生的播讲愿望可大体地概括为“先睹为快之后产生的欲先吐为快的冲动”，这不仅是新奇感得到满足和得以宣泄的愉悦，更是宣传目的得以实现的愉悦。这种有特色的播报愿望在播报过程中被有声语言的反馈不断增强，再反过来驱动有声语言更加有活力、有新鲜感地顺畅向前。这就是新闻播报的创作心态，它的源头是“新意”，它的归宿是播报语言的新鲜感。

为了能最大限度地传达新意，体现新鲜感，我们在驾驭具体语言技巧时需要注意以下几点：膈肌活跃，气息带有明显的弹发跳跃感；声音明亮轻松，字音饱满有力度；语势常扬，语气明朗有兴致；节奏简洁、明快、顺畅。

现在新闻播报中有一种偏误，就是片面追求新鲜感和大信息量。这种形而上的追求使新闻播报乍听起来似乎很有朝气，新鲜感强极了，又似乎非常流畅，信息量大极了，但是一串高声亮词过后却往往让人不知所云。高平过快的语流使人难以听清语意，短促偏前的字音使人难以辨清某些词义，急促漂浮的气息使播的和听的人都人心躁乱。这岂不是事与愿违了吗？本来是想以新夺人，以大信息量与受众共享，出现如此偏误，结果只能是损失了信息，失去了受众。

下面新闻播报的语言特征及其相关技巧概括一下：

朴实无华——以叙述尤其是概述为主，语气平实，无拖腔甩调，无浓彩重抹。

准确清晰——语音规范，字正腔圆（当然不是蹦字），语句规整，层次清晰，语意集中。

简洁明快——“感而不入”，概述为主，音色明亮，语势常扬，不游荡不拖腔。

平稳顺畅——无大起大伏，无大停大落，无大停大连，重音少而精，停少而连多。

新闻播报技术的提高可以分两步进行，先做单项练习，通过典型例稿重点体会某一项或几项技能，而后再做综合练习，讲究技能的综合使用，并探讨整组新闻的内部配合和新闻板块的特色（如国际新闻、体育新闻、经济新闻、综合新闻等），以及新闻播报样式的特色（如宣读式、播讲式、说新闻）。

二、典型问题训练

（一）标准结构

新闻消息的结构形式包括导语、背景、主体、结尾四个部分。尽管有的消息欠缺某一部分，如无背景、无结尾，有的短新闻只有起导语或结尾等作用的短句而未能构成完整段落，但新闻消息的基本结构程式还是明显地存在着。了解了这个特点，播音员播报时心中便有了对整体脉络的发展控制，如同摸清、感受到文章起承转合的文脉一样，语气的调整转换便能更主动更鲜明。

导语部分拎起重点，揭示价值，确定基调；主体部分承接导语的总括，转入“从头说来”，语气自然平缓了许多，在流畅简洁的叙述中将事件的发展层次依依展现，其中的背景情况的交代更使事件的意义显现突出；结尾部分在主体交代了时间的始末之后顺势给以概括性评价或展望，语气明朗舒展，自然收尾结束。

（二）新闻背景与导向

作为新闻发布的消息都在传播着最新的信息，并对社会舆论起引导作用。播音员有时由于对社会实际情况不摸底或对党的方针和具体政策不熟悉，或是由于知识所限、理论水平不高等，往往将一条很有信息价值的信息看得平淡无奇，播报语言只停留在浅层面的流畅之上，真正的内涵都从嘴下白白淌走了，若谈到技巧的使用，也只能说是局部的“见字生情”罢了。了解新闻背景，明确针对性，新闻的导向自然就明朗了，这是不断培养新闻敏感、提高自身新闻素质的长线问题，但有时是可以通过对每一篇新闻稿件的开掘来学习和切实提高的短线问题。播音员在学播报新闻之初先要学会看透新闻，其中新闻的背景、针对性、导向是三个密不可分的主要因素，一定要引起大家的特别关注。

（三）导语的处理

导语确实是听众收听新闻的向导，它处于每一条消息的头一两句，它开门见山地点透每一新闻事实的本质，有很多时候听众就是在听完了导语之后才更加注意下面的详细内容，或不再关注下面的内容。所以，我们播报新闻一定要“开好第一脚”，处理好导语段或导语句。

由于导语位置重要且内容高度凝练，包含了新闻的几个“W”要素，容易使初学者误解为导语中的每一词句都很重要，都得强调，这样就造成了导语内部支点（重音）过多，整个语势僵直架起，语流的自然曲线运动完全被拉平，语意反而不鲜明了。

（四）主体的内部层次及主次

叙事清楚是对新闻播报的最基本的要求。事实的交代主要是在消息的主体部分完成的，只有将主体内部层次和主次处理好才能使新闻事实清晰、重点突出。主体内部层次处理要注意两点：一是要注意每一层次内部的集中，这主要是加强语句之间的关联，避免总是放到零再从零起的单摆雷同语势；二是要注意这一层向下层转换时语气的衔接与转换，避免平直无逻辑联系。主体内部的主次处理人们一般只是注意到高低的对比，在此我们要特别提醒大家，还要注意运用调节疏密变化这一手段，那些不重要的部分往往是加快速度放平语势说清带过，而重点部分却是放慢速度、扬起语势、说透加重。这种对比会在听众的听觉中造成“醒耳”的反差，引起他对重点内容的特别注意和思考。

（五）客观报道中显示出的态度

报道强调客观真实是对新闻事实的尊重，是取得受众信任的基础。但是任何通讯社的报道都不可能是纯客观的，从新闻选材开始就不可避免地带有新闻采访者的主观倾向。如果有人还在新闻播报中追求纯客观，那确实太天真了，其幼稚程度不亚于在新闻播报中追求旗帜鲜明。倒是那些控制分寸，外表做得尽量公正、客观的报道更来得老道，能将自己的倾向掩藏在客观事实后面，利用“内在语”控制语气，在不知不觉中影响他人，从而取得最佳的宣传效果。

（六）态度情感分寸控制

新闻要求客观、公正，但并不等于要人为地消除新闻报道中所有的感情成分。同新闻事实是客观存在一样，对新闻事实的认识必然带有采编播人员的主观倾向也是客观存在。我们的要求是从宣传策略和宣传目的的需要出发，恰当地控制感情，有分寸地把握文字和有声的语言表达，欠和过都是应当尽量避免的。

（七）新闻中数字的处理

数字的绝对值是对事物本质的量化记录和反映。对于数字首先要读准、读清楚，不可有误，这是显而易见不必多讲的。在读清读准的基础上要注意数字的色彩，因为就一般受众尤其是靠线性传播接收信息的广播听众来说，如果事件不是他所熟悉的，某些数值就可能成为空泛的概念，很容易在意识的表层流失。比如说“特种钢材的年产量是 13500 吨”，在外行人听来，便不知是多是少。因此，播报时需给数字着色，根据新闻事实，我们赋予数字或大或小、或多或少、或轻或重的不同色彩，形成对听众的倾向性提示，这样数值的真正含义才能进入听众的思考认识范围。在一条消息内有时会出现多处数字，如果处处着色，便会使整条消息变得累赘、拖带，破坏了新闻播报语言的简洁、顺畅。此时应选取最有价值、最直观、听众最好理解和记忆的数字给予着色突出，其他只需读清楚即可了。

（八）具体情节的处理

消息和专稿的写法不同，但又没有严格的界限。对于那些边缘性的近似专稿的消息，我们在播报时不要过分追求“身临其境”感和语言的“绘声绘色”，即感觉把握在“感而不入”的境界，语言把握住概述的格调，顶多有个别的叙述，这样，这条消息的播报才能和整组新闻播报的语言统一协调。

（九）专业性、技术性强的稿件处理

这类稿件不仅术语较多而且特定的专业技术生产工艺的程序也是大家所不熟悉的，所以播音员往往因理解障碍而使表达陷入被动，尽管没有读错字，却有时处理错词；尽管没有断错句，却有时语意含混，让人听不清事实的过程、事情的关键，更谈不上引起什么重视、激发什么情感。所以首先要求“真正搞懂”，而后才是播清、播顺，播得内行，播得有兴致，播得有分量。要能满足听众求新、求知的欲望，使他们听你播比看的还明白，就一定先要使自己通过思考、求教，跨过“纯外行”的门槛。当你懂了，你才能产生兴致，才能产生播报的主动性。播音员准备这类稿件最忌讳的就是一知半解，还不肯踏实琢磨稿件或是向别人讨教，而企图靠蒙混了事，这样往往会闹出笑话，有损电台、电视台的声誉。

（十）长句处理

处理好句子是播报新闻的基本功，能处理好长句就更显其功力。尽管一贯提倡广播语体句子要短、要口语化，但在不得已的情况下，我们也常常面对长句，有时甚至是看着都费解的长句，这就要求我们能用有声语言将其语法关系准确化，将其内在逻辑联系明朗化，将其语句目的鲜明化，使听众一听就懂。

处理长句首先是在搞清语意和语法关系的基础上安排好停连（包括“顿挫”），然后是明确语句目的精选重音，最后是环顾语境，确定语气，调整疏密，承上启下直奔语句目的。处理长句忌过于微观，若仅仅盯着这一句去处理它，往往患得患失，顾此失彼，宏观控制的微观调整才是上策。

（十一）快读处理

为了加大单位信息量，新闻播报普遍提速是必要的，但是总该有个限度，总该讲究提速的技术，否则便会欲速则不达。当信息不能与受众共享时，岂不是损失了信息，事与愿违了吗！当前，盲目提速造成新闻播报中的几种弊病：平均压缩音节，使声韵含混，语音清晰度降低，使发音动程减小，音位前移形成唇齿间发音的小气音色；过快的速度使语流的自然曲线受损，或蹦字或语流僵直高架，严重地影响语意的表达；心理和肌体的紧张感造成气息的下意识上提和僵化，使整体语气躁动，影响了语言的自如顺畅；过快的语速使播音员的思维跟不上，结果是只能做“口眼之学”，陷入“见字出声”“见字生情”的浅薄被动状态。在上述状态下播报的新闻，内容浮浅尚不必说，事实不清甚至出错误、闹笑话的现象也不鲜见。

播报提速的“度”是受人的听觉反应、思维反应的客观极限制约的，在其允许范围内讲究快的技巧，使信息量尽可能加大也是非常必要的。一般来讲打破标点符号的限制，在整体内容的宏观控制和驱动下少停多连，用语气的转折和错落（而不用停顿）来显示语意、区分层次是提速的有效方法。再者，调大整体结构和语句内部的疏密对比，即大胆带过次要或重复的部分，而伸展、加强重要部分，也是节省时间、突出内容的好方法。最忌讳的就是平均压缩音节、拉直语流曲线，切记坚持以心带嘴、目的先行。

任何一篇新闻稿件都可以作为快播训练稿，但是在开始体会快播技术时，还是以低规格、轻小题材、口语化基础较好的稿件为宜。

第二节　新闻播报训练

【训练一】　　**标准结构**

5月9号，来自全国的一批遗传和生理学家在南京农业大学观看了利用籼稻原生质体培养出来的30株再生绿色植株。他们称赞说："我国禾谷类生物工程研究又获得新的突破。"籼稻种植在我国和世界都占有很大面积，利用细胞遗传工程来改良籼稻的品质，是各国多年来进行研究的重要课题。但是由于籼稻原生质体的培养比较困难，在这之前都没有获得突破性的进展。

南京农业大学中年教师杨世湖于1986年开始这项研究工作。他首先建立能有力出富有活力的原生质体的悬浮培养物较好地解决了分离原生质体的材料问题；又研究出y-8原生质体的培养基，解决了原生质体的分裂，其后又筛选出适宜原生质体的培养方法"混合看护培养法"提高了原生质体的分裂频率，找到了培养基与各类激素试剂的合理组合，使原生质体进一步培养出完整的绿色植株并移栽成活。

籼稻原生质体的培养成功，不仅加快了利用生物工程改良籼稻的使用进程而且对其他禾谷类植物原生质体的培养技术的建立也有指导意义。

【训练二】 新闻背景与导向

《技术市场报》消息　我国科技体制改革试点城市之一的南京市，目前已经出现科研单位与生产部门多形式、多层次的联合，银行每年可以贷款总额的千分之二支持技术开发，并以南京为中心，即将组成包括苏、皖、赣所属18个地市的技术信息网络以及南京技术交易中心。

据山东日报报道　齐鲁石化公司致力于提高对现有原油的加工深度，去年建成投产的重油加氢装置，可把原来只能做锅炉燃料和沥青的原油"渣滓"转化成汽油、柴油和液化气。经一年的生产表明，这套装置每年仅提高原油加工深度一项就可增加效益一亿元左右。

【训练三】 导语的处理

北京市一项重点市政建设工程——田村山水厂今天竣工，正式向城区供水。这对缓和首都夏天供水不足的矛盾将发挥重要作用。

七届全国人大常委会第十三次会议今天上午在人民大会堂开始举行。这次会议的主要任务是为即将在京举行的七届全国人大会议做准备。

曾荣获市质量管理奖的国家三级企业——北京市塑料三厂近来因企业管理和质量出现严重滑坡，昨天被市经委"亮黄牌"警告。

湖北省为实施"中部崛起"战略，推动企业技术进步，自1986年以来，采取一系列有效措施，积极扶持、大力开发新产品。

一所由山东烟台市福山区塔寺庄村民筹资兴办的乡镇成人大学明年将对社会招生。

最近，在河南汝阳县杜康村发现一座古代造酒遗址，经文物部门鉴定为建安时期的文物。

【训练四】 主体的内部层次和主次

本报讯　房山区中医院即将赴俄罗斯开设传统中医医疗中心。今年9月9号房山区中医医院与俄罗斯联邦“新星”有限公司签订了在扎列奇内镇第32医院开设传统中医医疗中心的意向书。11月房山区中医医院院长韩臣子一行5人实地考察了对方的合作诚意、条件及医疗状态。俄方通过当场治病及医疗水平的探底，十分敬佩中医疗法，对合作表示了极大的兴趣和诚意。俄方医院距州府15公里，服务范围60万人，地区多发病为哮喘、气管炎、风湿、血栓、肛肠病，这正是“中医对症”的长处。中医医疗中心将开设针灸、药浴、火罐、梅花针、正骨、新医疗法等医疗业务，同时进行咨询、教学等项活动。

今天北京日报介绍了北京维尼纶厂摆脱困境、由“低谷”爬上“高坡”的经验。今年1到9月，这个厂实现利税七百多万元，比1986年增长将近两倍。他们从“低谷”爬上“高坡”的诀窍是：在困境中觉悟到科技进步是企业兴旺发达的命脉，切切实实抓科技进步、抓新产品开发、新用途开发，提高产品中的技术附加值，由低档变高档，由内销变外销。报纸指出，北京维尼纶厂翻身的启示是，一个企业要使自己兴旺发达、效益高，必须抓科技进步。

【训练五】 客观报道中显示出的态度

扶贫会上小车多发人深思

省七届人大一次会议刚刚闭幕，记者来到郑州市中州宾馆，看到这里小轿车一辆接着一辆，鱼贯而入。经打听，说是来参加全省贫困地区经济开发工作会议的。

据会务人员介绍，省政府通知各地市和有关贫困县参加会议的人员共246名。如果一个单位来一辆车，算下来不过50辆。但是，到元月31号下午，光是向会议正式报到的人，带来的小轿车就有84辆，相当一部分是进口车。车多宾馆内停放不下，一部分小轿车只好开到附近几家宾馆、招待所安歇。

穷得出名的贫困县——卢氏县公派6位同志参加，居然带了4辆小轿车；天天叫喊财政吃紧的罗宁县也派6人开会，县经济开发办公室提出派一辆面包车把开会的人送来，但是县长不同意。这位，县太爷独坐在一辆全县最好的小轿车上，风行百里，直抵郑州，其他人也分乘两辆小轿车尾随其后。

省直机关一位参加会议的同志对记者说：“现在正是年头岁尾，‘朝拜’‘进贡’之风又起。这小轿车除为参加会议的人‘壮行’之外，还有没有别的‘用武之地’?”

历史上贫困出名的河南省，现在大部分地区温饱问题已经基本解决，但是仍有一批老、边、山、灾地区没有脱贫，靠财政补贴的县还占相当大的比例。这些地区出现的一个值得注意的现象是：办脱贫工厂没钱，搞救灾没钱，办教育更没钱，但是却有钱建办公大楼，盖高级招待所，买高级小轿车，请客送礼。有的贫困地区的领导还坐着高级轿车上省城、跑北京，要扶贫款、要救济钱。

【训练六】　新闻中数字的处理

全省各级地税机关积极采取有力措施，加大巡查力度，提高公民纳税的自觉性，并积极稳妥地开展个体工商户的建账试点，努力做到应收尽收，使个人所得税的征收达到历史最好水平。今年一季度，全省地税系统共组织征收个人所得税3.5亿元，比去年同期增长29%。

本台消息　一直活跃在本溪市的红领巾环卫监督队伍近年来引起市民的关注，并受到好评。据了解，这支红领巾环卫监督队是本溪市平山小学与平山街道办事处联手成立的。从1996年至今，他们长期活动在市区的18条主要干道和十多个公共场所，向市民宣传环卫法规在培养小学生的环保意识和社会参与意识的同时，也对改善地区的环境卫生状况起到了积极作用。

【训练七】　具体情节的处理

本台消息　北京卫戍区警卫团的3名战士，3分钟内连续制服两名持刀歹徒的事迹，近日传为佳话。12月15日晚6时30分左右，北京卫戍区某团警通连特警排排长贾军，战士陈颖超、公茂英，执行完任务来到和平里桥头等车准备归队。突然听到前边不远处传来“抢钱了”“抓强盗”的喊声，他们循声望去，只见在人流当中有两个人神色慌张、拼命地向前跑。他们马上意识到出了什么事，立即向歹徒追去。一名歹徒发现身后有人追赶，急忙转身从胸前掏出一把尖刀迎面向战士们刺来，陈颖超迅速撤步闪身躲过尖刀，排长贾军飞起一脚将其踢倒然后猛然压在歹徒身上缴获了凶器。另一歹徒被公茂英制服。他们把这两名歹徒扭送到派出所。在不到3分钟的时间里，战士们接连制服两名歹徒，他们这种见义勇为的精神和过硬的擒敌本领受到在场群众的赞扬。

【训练八】　专业性、技术性强的稿件处理

要真正搞懂，播得内行、播得有兴致、播得有分量。跨过“纯外行”的门槛。

本台消息　市节能办、节油办和市节能新技术推广站目前联合召开推广会，推广应用h-Ⅱ型汽车起动节油净化器。这种节油净化器采用高科技手段，通过多脉冲点火，形成一个更高电压值和更大能量的脉冲电压，增强了点火力度，

延长了点火放电时间，使汽缸内的混合体得以充分燃烧，从而起到充分利用能源、降低废气排放量的作用。据中国机动车辆安全鉴定检测中心等部门认定，节省燃油12%。

【训练九】　　长句的处理

第七届北京国际艺术图书博览会昨天在北京展览馆举行。来自美、英、德、法、瑞士、荷兰、俄罗斯、意大利、日本、新加坡等国家和香港、台湾地区的数十家出版商和书商代表各国和地区的400多家出版社参展。中国美术学院出版社、天津人民艺术出版社、山东人民美术出版社、黑龙江人民出版社等国内美术图书出版社、艺术图书公司也展出了一些精品图书。

【训练十】　　态度情感分寸控制

新华社报道　记者最近获悉，浙江省发现了4名艾滋病毒感染者，其中3名是儿童。这4名艾滋病毒感染者都是因为患血友病而注射1982年10月进口的血液制品第n因子制剂。卫生部和浙江省卫生厅有关人士就此呼吁，使用进口血液制品应当慎重。1984年以来，我国卫生部已严令禁止进口第n因子制剂等血液制品但是直到目前仍然有人通过携带或邮寄方式将血液制品带入国内。加上一些地方库存的外国血液制品的继续使用，都应引起高度重视。浙江省4名艾滋病毒感染者都已得到相应的治疗，他们的亲属和接触者也在卫生防疫部门的监护之中。

台湾民航再次发生飞行安全事故。昨天中午台湾立荣航空公司一架由台北飞往花莲的民航班机在降落时滑出跑道，至少有25名乘客被灼伤。

据报道，这家立荣班机是昨天12点零5分由台北飞往花莲，预定于12点40分降落花莲机场。飞机在降落后滑行时，机舱灯管破裂，引起前段机身起火，飞机滑出跑道。机上90名乘客纷纷夺门逃生。到下午2点，已发现受伤乘客25人，分别送往两家医院救治。

【训练十一】　　新闻宣读式训练

邓小平同志治丧委员会公告　第一号

为了表达全党全军全国各族人民对邓小平同志的无比崇敬和深切悼念之情，现决定：

一、自告全党全军全国各族人民书发布之日起到邓小平同志追悼大会举行之日止首都天安门、新华门、人民大会堂、外交部和我驻外使领馆、新华社香港分社、新华社澳门分社下半旗志哀。这期间我驻外使领馆、新华社香港分社、新华社澳门分社设灵堂，接待驻在国和港、澳地区的吊唁。

二、按照我国惯例，不邀请外国政府、政党和友好人士派代表团或代表来参加悼念活动。

特此公告。

邓小平同志治丧委员会

1997年2月19日

【训练十二】　评论播音训练

短评　《使命与发明》

我们这些住在北京的人，目睹了京城街巷环卫工人收集垃圾方式的种种变化。就在这垃圾桶的变革中，渗透着张永江和他的同伴们的多少汗水啊！

张永江原来的文化水平并不高，可他为什么能够有那么多项技术革新和发明呢？

有人说，是因为他热爱环卫工作。

有人说，是因为他虚心好学。

有人说，是因为他不怕困难。

这当然都有一定的道理但还没有讲到根上。我们以为其根本原因即在于，张永江把根深扎在环卫事业上，他有一种为改善环卫工人艰苦工作条件而不懈奋斗的使命感。

人总是要有一点精神的。这种精神会表现在许多方面，但其根本点之一就是立足于推动时代前进的使命感。张永江把环卫科技进步当作自己的追求，乐于为环卫工人的工作和生活幸福而奉献。这种神圣的使命感，就使他总是能够看到工作中的差距，技术革新不停步，步步迈向新的目标；就使他有了学习科技知识的高度自觉性，不惜自费买书，努力充实自己，为革新和发明打下坚实基础；就使他增添了面对挫折不泄气的勇气，废寝忘食地钻研苦干，把难题一个个踩在脚下；就使他在商品经济大潮的冲击下，仍能不为高薪所动，一心一意献身环卫事业。

我们的时代需要更多的张永江。建设中国特色的社会主义是历史赋予我们的神圣使命，我们应当具有时代的使命感。有这种使命感的人越多，我们的事业就越有希望。

【训练十三】　综合训练

1. 央视网消息（新闻联播文字版）：在湖南省花垣县十八洞村驻村蹲点以

来，扶贫干部们领着大家，改变了村容村貌，找到了支柱产业，乡亲们的新房盖起来了，腰包也鼓起来了，扶贫干部们盘算着，下一步要在村里举办一场相亲会。扶贫怎么就和相亲扯上关系了呢？这个想法，还要从2015年元旦十八洞村的一件喜事说起。

2015年元旦这天，十八洞村里，抬花轿、抢喜糖、长龙宴、甜米酒。这是花垣县扶贫工作队入村后，寨子里头一次办婚礼，新郎官是43岁的施全友。

施全友一家五口人，几年前，因为家里底子薄，两个哥哥勉强成家后，家里再也拿不出钱为他张罗娶媳妇了。

无奈之下，施全友只好到浙江找活儿干，并结识了一起打工的重庆姑娘孔铭英，担心小孔看不上自己家的条件，相处两年后，施全友才敢把她领回家。但一进家门，孔铭英就被吓住了。

施全友的妻子孔铭英："他家厕所以前在这里，那时候我刚回来，我上个厕所还要打把伞，然后蹲在两根独木桥上面，差点掉厕所里去了。"

孔铭英的娘家也是庄稼人，她并不嫌弃农村生活，但听说十八洞村每人只有八分地，小孔的心彻底凉了。

怕施全友伤心，孔铭英没再跟他去浙江，而是独自去了广东打工。

2014年，扶贫工作队进驻十八洞村，开展精准扶贫，仅仅一年时间，村容村貌就焕然一新，施全友拍了一组照片发给孔铭英，小孔半信半疑，再次来到十八洞村。

施全友的妻子孔铭英："工作队来了，改我们这些路啊，改厨房啊，改厕所啊，像我们都是各方面都搞得好好的。（现在）上厕所安全了，我不用怕摔下茅坑了。以前回来我穿高跟鞋还摔跤了，现在我闭着眼睛走都没事。"

在广东打工时，孔铭英经营过快餐店，看着现在来十八洞村参观旅游的人越来越多，两口子就开起了农家乐。

如今，施全友一家的日子过得热热闹闹，苦了大半辈子的老妈妈，总爱跟人念叨2013年习近平总书记来到十八洞村的情景。

施全友的母亲龙德成："我牵着他（习近平总书记）的手，从村口走进我家里，在堂屋我和他比高。（我说）我们两个比一下，看你比我高多少，我刚刚到他的肩膀。每天晚上看电视，看到他从这个地方到那个地方，看到他头发白就知道他很累，他方方面面都要关心我们，总想让我们好。"

十八洞村有两百多户人家，过去因为村里穷得出了名，根本没有姑娘愿意嫁过来。施全友结婚后，村里还有不少光棍汉，40岁以上的就有37个。

扶贫队员们心里清楚，随着十八洞村的发展，村里也越来越需要那些有技术、有想法的年轻人回来，领着大家致富。他们决定面向全县举办一次相亲会，吸引在外打工的男女青年返乡，既成家、又立业。

得知村里要举办相亲会。一周时间，就有20多人从外地赶回来报了名。

不仅帮助困难群众脱贫，也帮助困难群众“脱单”，扶贫工作队所做的工作，可谓既精准，又全面。表面上看，扶贫干部是困难群众婚姻大事的媒人；实际上，他们也是当地发展大计的“媒人”，因为说到底，贫困地区的长远发展，最终要靠这些愿意扎根家乡的年轻人来实现，人回来了，心安下了，脱贫奔小康才真正有希望。

2. 央视网消息（新闻联播文字版）：十二届全国人大常委会第六十一次委员长会议今天上午在人民大会堂召开。会议决定，十二届全国人大常委会第十九次会议2月24日至26日在北京举行。

张德江委员长主持会议。

十二届全国人大常委会第十九次会议的一项重要任务是为即将举行的十二届全国人大四次会议做准备工作。委员长会议建议，常委会第十九次会议审议拟提请十二届全国人大四次会议审议的全国人大常委会工作报告稿，审议全国人大常委会委员长会议关于提请审议十二届全国人大四次会议议程草案、主席团和秘书长名单草案、列席人员名单草案等三个议案。

委员长会议建议的常委会第十九次会议议程还有：审议深海海底区域资源勘探开发法草案，审议国务院关于落实职业教育法执法检查报告和审议意见的报告等。

委员长会议还建议常委会第十九次会议审议全国人大常委会代表资格审查委员会关于个别代表的代表资格的报告，审议有关任免案等。

委员长会议上，全国人大常委会副委员长兼秘书长王晨就常委会第十九次会议议程草案、日程安排意见和全国人大常委会工作报告稿起草情况作了汇报。全国人大法律委员会、教科文卫委员会、常委会代表资格审查委员会负责人和常委会有关副秘书长就常委会第十九次会议有关议程和十二届全国人大四次会议议程草案和日程草案、主席团和秘书长名单草案、列席人员名单草案、表决议案办法草案、慈善法草案有关情况等作了汇报。

3. 央视网消息（新闻联播文字版）：日前，经中央领导同志同意，中央组织部决定，追授山西省阳高县信访服务中心原主任、龙泉镇司法所原所长李培斌同志“全国优秀共产党员”称号，并号召广大基层党员干部向李培斌同志学习。

4. 央视网消息（新闻联播文字版）：十八大以来，国家新闻出版广电总局先后实施了经典中国国际出版、丝路书香等八大工程，推进中国图书走出去，传递中国声音，已连续三年实现版权输出过万种。

春节期间，北京图书大厦每天的读者流量都超过一万人，一些销量大的图书，工作人员每天多次补货。

《习近平谈治国理政》收录的是习近平总书记在2012年11月至2014年6月之间的重要著作，讲话、谈话、演讲、答问、批示、贺信等共79篇，语言质朴清新，故事鲜活生动，反映了中国领导人平实自然、坦诚谦和的品格。全球发行量突破1700万册。

与此同时，一大批反映当代中国改革开放的图书成为传播中国声音的有力载体。上海交大出版社出版的《平易近人——习近平的语言力量》一上市，英、日、韩文版等同时授权输出。

图书走出去，出版机构也在走出去。北京时代华语图书股份有限公司，出版的《中国梦》《中国之谜》《道路自信——中国为什么能》《历史的轨迹》等书籍，最高销量过百万册。借助国家的支持，时代华语迅速拉长产业链，在海外建立公司。

而中国出版集团公司目前已建成28家海外出版发行网点，成为全球最大的出版发行网络。据统计，目前我国在海外办社、办报、办刊的中国出版企业超过300家。

5. 央视网消息（新闻联播文字版）：今年春运40天，全国铁路预计运送的旅客数量3.21亿人次，其中一大半旅客是乘坐高铁回家。今天，我们要来认识的就是济南铁路局的吕向阳，他是济南铁路局200多名高铁司机的培训教师，也被大家亲切地称为高铁“总教头”。

对于全国6000多名高铁司机来说，春运是一年中最忙碌的时刻。但记者在办公室里见到吕向阳时，感觉他挺清闲。

吕向阳说，司机们都上春运了，培训的课程不像之前那么满，但前几个月他几乎一天都没着家。全国春运1月24号开始，但铁路的春运计划去年十月份就已经下达，济南铁路局为了保障运量，新增开11对临时列车。这一下就需要增加20多名高铁司机，个个都要集中封闭培训。作为济南铁路局唯一的一名高铁司机培训师，吕向阳的春运在那个时候就已经开始了。

成为一名高铁司机至少要五年的时间。首先要取得电力机车的驾驶证，工作优异者才会被选拔接受一年的理论培训，之后才有资格参加高铁驾驶证的考试，在正式上路前，还要进行三个月的人机操作培训。

我国高铁不仅运营里程最长，开行密度也最大，京沪高铁线间隔最小时间只有3分钟。春运期间，高铁司机们出车频率高，遇到突发情况的时候也多，每天早会，各路段上报的运行情况都要逐条分析，挨个解决。吕向阳根据春运时期的特点，自己琢磨了一套“碎片化抽查法”，就是没有固定时间，没有固定的地点，碰上了就考。

吕向阳是我国第一批高铁司机，十年下来，他留下了十几万字的工作日记，他编写的 CRH2 型动车组培训教材成为全国铁路高铁司机的教科书。

6. 央视网消息（新闻联播文字版）：京东方在建的 10.5 代液晶显示屏生产线世界领先，但就在十几年前我国液晶显示屏生产技术还是空白。京东方是如何在国际大公司的技术壁垒下，成功实现技术反超的呢？

这是京东方的一次项目审议会，收购目标是两家外国科技公司。如今这种收购对于京东方很常见，可是 13 年前京东方刚进入液晶显示屏行业时，国外快破产的公司都不愿意卖给京东方。

外国同行的轻视，市场的挑剔，让京东方从起步的第一天起，就把创新作为第一要务。2003 年，京东方收购了一家韩国企业后，引进消化技术，当年就结束了国内没有自主液晶屏生产线的时代。但京东方始终牢记：核心技术不能全都靠买。

此后多年，京东方高强度创新投入，研发投入占销售收入 7% 以上。从 2008 年到 2011 年，京东方尽管亏损，但研发投入接近 30 亿。

在京东方工作了 13 年的张雯静就亲眼见证过这份坚持的价值。

京东方集团手机屏市场销售主管张雯静："2011 年的时候，我们 5 代（手机）线的资金特别紧张，当时账面只有 50 万元，但是研发设计不能停，转到 2012 年客户基本上是排着队到我们这儿来要这款产品的。"

经过十多年的积累，京东方智能手机、平板电脑显示屏市场占有率连续两年全球第一，电视面板已排名全球第四。京东方提出的行业"生存定律"已被业界公认：如果产品的价格不变，产品性能必须每 36 个月提升一倍以上，否则就会被市场淘汰。

7. 央视网消息（新闻联播文字版）：明天出版的人民日报将发表述评，题目是《绿色发展，走向生态文明新时代》。

文章说，党的十八大以来，以习近平同志为总书记的党中央，从中国特色社会主义事业"五位一体"总布局的战略高度，从实现中华民族伟大复兴中国梦的历史维度，强力推进生态文明建设，引领中华民族永续发展。

3 年多来，一系列顶层设计与战略部署密集推出，最严格的制度、更严厉的法治提供可靠保障，生态文明建设力度空前，生态文明理念深入人心，环境保护合力集聚形成，绿色发展底色日益亮丽。

文章指出："小康全面不全面，生态环境质量是关键。"贯彻落实创新、协调、绿色、开放、共享的发展理念，持之以恒推进生态文明建设，我们一定能为中华民族赢得永续发展的光明未来。

8. 央视网消息（新闻联播文字版）：中国杂技是享誉世界的品牌，地方戏曲是群众喜爱的艺术形式，在文艺工作座谈会召开一年多来，广大杂技工作者和戏曲工作者精研技艺，创作出大批精品力作在国际赛场摘金夺银，在国内各地与群众共享艺术成果。

在第39届蒙特卡洛国际马戏节上，中国杂技团有限公司的《协奏·黑白狂想——男女技巧》从世界各地38个节目中脱颖而出，摘得最高奖，在2015年的国际赛场，一批体现国家水准的杂技获得2金1银1铜的优异成绩，而这都源自于杂技工作者深入挖掘和继承传统技艺，充分运用中国元素，在创作题材和编创手法上不断突破。正在寒冷的新疆“西陲第一哨”为边防官兵表演的，是获得国际大奖的杂技《向太阳——绳技》，中国杂技家协会持续开展文艺志愿服务工作，展示出扎根人民、奉献人民的良好风尚。

这是中国戏剧梅花奖艺术团在广州举办的《我们的中国梦》慰问演出，多个曲种和多位戏剧梅花奖“八零后”得主，在群众中寻找培养着戏曲知音，在为民惠民演出中历练着青年人才。在2015年国务院《关于支持戏曲传承发展的若干政策》扶持下，多部反映当代生活的原创戏曲和展现传统文化精髓的新编古装戏不断推出，涌现出的一批戏剧精品成为群众的文化盛宴。

9. 央视网消息（新闻联播）：戏里，他精益求精；戏外，他廉洁奉公。新疆石河子市豫剧团原党支部书记程永革用47岁的短暂生命，诠释了“戏比天大”的职业信仰。

画面中正在演出的就是程永革，2012年他在体检中发现肺部有米粒大小的肿瘤，当时医生建议立即手术，但剧团正在排练一部重要剧目，作为主演之一的程永革如果临阵退出，这部话剧将搁浅，于是程永革没有选择做手术，而是投入紧张的排练中。半年后公演结束，程永革到医院检查时，已是肺癌中期。在他的心里，“戏比天大”。

程永革每年要下兵团基层团场连队慰问演出100多场，直到去世的前一个月，程永革还在演出。

作为剧团领导，员工有困难，程永革都是想尽办法解决。就在他确诊肺癌之后，剧团一位老同志的子女得重病住院，向程永革求助，自己还在筹措治疗费的程永革却毫不犹豫地借给他13000元。

程永革在后期治疗中，每月需要2万元药费，他曾经写过一封困难求助申请书，但一直没有送出去。

2015年10月，程永革去世了，他留给儿子的，是一本本书和写在上面的话。

程永革的儿子程琛：“愿这本书能够为你的人生指明方向。实际上我觉得我的爸爸，他就是我的方向。正气、正派，我会记住他的话。”

10. 央视网消息（新闻联播）：四川大力发展彝区学前教育，通过实施“一村一幼”计划，推动教育精准扶贫。

进入隆冬季节，大雪覆盖了大凉山，布拖县叶尔村感恩幼儿园的孩子们，却在屋里吃着热气腾腾的午饭。

四川省去年针对凉山彝区推出17条精准扶贫政策，孙老师所说的“一村一幼”就是其中之一。去年，叶尔村在政府的扶持下设立了第一个幼儿教学点。可是原来只有四个班级的村小学，随着101名学龄前儿童的加入，就出现了轮流使用教室的尴尬局面。

就在孙老师觉得一筹莫展的时候，教育局派出专人来到学校。

在全免保教费、解决每天3元的营养午餐补助的基础上，“一村一幼”项目给每个幼教点安排不低于三万元的维修改造和设备添置费用。省财政还为每个幼教点选聘两名懂汉彝双语的辅导员。

截止到2015年年底，凉山全州已经开办村级教学点840个，招收幼儿3.88万人。未来三年，凉山彝区2586个建制村里都将设立幼儿教学点，基本普及学前教育。

11. 央视网消息（新闻联播）：中央电视台2015年度《感动中国》人物揭晓，他们是：诺贝尔奖获得者屠呦呦、女排主教练郎平、杰出的文艺工作者阎肃、为国家努力奉献的优秀军工匠人徐立平、一心为群众服务的少数民族村官买买提江、热心公益的磨刀老人吴锦泉、奋不顾身救助落水者的好战士官东、为抚养孤儿茶楼卖艺的戏剧名家王宽、专门帮助寻找被拐儿童的志愿者张宝艳和秦艳友夫妇、为学生鞠躬尽瘁的中学校长莫振高。《感动中国》还向为中国反法西斯战争做出重要贡献的抗战老兵和海外侨胞表达了特别致敬。

《感动中国》2015年度人物颁奖盛典将于今晚9点30分在我台新闻频道重播，欢迎收看。

12. 国内联播快讯

1月份我国吸收外资同比增长3.2%

商务部今天公布，今年1月，我国实际使用外资882.5亿元人民币（折合140.7亿美元），同比增长3.2%。其中服务业实际使用外资596亿元人民币，同比增长5.7%，在全国总量中的比重达到67.6%。

1月份我国进出口总值1.88万亿元

海关总署今天公布，今年1月，我国进出口总值1.88万亿元人民币，进出口同比均有所下降，但民营企业表现突出，进出口总额达7730.5亿元，增长1.1%。

2016 年征兵网上登记报名开始

2016 年全国征兵网上登记报名开始，年满 18 周岁的男性公民可登录全国征兵网站进行兵役登记和应征报名。下一步，全国征兵网还将为适龄女青年开通参军报名服务。兵役登记将在 6 月 30 日前完成。（全国征兵网站（http：//www. gfbzb. gov. cn）

春节假日全国接待游客达 3 亿人次

国家旅游局通报，今年春节假日期间，全国各大景区共接待游客 3. 02 亿人次，比上年同期增长 15. 6%；实现旅游收入 3651 亿元，按可比口径增长 16. 3%。

我国今年将新建改建景区厕所 2. 5 万座

国家旅游局今天发布，2016 年全国将新建、改扩建旅游景区厕所 2. 5 万座，实现全国旅游景区厕所达到 A 级标准。

电视剧《还是夫妻》今晚开播

三十六集电视连续剧《还是夫妻》将于今晚八点登陆我台综合频道，该剧以三对不同背景的夫妻为代表，通过诙谐、轻松的方式讲述当前人们在恋爱、婚姻、家庭生活中的喜怒哀乐。

13. 央视网消息（新闻联播）：14 号，土耳其军队连续第二天炮击了叙利亚境内的库尔德武装据点。叙利亚外交部当天致信联合国，强烈谴责土耳其炮击叙利亚领土。

土耳其军方人士 14 号称，土军当天炸毁了叙利亚北部阿扎兹地区“叙利亚库尔德民主联盟党”的一些据点，炸死两名该组织武装人员。土方称，土军的炮击行动是回应该武装在边境地区的挑衅行为。土耳其总理达武特奥卢 14 号表示，土耳其安全部队还将继续在叙利亚北部采取军事行动。

同一天，叙利亚外交部致信联合国，强烈谴责土耳其炮击叙利亚领土，呼吁国际社会制止土方的“犯罪行为”。

美国和法国方面当天敦促土耳其停止对叙利亚库尔德武装目标实施炮击，呼吁各方共同应对极端组织的威胁。

叙利亚库尔德民兵武装目前控制着叙北部大片地区。土耳其政府将其视为威胁，但美国认为叙利亚库尔德民兵武装在打击极端组织方面发挥一定的作用。

14. 央视网消息（新闻联播）：叙利亚通讯社 14 号报道说，叙政府军的空军和地面部队在东部代尔祖尔省展开军事行动，过去 24 小时中打死至少 100 名极端组织成员。代尔祖尔省是叙利亚主要石油产地，目前极端组织控制该省主要地区，每年通过走私石油获取大量资金。

与此同时，叙利亚政府军发表声明，呼吁德拉省、阿勒颇省等多地的反对派武装放下武器，尽快与政府实现和解。叙政府军近期在拉塔基亚省、阿勒颇省和德拉省等地多条战线展开军事行动，意在切断反对派武装和极端组织通向境外的补给线。

15. 国际联播快讯

沙特：瑞士将代管其在伊朗领事业务

沙特阿拉伯外交大臣朱拜尔 14 号说，瑞士驻伊朗使馆将代管沙特在伊朗的领事业务。朱拜尔同时说，不需要第三方调解沙特与伊朗的争端。今年 1 月 2 号，沙特宣布处决包括知名什叶派教士在内的多名囚犯。2 号，大批伊朗民众冲击沙特驻伊朗大使馆。随后沙特宣布与伊朗断绝外交关系。

以总理称决定与欧盟恢复正常关系

以色列总理内塔尼亚胡 14 号说，欧盟外交和安全政策高级代表莫盖里尼承诺，欧盟去年 11 月发布的有关在犹太人定居点出产的商品上标注产地的通知“不具约束力”，以色列随即决定与欧盟恢复正常关系。

以色列在 1967 年第三次中东战争中吞并了东耶路撒冷，占领了约旦河西岸和戈兰高地，此后开始在这些地区兴建犹太人定居点。大多数国家认为这些犹太人定居点非法，对中东和平构成威胁。

日本去年第四季度 GDP 下滑

日本内阁府今天公布的数据显示，受个人消费不振拖累，经过通胀调整后，去年第四季度日本国内生产总值（GDP）环比下滑 0.4%，按年率计算下降 1.4%。分析认为，日本国内需求疲软成为拖累经济增长的主因，而薪资水平无法持续增长也抑制了消费。

【训练十四】　综合训练

1. 央视网消息（新闻联播文字版）：4 月 2 日，在结束对捷克共和国国事访问并出席在美国华盛顿举行的第四届核安全峰会后，国家主席习近平回到北京。

中共中央政治局委员、中央政策研究室主任王沪宁，中共中央政治局委员、中央书记处书记、中央办公厅主任栗战书，国务委员杨洁篪等陪同人员同机抵达。

当地时间 1 日晚上，习近平离开美国华盛顿启程回国。

2. 央视网消息（新闻联播文字版）：中共中央政治局常委、中央书记处书记刘云山3月30日至4月2日在四川、云南调研。他强调，要深入贯彻习近平总书记关于扶贫开发的重要指示精神，切实加强党建工作和组织工作，发挥党的政治优势和组织优势，为打赢脱贫攻坚战提供有力保证。

在雅安芦山县和昭通鲁甸县，刘云山走进乡村、企业、社区、学校和卫生院，了解地震灾后重建和群众生产生活情况。群众纷纷表示真心感恩共产党、感恩社会主义，让我们住上好房子、过上好日子。刘云山说，我们党的所有工作都是为了老百姓，群众越是有困难，党组织和党员干部越要当好群众的主心骨，把责任扛在肩上，冲在前面、当好先锋。

在凉山昭觉县和临沧临翔区，刘云山深入彝族、拉祜族、傣族等少数民族村寨，走访慰问困难群众，倾听基层党组织负责人、扶贫干部对扶贫开发工作的建议。刘云山说，打赢脱贫攻坚战是全面建成小康社会的重中之重，要带着对群众的深厚感情搞扶贫，以求真务实作风抓扶贫，把群众脱贫当自家事、把贫困户当自家人，实打实做好工作，把精准扶贫、精准脱贫的要求落到实处。

调研期间，刘云山在西昌、临沧分别召开座谈会，大家就贫困地区班子配备、干部选派、基层党建工作等交流经验。刘云山说，脱贫攻坚关键是有一支素质过硬的干部队伍。要树立鲜明的用人导向，推动干部力量向贫困地区倾斜，注重在扶贫实践中考察识别干部，选优配强党政一把手，选派优秀干部到贫困地区工作。要保持贫困地区领导班子特别是主要负责同志稳定，保持各级扶贫工作队伍稳定，确保脱贫攻坚继续推进、如期完成。要完善领导班子和领导干部考核评价体系，对在脱贫工作第一线做出突出贡献的干部要重用。要加强基层党组织带头人队伍建设，加大选派驻村工作队和第一书记力度，扎实开展"两学一做"学习教育，使基层党组织成为脱贫攻坚的战斗堡垒。要关心贫困地区基层干部，帮助解决实际困难，帮助提升扶贫能力，调动好他们带领群众奔小康的积极性、创造性。

3. 央视网消息（新闻联播文字版）：大到一个国家、小到一个家庭，都离不开提供动力的能源。在新公布的"十三五"规划中，推动能源革命被放在重要的位置上，那么未来五年，支撑我国经济发展的能源动力将发生什么样的变化呢？一起来看今天的《数说"十三五"》。

"十三五"规划提出了要深入推进能源革命，那么在能源方面将如何革命呢？先让我们来看看目前咱们中国的能源消费结构，2/3，这是煤炭消费占我国一次能源消费的比重，这个数字要高出全球平均水平一倍还多。煤用得多了，排放自然也就多了，这些年严重的雾霾天都和燃煤多有着很大的关系。

因此，在"十三五"规划中，减少煤炭消费成了非常重要的一项工作，不过不同的区域措施各不同，对于经济发达的东部来说，未来要限制煤炭的使用量，像京津冀、长三角、珠三角这些区域要力争煤炭消费总量负增长；而对于经济快速发展的中部，要出台措施控制煤炭的消费；而像内蒙古、新疆这些煤炭等资源富集的西部省区，能源的消费结构则要优化。通过这些措施，到2020年，咱们国家要努力使煤炭消费占一次能源消费的比重由现在的64%降低到62%以下。

减下去的，要靠增加清洁能源来补上，这个潜力空间还不小。就拿天然气来说，目前天然气占全球能源消费近1/4，而咱们国仅占5%多一些。“十三五”期间，天然气开发和进口进度将大大加快，仅云南省就要建设8条支线天然气管道，年消费天然气预计达到32亿~40亿立方米。

不仅如此，“十三五”期间，还要开工建设常规水电6000万千瓦，相当于新建2.7个三峡水电站；沿海核电带建设也将大力推进，在建核电装机达到3000万千瓦以上，超过了目前我国已经运行的核电装机的总和。加上风电、太阳能，预计到2020年，非化石能源占一次能源消费总量的比重将达到15%左右，能源不仅更清洁，还将更智慧，“十三五”规划提出要构建智慧能源系统。通过构建能源互联网，将能源生产、消费、储存、运输统一协调、互补发展。就拿咱们所住的城市来说吧，未来智能微网的分布式能源，将更大范围地进驻居民小区，楼顶上太阳能、风力发电机发的电，居民不但自己敞开用，多余的还可以卖，像这样“人人消费能源、人人生产能源”将成为引领能源发展的新方向。

4. 央视网消息（新闻联播文字版）：祭扫追思、家国清明，我们继续《长征：信仰的力量》系列报道。万里长征的奇迹，是万千红军将士用血肉之躯换来的。敌我兵力悬殊和自然环境恶劣的双重压力，让当年命陨长征路的很多将士，没能留下名字，甚至许多著名将领的遗骸究竟埋葬在哪儿，也成了历史谜团。战争结束后，人们一直在寻找革命的遗迹，其中一些烈士的遗骸，被后人几经周折、幸运发现，成为历史永远的见证。

眼前矗立的，是长征路上的第一座红军墓碑，它纪念的是红三军团第四师师长洪超。他在这里沉睡了70多年，直到2006年才被后人发现。

1934年10月，中央红军开始长征。洪超带领部队，担负开路先锋的任务，在信丰与赣县交界的百石村打响了长征路上的第一场战斗。红军战士突破深深的壕沟，拿下了碉堡，200多敌人仓皇逃窜到了山下的一座祠堂。

当年，一位姓陈的老乡帮着掩埋了洪超师长的遗体，但他并不知道烈士的具体身份。在漫长的岁月里，洪超烈士的后人，也一直在苦苦寻找他的安葬地点。直到十多年前，当地政府寻找烈士遗骨，才意外地发现这座墓，于是重新修整了墓地。当时，烈士的后人也赶到了这里，在墓碑前长跪不起。

回望1934年，洪超烈士牺牲那个冬天。当中央红军向西转移的时候，另一支红军为了掩护主力，正一路杀向敌人的心脏，这就是“红军北上抗日先遣队”。最终，因寡不敌众，“先遣队”在一次伏击战中失利。领导这支队伍的方志敏不幸被捕。

1935 年 8 月，方志敏被秘密杀害于南昌市下沙窝。他牺牲后，遗骸的下落一直是个谜。直到 1957 年春，当地搞建设工程时，才意外地发现了戴着脚镣的骸骨，被证实，正是方志敏烈士的遗骸。

“敌人只能砍下我们的头颅，决不能动摇我们的信仰”。这些年，每次读到爷爷的狱中绝笔，思念这位从没见过的亲人，都倍感骄傲。

5. 央视网消息（新闻联播文字版）：你的名字无人知晓，你的功绩万世长存。家国清明，我们缅怀革命先烈，也致敬在共和国建设中付出和奉献的人们。从最初计算全靠人工，到歼-10 战机在纪念抗战胜利七十周年阅兵仪式上飞过天安门广场，宋文骢，这个歼-10 战机之父，完成了一个军人的时代使命。就在前些天，宋文骢离世，但每每想到歼-10 骁勇，就好像你还在我身旁。

2015 年 9 月 3 日，在纪念抗战胜利七十周年阅兵仪式上，由我国自行研制，拥有自主知识产权的歼-10 战斗机，作为中国空军的标志，接受检阅。而此时距离它的首飞，已经过去了 17 年。

歼-10 的横空出世，使中国成为全球第五个能够独立研制第三代战斗机的国家。而这正是被誉为“歼-10 战机之父”宋文骢一生的追求。1930 年，宋文骢出生在云南。童年时代，防空警报和硝烟战火，对他来说，是家常便饭。

新中国成立后，宋文骢在抗美援朝战场上，成为一名空军机械师。回国后第二年，他考入哈尔滨军事工程学院，开始了飞机设计生涯。

1986 年，时年 56 岁的宋文骢被任命为歼-10 飞机总设计师。研制初期，宋文骢所在的飞机研究所里，连一台真正意义上的计算机都没有，大量的计算和绘图都得靠人工完成。

由于从事着共和国保密程度几乎最高的任务，父母兄弟都不知道宋文骢到底是做什么工作的。有一年，弟弟宋文鸿去探望他，无意间看见书柜里有几本医学类书籍，回去后便对家人说：“哥哥可能已经改行当牙医了！”

而这一埋头苦干，就是漫长的 12 年。1998 年 3 月 23 日，歼-10 飞机迎来试飞。68 岁的宋文骢，像是送自己的孩子进考场一样，一直送到起飞线。

3 月 23 日，歼-10 首飞成功。

宋文骢：“我们要有一架在世界上能够站得住脚的（战机），就是能够支撑我们国家的空军，比较好的装备的飞机。这是我们的心愿。”

为了纪念这个具有划时代意义的日子，宋文骢将自己的生日改在了这天。然而今年，他没有等来歼-10 十八岁的生日。就在此前一天，86 岁的宋老永远地离开了我们。

守望家国、慎终追远。众多和宋文骢老人一样的科学家们，都怀揣着科技强国的中国梦，默默地为祖国奉献了一生。此刻，让我们缅怀他们，只为不能忘却的记忆。

6. 央视网消息（新闻联播文字版）：不忘先辈抛忠骨，当以民族复兴慰英魂。家国清明，正值春光明媚、草木返青，到处灿烂芬芳。人们趁小长假出门踏青旅游，赞叹美丽生态。

这两天，福建福安二十多个畲族村落的近万亩桃花盛开，美丽的景色和独特的民族风情，每天都吸引来数万名游客。

品畲家小吃，听畲族山歌，生态美景赚足了游客的眼球，也成为当地畲族群众致富的“新桃花源”。

又是一年清明到，桃花梨花相映红。在广东连州、山东青州，上万亩桃园花开正艳；四川宜宾的锦屏山上，江苏盐都的桃花园里，桃花、梨花竞相盛开，游人犹如融入花海之中；在河北魏县的二十万亩梨园里，游客还跟当地村民学起了授粉，体验梨农的快乐。

清明小长假，不少地方结合当地特色，让游客在领略乡村美景的同时，接受传统文化熏陶。

作为清明时节特有的传统民俗，浙江德清祈福蚕桑丰收的蚕花庙会，让人开了眼界。

被称作“中国油桐之乡”的广西天峨县三堡乡，每年清明节前后，漫山遍野的桐花就会竞相开放，与桐花相关的旅游产业也开发出来。

在贵州毕节，绵延百里的杜鹃花铺满群山，美不胜收。小长假第一天，进入景区的游客就近 30 万人。

7. 央视网消息（新闻联播文字版）：陕西省把移民搬迁与扶贫开发工作相结合，百姓得到妥善安置的同时，也走上了脱贫致富之路。

家住陕西省石泉县饶峰镇光明村的王仕松一家，4 年前从山沟搬到了移民安置小区。搬进新居后，考虑到要照顾孩子和老人，他和妻子放弃了外出打工。

光明村地处秦巴山区，曾经是个贫困村。移民搬迁前，村里一半人靠外出打工维持生活。实施移民搬迁后，陕西省把移民搬迁与扶贫开发工作结合起来。在光明村，不仅盖了新房，还建起了 5000 多亩的核桃园基地。王仕松一家分到 20 多亩，今年核桃树已经开始挂果，年底就能有一份可观的收入。王仕松还经过培训在生态园里找了一份工作，他妻子也被镇上的敬老院录用了。

移民搬迁五年来，陕西通过实施“一点一策、一户一法”等增收措施，使 50 多万山区群众摆脱了贫困。

8. 央视网消息（新闻联播文字版）：西藏大力发展绿色经济，在拓宽各族群众致富路的同时，也有效保护了西藏高原的青山绿水。

拉萨蔡公堂乡慈觉林村村民洛丹和妻子巴桑曲珍，三年前因为共同参演大型实景剧《文成公主》而相识、相爱，最近，他们花了40多万元添置了一辆货车，准备白天跑运输，晚上去演出。

实景剧有800多名演员，其中95%以上由当地藏族群众兼任，三年来，400多场演出不仅为拉萨旅游打造出一张名片，也让慈觉林村群众的人均收入每年增加两万多。

在旅游、文化产业带动农牧民增收的同时，西藏的其他特色产业，也为农牧民奔小康提供了新动力。在拉萨曲水县才纳乡，村民们种植的郁金香长势喜人。

现在，西藏已有20多个特色农产品获得国家奖项。未来几年，西藏还将打造出一个年产500万吨的天然饮用水产业，带动农牧民就业。

2015年，西藏自治区生产总值达到1026.39亿元，同比增长11%，农牧民的人均可支配收入达到8244元，比上年增长10%，其中非农收入占了4到5成。中科院2015年年底发布的《西藏高原环境变化评估报告》指出，西藏高原生态系统总体趋好。

9. 央视网消息（新闻联播文字版）：河北廊坊加大农村基层文化投入，搭起老百姓家门口的文化大舞台。

一开春，廊坊市杨庄镇不老淀村里的大戏就唱开了，吸引了十里八村的乡亲们来这里看戏。

这台上唱戏的都是庄户人，京剧、评剧、河北梆子样样拿手。可是从前想搞个剧团没那么容易，不光缺钱，也没人组织没人教。近两年，随着经济发展，廊坊组建了基层文化管理队伍，乡乡都建起了文化站。在市里从事文化工作的老周，来到杨庄镇当上了文化站长，很快就组建了乡村小剧团。

面对群众不断提高的文化生活需求，这几年，廊坊公共文化建设资金年均增长30%，建起了103个乡镇综合文化站、近3000个农村文化活动室，全都常年免费开放。

10. 央视网消息（新闻联播文字版）：全国铁路今天预计发送旅客880万人次，沈阳铁路局为方便群众扫墓，开行了65趟“站站停”短途慢车；兰州铁路局加开了新疆方向的旅游专列。

今天，全国公安交管部门出动19万警力维持交通秩序。公安部专门召开调度会，应对南方多地强降雨。在江西，上午的大雨使大广高速东坑隧道口塌方，交警部门立即加派警力疏导车辆。江苏、浙江重点整治雨中超速、违停等行为。

北方高速公路今天的车流量比昨天有所减少，但京津冀主要路段依然繁忙。天津交警开始试用无人机巡查高速路况，机载摄像头拍摄范围达到一公里。

11. 央视网消息（新闻联播文字版）：国际方面，2 号，亚美尼亚和阿塞拜疆两国国防部先后发表声明说，双方在两国边境的纳戈尔诺-卡拉巴赫，也就是纳卡地区再次发生军事冲突。双方各有十多人在冲突中死亡。

亚美尼亚和阿塞拜疆两国 1 号在纳卡地区发生交火，并在交火中使用了迫击炮、武装直升机等重型武器。两国国防部都指责对方破坏了停火协议。截至 2 号，阿塞拜疆称冲突导致 12 名阿方士兵死亡，亚美尼亚方面称有 18 名亚方士兵死亡，双方都表示有平民死伤，但目前具体人数不明。

纳卡地区位于阿塞拜疆西南部，居民多数为亚美尼亚人。由于对经济和生活条件不满意，纳卡地区的亚美尼亚人一直谋求并入亚美尼亚。苏联解体后，阿塞拜疆和亚美尼亚两国为争夺纳卡爆发战争，亚美尼亚在战争中基本控制了纳卡地区。1994 年，两国就全面停火达成协议，但因纳卡问题一直处于敌对状态。2014 年，两国再次在纳卡地区发生严重的军事冲突。在俄罗斯总统普京的斡旋下，冲突没有进一步升级，但小规模摩擦一直不断，仅 2015 年，双方在纳卡地区的零星交火和敌对行为就接近 3000 次。

2 号，俄总统新闻秘书佩斯科夫表示，俄罗斯总统普京对纳卡地区重燃战火十分关注，并敦促冲突双方立即停火，保持克制。

12. 央视网消息（新闻联播文字版）：3 月 27 号，叙利亚政府军宣布收复有着 2000 多年历史的巴尔米拉。1 号，本台记者对遭极端组织破坏严重的古城遗址进行了探访。

巴尔米拉曾是古代中东最重要的文化中心之一。公元 1 世纪至 2 世纪，巴尔米拉处于几种文明的交汇处，所以其艺术和建筑能够将古希腊罗马的技艺与本地的传统及波斯的影响巧妙地融合在一起。正因为如此，1980 年联合国教科文组织授予了巴尔米拉“世界遗产”称号。

自去年 5 月占领巴尔米拉以来，极端组织对古城多个建筑进行了破坏。其中，曾是巴尔米拉保存最完好的贝尔神庙，就在去年 8 月底惨遭极端组织毒手。

而就在这个残存大门的不远处，还留下了极端组织炸毁神庙的证据。

巴尔米拉古城标志之一的凯旋门，也未能摆脱遭遇破坏的厄运，去年 10 月被极端组织炸毁。

除了对古城建筑进行大肆破坏外，极端组织甚至还在古城中的剧场里，上演了真正的人间惨剧。

极端组织从建筑和精神上，在巴尔米拉古城造成的破坏，已留下了难以愈合的伤痕。尽管叙利亚政府在收复巴尔米拉后立即制订了文物紧急修复计划，并呼吁联合国教科文组织及其他国家对巴尔米拉的复原进行协助，但让古城光华重现，将是一次艰巨而又漫长的挑战。

13. 央视网消息（新闻联播文字版）：2 号，2016 年世界花样滑冰锦标赛在波士顿落下帷幕。获得铜牌的金博洋成为第一位在世锦赛上获得奖牌的中国男子单人滑选手。

18 岁的金博洋是第一次参加世锦赛。在 1 号的男单自由滑比赛中，他完成了全部四次四周跳、两次三周半跳跃，而且没有失误。只是在与音乐的配合中略显不足。加上此前短节目的分数，最终，他摘得一枚宝贵的铜牌。

在双人滑比赛中，隋文静/韩聪组合短节目表现完美。不过，在 2 号双人自由滑的较量中，他们在挑战抛后内结环四周时，隋文静落冰摔倒。但瑕不掩瑜，两人整套动作整体完成质量不错，最终蝉联亚军。

【训练十五】 综合训练

1. 央视网消息（新闻联播文字版）：中共中央政治局 4 月 29 日下午就历史上的丝绸之路和海上丝绸之路进行第三十一次集体学习。中共中央总书记习近平在主持学习时强调，“一带一路”建设是我国在新的历史条件下实行全方位对外开放的重大举措、推行互利共赢的重要平台。我们必须以更高的站位、更广的视野，在吸取和借鉴历史经验的基础上，以创新的理念和创新的思维，扎扎实实做好各项工作，使沿线各国人民实实在在感受到“一带一路”给他们带来的好处。

中国社会科学院边疆研究所李国强研究员就这个问题进行讲解，并谈了意见和建议。中共中央政治局各位同志认真听取了他的讲解。

习近平在主持学习时发表了讲话。他指出，中央政治局这次学习安排这个题目，主要是想通过了解丝绸之路和海上丝绸之路的历史文化，总结历史经验，为新形势下推进“一带一路”建设提供借鉴。“一带一路”倡议提出来后，一石激起千层浪，外界反响很大，各方都在响应。各方之所以反应强烈，主要是因为这个倡议顺应了时代要求和各国加快发展的愿望，具有深厚历史渊源和人文基础。从我们自己的情况来看，这个倡议符合我国经济发展内生性要求，也有助于带动我国边疆民族地区的发展。

习近平指出，“一带一路”倡议，唤起了沿线国家的历史记忆。古代丝绸之路是一条贸易之路，更是一条友谊之路。在中华民族同其他民族的友好交往中，逐步形成了以和平合作、开放包容、互学互鉴、互利共赢为特征的丝绸之路精神。在新的历史条件下，我们提出“一带一路”倡议，就是要继承和发扬丝绸之路精神，把我国发展同沿线国家发展结合起来，把中国梦同沿线各国人民的梦想结合起来，赋予古代丝绸之路以全新的时代内涵。

习近平强调，推进“一带一路”建设，要处理好我国利益和沿线国家利益的关系，政府、市场、社会的关系，经贸合作和人文交流的关系，对外开放和维护国家安全的关系，务实推进和舆论引导的关系，国家总体目标和地方具体目标的关系。

习近平指出，我国是“一带一路”的倡导者和推动者，但建设“一带一路”不是我们一家的事。“一带一路”建设不应仅仅着眼于我国自身发展，而是要以我国发展为契机，让更多国家搭上我国发展的快车，帮助他们实现发展目标。我们要在发展自身利益的同时，更多考虑和照顾其他国家利益。要坚持正确义利观，以义为先、义利并举，不急功近利，不搞短期行为。要统筹我国同沿线国家的共同利益和具有差异性的利益关切，寻找更多利益交汇点，调动沿线国家的积极性。我国企业走出去既要重视投资利益，更要赢得好名声、好口碑，遵守驻在国法律，承担更多社会责任。

习近平强调，推进“一带一路”建设，既要发挥政府把握方向、统筹协调作用，又要发挥市场作用。政府要在宣传推介、加强协调、建立机制等方面发挥主导性作用，同时要注意构建以市场为基础、企业为主体的区域经济合作机制，广泛调动各类企业参与，引导更多社会力量投入“一带一路”建设，努力形成政府、市场、社会有机结合的合作模式，形成政府主导、企业参与、民间促进的立体格局。

习近平指出，人文交流合作也是“一带一路”建设的重要内容。真正要建成“一带一路”，必须在沿线国家民众中形成一个相互欣赏、相互理解、相助尊重的人文格局。民心相通是“一带一路”建设的重要内容，也是“一带一路”建设的人文基础。要坚持经济合作和人文交流共同推进，注重在人文领域精耕细作，尊重各国人民文化历史、风俗习惯，加强同沿线国家人民的友好往来，为“一带一路”建设打下广泛社会基础。要加强同沿线国家在安全领域的合作，努力打造利益共同体、责任共同体、命运共同体，共同营造良好环境。要重视和做好舆论引导工作，通过各种方式，讲好“一带一路”故事，传播好“一带一路”声音，为“一带一路”建设营造良好舆论环境。

习近平强调，“一带一路”建设既要确立国家总体目标，也要发挥地方积极性。地方的规划和目标要符合国家总体目标，服从大局和全局。要把主要精力放在提高对外开放水平、增强参与国际竞争能力、倒逼转变经济发展方式和调整经济结构上来。要立足本地实际，找准位置，发挥优势，取得扎扎实实的成果，努力拓展改革发展新空间。

2. 央视网消息（新闻联播文字版）：国务院总理李克强30日下午在中南海紫光阁会见来华访问的日本外相岸田文雄。

李克强表示，发展长期健康稳定的中日关系，符合两国和两国人民的根本利益，有利于地区和世界的稳定繁荣。这几年中日关系走了一段弯路，当前两国关系有改善势头，但基础仍然较为脆弱，双方要以应有的责任感把握中日关系正确方向。中方愿本着“以史为鉴、面向未来”的精神同日方共同努力，增进政治互信，推动两国关系重回正常发展轨道。

李克强指出，事关中日邦交正常化政治基础的原则问题不能动摇。希望日方坚持走和平发展道路，把中国和平发展是机遇的表态落实到行动，真正奉行积极的对华政策，坚定维护双方历经艰辛达成的四个政治文件，妥善处理对两国关系具有根本影响的敏感因素，为中日双边对话合作机制的逐步恢复和中日韩领导人会晤的举行创造有利氛围，为改善国民感情、促进民间相互理解多做实事。

李克强强调，中日经济互补性强，合作基础深厚。中方愿同日方拓展各领域务实合作的前景，实现互惠互利，造福两国人民。

岸田文雄表示，日方愿本着日中四个政治文件的精神，坚持“互为合作伙伴，互不构成威胁”的共识，同中方相互尊重，增进互信，管控分歧，努力把两国老一辈领导人开创的日中关系推向前进，构建面向未来的日中关系。日方由衷赞赏中方推进经济结构性改革的举措，愿加强对华各领域合作，为日中关系发展不断积累积极因素。

3. 央视网消息（新闻联播文字版）：前几天，习近平总书记来到安徽考察，走进革命老区，和村民话脱贫，走进小岗村，和大家说改革。今天，记者走访这些地方，他们说，总书记的嘱咐大家都记住了。

老区人民生活得怎么样，总书记很牵挂。大湾村村民陈泽平，老伴手有残疾，女儿远嫁外地，七年前，儿子又车祸去世，总书记来大湾村，第一户就到了老陈家。

老陈说，家里的三亩地种不动了，现在村里帮他改成了茶园，还拿扶贫款帮他养了些鸡，一年能有个万把块钱。日子也还过得去。这些他都跟总书记汇报了。

村民汪能保，老两口都有慢性病，总书记听了说，扶贫要有兜底措施，医保、新农合要多扶持。老汪告诉总书记，村里正帮他申报补助，还准备帮他种茶叶。

大湾村地处大别山腹地，全村921户人，贫困户174户。走访了其中的5户后，总书记对村民和扶贫干部说：脱贫攻坚必须横下心来抓，驻村干部当即表了态。

镇里的干部说，总书记的嘱咐他们记住了，今年有移民搬迁，像陈泽平这样的贫困户，今年就可以搬出来，到2020年，全镇不能再有一个贫困户。

小岗村是中国农村改革的发源地。当年“大包干”十八个带头人之一严金昌，现在，家里开了个农家乐，这件事，他很自豪地汇报给了总书记。

在小岗村，总书记和村民话改革，不能把农村土地集体所有制改垮了，不能把耕地改少了，不能把粮食生产能力改弱了，不能把农民利益损害了，这些话，大家都记在心里了。

4. 央视网消息（新闻联播文字版）：美好生活靠劳动创造；实现中华民族伟大复兴的中国梦，离不开人们的辛勤劳动。在五一国际劳动节到来之际，《新闻联播文字版》推出系列报道："中国梦劳动美"，我们一起走近劳动者，致敬劳动者；探寻他们的付出，也分享他们的收获。

在云南省迪庆藏族自治州香格里拉地区，矗立着全国海拔最高的500千伏超高压输电线路，那是我国"西电东送"的重要通道。守护这条电力大动脉的工人们，被称为海拔最高的光明守望者。

五十二米的高压电塔上，三名电路巡检员正准备处理塔顶的一个鸟窝，排除短路隐患。站在离塔十米的地方，就能听见高空不断的电流声。

这是和松云，做电路巡检工作已经八年，处理各种情况驾轻就熟。但在平均海拔3500多米的迪庆，这么剧烈的运动，高原反应谁也没法抵抗。高空风大，寒冷干燥，气温在0℃以下，2个小时下来，体力早就透支。

和松云说，电流对身体的刺痛，是最需要忍耐的事。有时为了不影响重要线路正常供电，他们要在不停电的情况下，冲进强电场里，带电检修七八个小时。

除了高空检修，和松云每天都要和自己的几名搭档巡线。四月，云南迪庆进入雨季，四月云南迪庆地区，气候复杂多变，自然灾害造成的线路断股和部件老化极易引发断电跳闸。为了保障线路安全通畅，不管什么天气，和松云他们都要出发上路。

巡线员们每天要爬七八个小时的山，一次巡查的线路要经过高山、草甸、雪山，从海拔1500米到5000米。和松云巡查的这条线路，是全国海拔最高的500千伏输电线路。在所有线路中，最长的一段要15天以上才能走完。观察每座塔基、每条电缆，保障电路稳定运行，和松云一个月里有26天都得去巡线。山里没有信号，和松云的妻子经常联系不上他。尽管也是一名电力工人，但妻子还是忍不住乱想，怕丈夫出事。春节想和丈夫回趟陕西老家，却等了一年又一年。

这些年来，和松云和同事们一起爬雪山、过草地，巡查线路，和铁塔为伍。巡检中的苦累凶险，漫长孤独的深山野林，他们相互理解，相互照应。团队是他们的第二个家。

寒来暑往中，他们渐渐成了大山的一部分，在无人知道的深山峡谷里，默默守望着远方乡村和城市的光明。79位线路运维工人，72条主网输电线路，23870平方公里的电路覆盖区，迪庆37万居民的光明有了保障。作为我国"西电东送"的南部重要通道，这些线路还将当地富余的清洁能源输送到需求量更大的广西、广东、海南等地。截至4月29日，"西电东送"累计送电18681亿度，惠及超过5亿人。

5. 央视网消息（新闻联播文字版）：有一种特种钢管，要能承受六百多度的高温，指甲盖大小的面积可以承受超过一吨的压力，并且保证稳定工作十万小时以上。要求加工精度极高，今天我们就来认识一位专门加工这种特种钢管的镗工师傅戎鹏强。

6. 央视网消息（新闻联播文字版）：明天出版的人民日报将发表社论，题目是《唱响新时代劳动者之歌——写在“五一”国际劳动节》。

7. 央视网消息（新闻联播文字版）：劳动能让一个人，从无到有，实现梦想；让一个家，从贫穷到富裕，幸福安康。五一前夕，本台派出多路记者走到厂矿企业、田间地头，深入生产一线，探寻劳动的收获，分享普通劳动者的“获得感”。

8. 央视网消息（新闻联播文字版）：今天是五一小长假的第一天，随着出行人数的增加，各地迎来了客流高峰。

今天，全国铁路预计发送旅客近1300万人次。为此，铁路部门调整运力，增加运能。

从客票预售情况来看，前往北京、上海、广州等中心城市的票源紧张，其中太原开往西安、北京、上海方向的列车车票已基本售罄。

从今天早上开始，全国各主要高速公路车流量明显增大。五一假日期间，各地交管部门重点加大了对超速、违法占用应急车道等违章行为的查处力度，确保出行安全。

五一出行，多数人选择了中短途旅游，各地景区采取相应措施，确保游览秩序。今天中午，北京故宫当天8万张门票全部售出，景区停止售票进行限流；山东泰山开启了9条分流盘道，并规定12小时内游客超5万将暂停售票；天津盘山景区，扩建了有6000个车位的停车场，并安排30辆公交车，不间断免费接送游客。

天气方面，中央气象台预计，假日期间，南方地区将有一次较强降雨过程，北方受冷空气影响将出现大风降温天气，西北地区局部会有沙尘，提醒人们出行要做好防护。

9. 央视网消息（新闻联播文字版）：

叙政府军宣布在部分地区短期停火

叙利亚政府军29号发表声明称，从当地时间今天凌晨1点，也就是北京时间今天6点开始，在首都大马士革等地实施短期停火。声明称，政府军在大马士革及其附近的东古塔等地区实施24小时停火，在拉塔基亚省实施72小时停火。不过叙政府军的声明没有提及近日接连发生袭击事件的阿勒颇，也没有说明实施停火的条件。

乌问题三方小组就全面停火达成协议

由乌克兰、欧安组织、俄罗斯方面组成的乌克兰问题三方联络小组29号在白俄罗斯首都明斯克达成协议，乌克兰冲突各方从当地时间今天（30号）零时起全面停火。三方联络小组发表声明称，希望此次停火能变成持久的和平，并进一步推动全面政治解决乌东部问题。不过各方还没有就乌东部地区恢复供水供电和铁路运输等问题达成一致。

肯首都一居民楼倒塌造成多人伤亡

29号肯尼亚首都内罗毕东部胡鲁马地区一栋6层居民楼发生倒塌。据当地警方说，事故已造成至少7人死亡，已有121人获救。可能有多人被困在废墟下，救援仍在进行中。内罗毕警方表示，楼房倒塌对150个家庭造成影响，被救人员被安置在临时搭建的帐篷中。有分析认为，发生倒塌的居民楼附近有一条排水沟，流水常年侵蚀建筑结构，而近日的暴雨冲击最终导致楼房坍塌。

第七章　即兴评述训练

第一节　即兴评述的方法

即兴评述是播音与主持专业中较有难度的一项内容。即兴评述的目的是培养学生快速思维和组织语言的能力、口语的表达能力以及临场不慌的心理素质。它要求学生思维敏捷、快速组织语言能力强、记忆力强，同时，它也是对学生知识功底、文化素质的检验。

即兴评述实际上就是一篇口头小议论文，一般要求不超过5分钟，不少于3分钟。准备的时间也不长。抽取题目后准备5分钟左右。

一、审题立论

抽到一个题目，要认真审题，知道题目要你议论的是什么，这是第一步。抽取题目后，都让学生把题目出声朗读一遍，目的就是让学生明确并且记住、记准题目。下去准备时，首先要有一个明确而正确的观点，这是“立论”的含义。观点既要明确还要正确，只明确不正确也不行。比如“对高中生‘早恋’现象谈谈你的看法”一题，如果你说“高中生‘早恋’也没有什么，处理好了还可以促进学习，事业爱情两不误”这个观点虽然很明确，但不能说是正确的。有了明确而又正确的观点，才有话可说，有话好说。

二、确立提纲结构

确立了观点，就要迅速围绕观点思考一个提纲，理清议论的思路。因为准备的时间很短，又不能写提纲，所以，提纲也只能是一个大致的提纲，而不是详细的提纲，关键是把议论的结构“搭”起来。这时思维要积极活跃，思路要尽量开阔些，例如“对高中生‘早恋’现象谈谈你的看法”一题，提纲和结构可以这样设计：

观点：高中生谈恋爱是不对的。

其一，危害性：影响学习，有碍身心健康，影响风气，辜负父母老师的期望等等。

其二，如何解决这一问题：中学生自身，家庭，学校，社会。

其三，结论：树立远大人生理想和目标；发奋学习，立志成才。

准备完提纲如果还有时间，可以再把开头的话和结尾收场的话想一想，争取设计得精彩一些。诗人杜甫说得好，“语不惊人死不休”，所以要重视开好头，收好口。

三、强行记忆，边想边说

即兴评述对学生强行记忆能力也是一个检验。快速想好了提纲，要反复加强记忆，首先是把大的分观点和大的结构记住，然后再强行记忆分观点的小观点和小结构。说的时候，一边想一边说，不要试图去背准备时的原话，而要去说准备时观点的意思。背诵，如果记忆不深或紧张，容易“卡壳”，但说意思却容易使大脑处于活跃状态，还容易产生新的思想火花，使即兴评述增色。另外，也不要用一种流利和生动的“演讲调”，这样容易给主考一种事先押中了题临场背诵的感觉。不用担心说得不精彩和不流畅，精彩和流畅都是相对而言的。偶有哆嗦、重复、不顺畅，包括词语的不太准确，在即兴口语表达中都是正常现象，关键是要言之有物、言之有序，像说话就可以了。

四、联系实际，巧用例证

即兴评述是要应考者谈谈对某一问题的看法，而不是让应考者作一篇理论文章或学术演讲，因此，不必把问题想得太复杂、太抽象、太“理论化”。有的学生不明此道，一开始就拉一个很大的架势，一上来就说了一堆堂皇而又空洞的话，反而显得华而不实。无论什么题目，评述就是谈自己的看法，你是怎么认为的就怎么谈，而不要去揣摩主考的心思，投其所好。联系实际，是最好的方法，是联系自己的实际，联系自己身边人的实际，联系自己所熟悉的社会环境的实际，谈自己最为熟悉的、最有感受的人和事，容易有感而发，入情入理。可以多准备一些生动的例子，正面的、反面的、古今中外的、名家名人的、自己的和自己熟悉的人的实例。特别是当思维和语言不太顺畅时，或一时想不起准备的提纲时，都可以信手拈来一个生动的例子，一方面可加大论证的力度，一方面可边说边理清思路。当然，也不可把评述搞成例子的堆砌，关键是要用得好，用得不留痕迹。

五、自信连贯，一气呵成

即兴评述的成功与否，与应考者的自信心强弱有直接关系。准备得再好，怯场、不自信也难以出色发挥。加上即兴评述的考试一般是在电视演播室的环境下进行，有的学生第一次进入这样的环境，在聚光灯下，面对摄像机镜头，的确容易紧张。因此，自信心就显得更为重要。可以用“把收听对象设想成不同意你的观点的人”的方法来调动自己的评述欲望，“我有理”“我一定要说服你”，可以增强评述的主动性、说服性。另外，尽量使评述连贯、流利，即使一时“无话可说”，也要“硬着头皮往下说”，尽量不要让语流出现“断线”“卡壳”，因为这种“断线”“卡壳”会加剧思维的空白和心理的紧张，咬紧牙关，坚定信念，就一定能够渡过暂时的难关，一气呵成，完成评述。

六、自拟题目早练习

即兴评述这种短时间内口脑并用、口头作文的能力对人的综合素质要求较高，如果没有平时的实践积累，临场就难以发挥好。因此，通过平时自选题目、自我评述的方式，加以练习，积累经验。临参加考试之前一两个月，课余或学习之余，拿出一点时间，自拟一个题目，先准备几分钟，再评述几分钟。开始可以准备时间稍长一些，如准备 20 分钟，然后说上 3 至 5 分钟。随着练习的增加和经验的积累，准备时间可以逐渐缩短。关键是要熟悉这套程序和方法。可以请自己的家人或同学帮助自己练习，请他们做你的听众，事后，帮你分析不足，挑毛病。当你练了十到二十个题目以后，你就会发现自己即兴评述的能力大大增强了。

即兴评述项目的总体要求：准确又流畅、简洁又精练、平易又朴实、生动又亲切感人，启人心智又令人愉悦，展示风采、发挥个人作用，传递情绪情感信息、稳定情绪。

即兴评述的操作原则：目的明确、准确鲜明、协调一致、自然生动、富有个性。

即兴评述的开头方法：讲出典故法、开门见山法、提出问题法、讲述故事法、引用名言法、即人即景法。

即兴评述中间部分的设计方法：分合式结构、并列式结构、递进式结构。

即兴评述的收尾方法：归纳总结法、表达祝愿法、发出感召法、以理明人法。

即兴评述准备时切不可试图把要说的每一句话都想好，因为无论是主观上和客观上都做不到这一点。有些学生在评述时往往说了一半，甚至只说几句话就说不下去了，其中有的就是因为他没有把提纲和结构准备好，话说了一半就不知道往下再说什么了，这是广大学生特别要吸取的教训。

另外，先要踏踏实实地熟悉本节所介绍的这套程序和方法，然后可以随时随地进行练习。功到自然成，训练到一定程度，即兴评述的能力就会大大提高，做到得心应手、游刃有余。

第二节　即兴评述的训练内容

一、人生哲理题目训练及参考答案

【训练一】　　态度决定一切

态度决定一切，对待同一个事物，你的态度不同，所得到的结果也会不同。

有这样一个小故事：三个工人在砌一堵墙。有人过来问他们："你们在干什么？"第一个人抬头苦笑着说："没看见吗？砌墙！我正在搬运着那些重得要命的石块呢。这可真是累人啊。"第二个人抬头苦笑着说："我们在盖一栋高楼。不过这份工作可真是不轻松啊。"第三个人满面笑容开心地说："我们正在建设一座新城市。我们现在所盖的这幢大楼未来将成为城市的标志性建筑之一！想想能够参与这样一个工程，真是令人兴奋。"十年后，第一个人依然在砌墙；第二个人坐在办公室里画图纸——他成了工程师；而第三个人，是前两个人的老板。

可见，一个人的工作态度折射着人生态度，而人生态度决定一个人一生的成就。

而现在，我们作为学生，每一个人对待学习的态度互不相同，也正是因为每个人对待学习的态度不同，导致每个人的结果不同。如果一个人对待学习，奋发向上，努力拼搏，那他必定会考上高等学校；相反，如果他三心二意，没有正确的学习态度，那他必然上不了名牌大学。当然，我们现在也一样，对待专业的态度，是否努力，是否专心，决定了一个人的未来。

对于同一件事，由于不同的人对它的态度不同，采取的方法和前进的路线也不同，得到的东西必然不同。很多时候人们都期望生活能获得更好的变化，当我们开始改变自己的态度，这种变化就会发生。当你对他人采取更友善的态度，就会觉得人们变得更加亲切；对挫折采取更积极的态度，你会发现原来在损失之外还有很大的收获……态度不同，周围的世界、你的生活就会变得与以往截然不同，这就是态度的力量，它可以改变人生。

态度决定选择，态度决定思路，态度决定一切。让我们从现在开始，以积极的态度来勇于超越自我，不断完善自我，丰富我们的人生吧！

【训练二】 生活需要经常清点

我认为生活的确需要清点。这大概是人类的本能。

听过这样一个故事：很久以前，一个人越来越感到生活的沉重压力，眼看无力支撑，只好去请教智者。智者把他带到一条五彩石铺就的小径，然后交给他一只背篓，让他顺着小径一路走下去，把认为喜欢的石头都捡进背篓里。这人依言而行：红色的，他感觉热烈奔放，绚丽似火；白色的，他认为晶莹剔透，纯洁无瑕；黑色的，他认为庄重严肃，锃亮闪光。他将石头一一捡进……渐渐地，背篓里的石头越捡越多，双肩越来越沉，后来，他终于支持不住，一跤跌坐地上。智者见状，又吩咐：从现在起，你把最喜欢的石头留下，其余的统统扔掉，再往前走试试。这一来，他顿感轻松无比，很快抵达了尽头。

在我们的生活中有许多方面的情况都与此相似。我们什么都想得到，什么都舍不得丢掉，以致积压的东西越来越多，直至压得我们喘不过气来。的确，我们想得到的东西太多了：名誉、地位、财富，况且，外面的世界越来越精彩，它对我们有一种难以拒绝的诱惑。我们欲望的胃口就这样被吊起来了。如果把这些诱惑比作甘美的食物，我们总是想把它们吞下去，可是，我们的胃受得了吗？

人生是有限的，我们所需要的、所能得到的也是有限的。因此我们要对生活进行经常的清点，才不致步履蹒跚。那么我们应该怎样清点呢？清点需要智慧。我们的头脑要冷静，对于纷繁芜杂的事物能作出正确的判断，分清哪些是我们需要的，哪些是我们应该舍弃的。清点需要达观。应该明白简单是生活的本相，快乐是人生的真谛。把什么都拾进行囊，不仅会失去快乐，最终还会使自己什么都得不到。苏轼的话也许对我们有所启示："天地之间，物各有主，苟非吾之所有，虽一毫而莫取。唯江上之清风，与山间之明月，耳得之耳为风，目遇之而成色，取之无禁，用之不竭，是造物者之无尽藏也……"清点需要勇气。既要清点，就意味着割舍。每一次清点，实际上就是心灵的痛苦挣扎过程。比如，有一些情感是我们一直所憧憬的，也许我们也已得到了它，但它来得实在不是时候，延续它只能是饮鸩止渴。最好的办法就是鼓起勇气，忍痛割爱。

其实生命就是一次旅行，应该清楚我们的背囊里究竟什么是最能帮助我们到达目的地的，舍弃那些必须舍弃的，留下那些必须留下的。为了使我们的生命旅程更快乐，更自在，请对生活经常进行清点

【训练三】 幸福是什么

幸福是什么，每个人对幸福的定义都各不相同。

而幸福在小时候对我而言是过年的时候可以穿着新衣服，拿着压岁钱，挥

舞着烟花和小伙伴一起玩耍；是二十岁的时候跟几个兄弟天南地北地聊天、喝酒；是三十岁的时候与自己心爱的人走过红地毯，一起装扮共同的小窝；是四十岁的时候看着自己的孩子在镜子前打扮，然后夸她比他老妈当年还漂亮；是五十岁的时候跟自己的孩子一起上街，被人说是姐弟俩；是六十岁的时候过年一大家子人聚在一起，除夕钟声响起时坐在一起热热闹闹地吃饺子；是七十岁的时候拖着老伴儿的手一起在公园散步，一起在长椅上看夕阳。幸福有多种定义，或许只是一种窝心的感觉。

当然，幸福其实很简单，幸福的味道始终充斥着我们的生活。

让自己的家人、身边的朋友开心、快乐，就是我的幸福；幸福也可以是相爱的两个人在一起，不管苦还是累，都在一起奋斗，谁也不会嫌弃谁，也是幸福；或者，每天做一些自己喜欢的事情，也是幸福；如果有条件的话，可以和家人、朋友或者爱人，自己也行，去自助旅游，看着风景，吹着微风，闭上眼睛，都是一种很舒适的感觉，那种舒适的感觉，也是幸福。

每个人对幸福的解释都是不一样的，因为每个人对生活的品质要求都是不一样的。所以每个人眼里的幸福也都不一样。幸福不是绝对的，幸福是自己发自内心最真实的感受。谁也不能说好幸福到底是什么，长什么样子，但幸福却每时每刻都伴随着我们每一个人，只是我们没有发现而已，也许只有到失去的那一天才会有所醒悟吧。

所以，我们要把握好现在的一切，把握住现在的幸福。只有这样，我们才能不与幸福擦肩而过。

【训练四】　　时间和生命

“时间就是生命”这是鲁迅先生说过的一句名言，他说了：“节省时间，也就使一个人的有限生命更加有效，也就等于延长了人的生命。”鲁迅先生是这样说的，也是这样做的。他一生写了共460万字的鲁迅全集，这还不包括译著。毛泽东给予他崇高的评价：鲁迅是中国文化的主将，他不但是伟大的文学家，而且是伟大的思想家和革命家。

生命就像时间一样，在人世间的一分一秒都要珍惜，有些人在生前服务过千百人，千万人，死后被万人赞颂了；但有些人生前自私自利，破坏，杀人放火，这样的人只会永远被人唾骂。

莎士比亚说过：“放弃时间的人，时间也放弃他。”古今中外大凡有作为的人，都把时间视为生命，决不肯虚度生命。孔子说过：“逝者如斯夫，不舍昼夜。”他是感叹万物消失如流水一般，不分白天黑夜间流逝，永不回转，以此来教育他的学生要自省自察。有一次，他的学生宰予在白天睡觉，孔子非常生气，他说：“朽木不可雕也，粪土之墙不可圬也。”由此可见，珍惜光阴在孔子这位教育家心中的地位。

今天，科技发展日新月异，建设祖国、建设四化需要千百万的人才，这就需要我们珍惜时间，发奋学习。常常松懈、懒散，老师布置的作业没有认真完成，课外的时间没有好好利用，这是在挥霍我们自己的人生、自己的时间、自己的生命。要知道，上帝给我们每一个人的生命都是有限的，时间过去一天就会少一天，过去的时光也永远不再回来。

我们用有限的时间去创造更多有价值的生命吧。所以我觉得达·芬奇有一句名言我们应当永远牢记：趁年轻少壮去探求知识吧，它将弥补由于年老带来的亏损。

【训练五】　　学会感恩

感恩是中华民族的传统美德之一。我认为如果人与人之间缺乏感恩之心，必然会导致人际关系的冷淡，所以每个人都应该学会感恩。而如何学，我们应该从生活的事中去发现。

某人苦苦寻找恩人十二年！人有多少个十二年哪！如此坚定的感恩之心，就因为当初他失落时，一位好心人给了他一百元，使他信心重回。直到事业腾达后，他仍没忘记。为了当面说一声“谢谢”，于是他踏上了感恩之路。为了感恩，这十二年没有白费。我想，这是他生命中最光辉的十二年！这就是他所做的感恩的方式，也是我们要学习的感恩。滴水之恩当涌泉相报。

去年某人“捐肾救母”的故事大家一定很熟悉吧！他用自己的一个肾回报母亲，使母亲重见生命之光！他所回报的东西，就是母爱。这也是我们每个人都值得感恩的。不论母亲打你也好，甚至遗弃了你，但她终究是给了你生命的人，世上最贵的莫非生命，这样的恩情，是一辈子都报不完的！平时，帮母亲扫扫地、跑跑腿，和母亲聊聊天、“常回家看看”。母亲笑了，你也算献上了一份感恩之心。当然，记住父母的生日，在他们生日之际送上自己的问候，也是一种感恩。这更是我们应该学习的感恩。母爱之恩，应是汪洋相报了。

懂得感恩的人固然不少，但世上还有一群不知感恩的“小人”，我们应该鄙视、反思。前几天报纸新闻里报道，一位年近八旬的老人，生了病，被不愿支付医药费的六个儿女遗弃在医院走廊，还附有一张配图。只见那位老人身体瘦弱，跪在地上，用手蒙眼，泣不成声，旁边的病人、医生来去匆匆，她被冷落在墙脚。震惊、悲伤、气愤！六个儿女，都是这位老人拉扯大的，现在他们就这样丢下老人各管各的去了，怎叫人不对他们的行为愤怒，为老人的可怜而痛心！这和捐肾救母形成了鲜明的对比！这几个儿女已经失去了最珍贵的一颗心——感恩的心！

所以在这里我想呼吁大家，学会感恩吧。让我们都怀有一颗感恩的心，感谢所有给予我们帮助的人吧！

【训练六】　走向成熟

在我看来，走向成熟是每个人都必然会经历的一个过程，而我们也是在生活中一点一滴地慢慢走向成熟。

我认为走向成熟不是要去达到一个什么状态，而是一种去追求自我完善的一种理念，是一种不断自我鞭策、不断前进的状态。成熟也许并没有什么固定的定义，每个人都会有对成熟不同的理解，而我所理解的成熟是能坦然面对大多数情况的、能够有自己判断的思想，最重要的可能要拥有一个自我成长的意识。

我相信成熟是大多数人都想要达到的一种状态，而我们怎样才能去走向成熟，在这里我想说一下我的看法。我所理解的走向成熟，首先要拥有一个清醒的自我认识，只有我们清楚地了解到自己有哪些不足，才能有个前进的方向，去改掉这些不足，朝着成熟的目标前进。

俗话说成才先成人，而所说的成人应该是自我成长的一种状态，其实就像成熟一样，成人也没有什么固定的定义，而成人则可以说有个标准，就是是否成熟。

作为当下的大学生，我们是不是也应该在大学里学会成人的技能，学会成长的方式，我觉得，首先要学会认识自我，只有不断地自我评估，进行冷静的自我分析，才能更好地认识自我，而认识自我是我们成长的第一步。其次，我们要去学习，学会拥有学习的思维，学会养成不断地自我督促学习的习惯。成长是个漫长的过程，就像学习一样，没有终点。我们需要不断不断地重复虚心求学的过程。最后，我们还要学会总结，总结我们的不足，吸取犯错误的教训，从生活中慢慢建立起一套完整的人生态度。

这样的一个过程，就像一台机器在周而复始地运转着，当我们拥有这样的意识并且这样去做了，不能说我们就能变得成熟，可至少是在不断地向着成熟的状态前进，是在不断地进步、不断地自我完善，然后一步一步接近成熟。

【训练七】　感谢挫折

感谢挫折，我相信很多朋友在心里是不喜欢挫折的，包括我在内，我也不喜欢挫折，因为挫折就意味着我又做了不好的事情。但是我却感谢挫折，因为挫折使我懂得很多道理。

我相信从出生到长这么大，其中经历过大大小小的很多事情，这些事情中有多少平静的日子你能记得很清楚，又有多少欢乐你能记得很明白，而这么多的记忆中你是否还记得你经历过的挫折与失败。我想大家应该都有过同样的感受，在许多的文章中，我们都能看到这样一句话：失败乃成功之母。其实，在我看来，失败与挫折一样，都是人生的一种经历，而且说起来都是不好的、不愉快的经历。而我们要感谢它们，正是因为有了这些经历后，我们可以避免以后不再发生同样的事情。因为我们要去了解它们是怎么发生的，以后要怎么去避免，而在其中，我们便学会了怎样生活。我要感谢挫折，是挫折让我们逐渐变得成熟。

另外，在挫折到来的时候，也起到锻炼我们的心智的作用。我相信很多人在第一次面对挫折的时候显得手足无措，会慌张、迷茫，我也曾这样。而且就是现在，我也没能在遇到挫折的第一时间便调整好自己，可是，在不断地经历当中，让我明白，经历挫折时不能一味地消沉与逃避。所以我在遇到挫折后慢慢学会调整，学会去面对，而在一次一次地面对挫折的时候，我变得不再那么脆弱。以前我遇到稍微大点的压力就会觉得心情很严重，觉得很惶恐，觉得很慌张。而在几次与挫折的交锋后，我的心理承受能力越变越强，再次遇到压力和问题时，至少能从心底做到不慌张。所以我要感谢挫折，因为挫折让我们成长。

就像王蝶在破茧成蝶的时候得经历痛苦的过程，可经历过的它是那么美丽。所以在面对挫折的时候，我们也应该选择去面对，去感激，事物总会有好的一面，我们应该从这些不愉快的经历里学习到一种乐观与坚强。

让我们一起感谢挫折，感谢挫折带给我们的锻炼。

【训练八】 友　谊

谈到友谊，我们首先想到的应该是自己的好朋友吧。说到朋友，我相信每个人都会有很多的话想说，友谊是这个世界最纯洁、最美丽的东西，它们可遇而不可求。说到友谊，我会心存感激，感激友谊的带给我的感动和幸福

先说一下什么是友谊，友谊顾名思义是友情和情谊的合称。友情和情谊，其中最主要的是友情，友情也就是朋友之间的感情，也就是说友谊是朋友之间的情谊。我们再来谈一下什么是朋友，我所理解的朋友，是可以互相坦然相对，没有隐瞒，也无须做作、客套。真正的朋友应该是像家人一样，我们不以彼此相利用，也不要求对方为自己做什么，所以真正朋友之间的感情应该是单纯而美好的。也就是说友谊是单纯和美好的，而那些虚与委蛇、客套的、矫揉造作的表象友情并不是真的友谊

既然友谊是真正的爱，是真的平等、纯真的存在，那么我所理解的友谊是建立在这种基础上的。在我看来，友谊是每个人最渴望也最应该拥有的一种美好的感情。因为真的友谊是包容，是爱，友谊在生活中给我们的是快乐，而且友谊不向我们索求什么。这种真正的单纯的感情还可以净化我们的心灵，所以

友谊在我们生活中是很重要的

人们常说，没有朋友的人生是悲哀的，如果一个人没有朋友，就缺少友谊带来的幸福和快乐。没有友谊的人是孤独的，他们的人生是单一的。人在这个社会是个体，但也是群体中的一个部分，如果一个人的生命与其他人没有任何的交集，那么他的人生是否可以说是灰暗的，我们的生命也因为有着彼此的撑托才会显得多姿多彩，所以友谊对我们的人生来说，不管是给予的还是失去的都是意义重大的

但是，在这里我想呼吁一下，我们大家都应该拿出最真诚的心，去付出真的爱，只有这样我们才会拥有真正的友谊，友谊不是利用，不是虚与委蛇，最后祝福大家都能拥有真正的友谊。

【训练九】　尊老敬老

抽到这个话题，我第一时间想到的是，老从何来，说得难懂点叫时间的流逝、岁月的无情，让人渐渐变老；说得简单点就是，你长大了，你爸妈也就老了。既然老是这么来的，那么尊敬老人还有什么要争议的。当然，尊敬父母、赡养父母是无可争议的，可是如果这个老人不是你的父母，那我们是不是有足够的理由去尊敬他们。

尊老爱幼是中华民族的传统美德，所以首先在道德上我们要尊重老人。俗话说家有一老如有一宝，说的是老人一生经历得多，拥有相当多的人生经验和阅历，我们可以从他们身上学到相当多的经验。而在平常的生活、工作中，我们也会经常遇到与老人打交道，我们可以从他们身上学到很多。他们的经验以及丰富的人生感悟可以使我们深受启迪，这点就值得我们去尊敬他们。或许你们会说我很俗，我也的确说得很俗，我觉得这些就可以作为我们尊重他们的理由了。如果你是个有道德的人，可以有更多、更好的理由去尊重他们。老人在年轻的时候曾为社会付出过很多，奉献出他们的青春，所以我们没有理由不去尊敬他们。

当然，除此以外，尊重别人本就是人应该有的基本道德，不管他是年轻人还是老年人，作为平等的人来说，我们应该有去尊重他们的道德觉悟；同时我觉得，老年人作为长辈，无论是从阅历还是经验上都比我们丰富，这样的人也是值得我们去尊重的。当今社会，有很多人可能看起来是尊重老人，实际上还是嫌弃老人，嫌他们不干净，嫌他们老态龙钟。人不能那么自私，过河拆桥。如果你抱着一颗感激的心去面对，也许就会发现，我们的社会是离不开老人的。

设想一下，总有一天我们也会老去，相信那个时候，我们应该也希望得到别人的尊重，所以将心比心，希望我们真正做到尊老敬老。

【训练十】 理解万岁

哲学告诉我们，任何人都不可能独立存在，人与人在交往的过程当中也难免会出现误会，于是“理解”就愈加显得难能可贵。无论是生活，还是工作、爱情、亲情包括友情，都离不开理解，可见它的重要性。我们也经常说“理解万岁”，因为理解会让我们变得更加容易相处，相处得更加融洽。

“理解”也可简单地理解为是对一个人行为的包容。有人说，如果把婚姻比作汽车，那么理解就是灯光。在一个具体的婚姻生活中，当男人暴跳如雷的时候，女人的理解忍耐可以化解战争；当女人使小性子的时候，男人的理解包容也可以化解这种纠缠，即使发生激烈的冲突，也将会化险为夷。所以，理解是婚姻中的融合剂。

在生活中，我们几乎每一天都会遇到一些不顺心的事情，会有很多矛盾的心情，比如不明白别人为什么那么做，不理解他们为什么要这样对我等等。殊不知，想要得到别人的理解，自己首先要学会理解，多替别人着想，学会换位思考，也许你的生活会从此少了许多人际关系带来的烦恼。

当然在人与人相处时，也不能奢求万事都让别人理解，“理解万岁”的可贵性就体现在不能理解的地方也能理解。人们不应一味地索取以求达到相互理解，而是应该给对方一定的属于自己的空间，相互信任，这样才能达到心心相印，情意相通。

综上所述，“理解”是我们在友好相处中不可或缺的潜在力量，“理解万岁”要求我们去做一个有包容心、有责任心的人。

二、名言警句题目训练及参考答案

【训练一】 没有规矩，不成方圆

“没有规矩，不成方圆”或许是我们很早就明白的道理，但是很少意识到规矩的存在和影响，只有当你触犯了，才知道规矩原来就存在于生活的细微处。比如，记得有一次我跟爷爷一起去上街，要过马路但前方是红灯。我看左右没有车辆经过，刚要迈步闯红灯。爷爷一把把我拽了回来，严厉地说：“红灯你都敢闯，以后还有什么不敢做的?”当时我觉得爷爷老古板，又没有车辆经过，还在那里等，太浪费时间。可我不得不承认，现在有很多人对规则对法律都很漠视。

事实上，在我们身边，违反规则的情况随处可见。从小的方面说，作为学生在上课时不遵守课堂纪律，在校园里随地吐痰、乱丢垃圾的现象很常见；从大的方面说，在社会生活中，存在随意违约坑蒙拐骗、行贿受贿的行为。而这些现象，很多人似乎已经习以为常、司空见惯，甚至还把这种违规违法的行为归纳为另一种规则，叫作潜规则。在一些人眼里，按潜规则办事似乎是一种机智、一种能力。

随着时代的发展，人们的思想也在不断地发展。人们常说的一句话是：规则是死的人是活的。当一些规则不适应人类的脚步时，人们就必须适当地修改它，不能墨守成规，要打破传统的束缚，勇于创新，使其为人类社会的发展起到积极的作用。而对于被大家所认同、对社会发展有利的规则，我们一定要遵守。

古人说没有规矩不成方圆，而现代人说要打破传统的束缚，这二者之间并不冲突，或者说他们之间存在着相辅相成、辩证发展的关系。

【训练二】　罪恶衍生罪恶，谎言创造谎言

“罪恶衍生罪恶”，就是说，一个人做了一件坏事，再做一件坏事就不会那么犹豫了。正如俗话说的：小时候偷针，长大偷金。就像一个杀人犯杀第一个人可能是由于一时冲动，或者是被逼无奈。但杀第二个人的时候就很随意地去做了。“谎言创造谎言”，就是说，你说了一个谎就需要说另一个谎言来把它弥补。但在弥补的过程中你不得不撒另一个谎。然后就这样恶性循环，直到被揭穿。当你为了达到目的而不择手段，利益只会在你内心更加膨胀，这个时候的罪恶只会繁衍出更多的罪恶，占据了你的心灵，让你痛苦。

还记得以前看过的一部电视连续剧《至尊红颜》，在剧中徐盈盈是武媚娘很要好的姐妹。但由于一时的急利攻心，做了很多罪恶的行为来陷害武媚娘，结果一错再错。但她每天都会做噩梦，夜不能寐，因为她很清楚每个人最后都要为自己罪恶的行为付出代价的。

当你去撒谎骗人的时候，总会有漏洞，所以你需要撒更多的谎来圆先前的慌，那么你的人生只会充满谎言，不仅如此，这个世界上没有不透风的墙。所以你还要承受提心吊胆的日子。还记得那个放羊的小孩吗？因为他撒谎失去了别人的信任，结果咎由自取。同样，有一天你也会因撒谎失去了所有人的信任，当你成了众人口中的“骗子”时，你哀求别人原谅，但撒谎却给你的人生带来永远抹擦不掉的污点。

谁都不敢保证一个从出生到离世没做过一次错事、没撒过一个慌，但是知错能改善莫大焉，如果为了掩盖错误而去做一些错上加错的事情，结果只会让一次错误、一个小小的谎言，导致了你一生的痛苦，正所谓“罪恶衍生罪恶，谎言创造谎言”。

当然，我们也要辩证地看待这些问题，和谐中依然有阴暗的斑点，面对社会，你要适应，在现实生活中，害人之心不可有，但防人之心不可无。我们要

明辨是非，诚信守法，认真对待每一个人。更要“莫以善小而不为，莫以恶小而为之”。

【训练三】 酒香不怕巷子深

“酒香不怕巷子深”是一句流传千年的中国民间俗语，意思是如果酒酿得好，即使是在很深的巷子里，也会有人闻香知味前来品尝。陈窖一开香千里！酒客不会因为巷子深而止步，终究会找到它。这句俗语的意义引申为某种东西或产品质量很好、哪怕不去做广告，哪怕寻找起来十分困难，消费者们也会知道它，并自觉地发挥主观能动性努力寻找它。

“酒香不怕巷子深”对个人来说，就是加强自身修养、提高自己的综合素质，无论在任何地方都会放射光芒；对于一个企业来讲，重质量、讲诚信、遵纪守法、不断创新，就可以走在同行业的前列。但仔细想想，在今天这样一个竞争如此激烈的社会，真的是有了才就能得到别人的认可吗？就拿我们学习主持与播音专业的学生来说吧。除了掌握扎实的专业本领，知道自己的优缺点在哪，不断提升自己，当然还要锻炼自己的交际能力。试想，一个人不去争取机会、甚至性格封闭，即使他的专业水平再高，也不会有人欣赏、很难得到承认。所以，即便是“陈年老酒”如果处于深巷，也是容易被埋没被遗忘的。

所以在当今社会里，这句话可能并不是那么适用了。质量再好的产品，在市场经济的今天，不宣传就没有出路；在高速发展的信息社会，只有积极主动展示自己的产品，才会被社会关注，但广告是建立在以产品优良的品质为保证的基础上。现在人们常常把“好酒”比喻成人才，但是人才也是需要伯乐的发现。可是古往今来，真正认识“千里马”的伯乐又有多少呢？还是需要自我包装，自我推销。取得他人的信任，才能受到他人的重用。

【训练四】 宁为玉碎　不为瓦全

“宁为玉碎　不为瓦全”出自于《北齐书·元景安传》，原文是：“大丈夫宁可玉碎，不能瓦全。”意思是宁做玉器被打碎，不做陶器得保全。比喻宁愿保持高尚的气节而死，也决不苟且偷生。

中国和日本法西斯的战争，我们大部分中国人都宁愿以生命为代价，也不做亡国奴，绝不让日本侵略者得逞！1937 年 7 月 7 日，日本发动卢沟桥事变，全面侵华。在此之后中国人民经历了长达 8 年的抗日战争。其间涌现出来的英雄数不胜数。毛主席曾经为她题过八个大字“生的伟大，死的光荣”。对！她，就是刘胡兰，是已知的中国共产党女烈士当中年龄最小的一个，只有十五岁。她既不贪财、又不怕死，在最后面对敌人利诱的时候，小小年纪的她仍不为所动。在刑场上，她大声喊道：“怕死不当共产党。”这是何等的魄力，她是用生命诠释了“宁为玉碎，不为瓦全”这句成语。“人固有一死，或重于泰山，或轻于鸿毛。”她的死比泰山还重！

相比于那些面对敌人就举起双手乖乖投降的汉奸而言，她的精神更显珍贵。回头想想我们现在的现实生活，当我们面对黑暗势力时，有太多的人选择了明哲保身，不愿意去蹚浑水，拿不出勇气去反抗它！这真的是一种悲哀！软弱退缩，畏首畏尾，只会更加助长恶势力的气焰。这是我们不愿看到的。抱着即使牺牲自己也不背叛祖国的信念，坚持与恶势力做斗争，这才是我们应该做的。面对恶势力时，我们要敢于说“不！”要跟恶势力斗争到底！面对侵犯时要奋起反抗！

在这里我想告诉大家，在民族大义上，我们一定要有“宁为玉碎，不为瓦全”的精神！

【训练五】 失败是成功之母

俗话说：“失败是成功之母。”这是被无数事实证明的一条真理，在通向成功的路上，失败几乎是难以避免的；但对奋斗者来说，失败就意味着向成功方向又迈进一步。任何事情的成功，无不与失败有着千丝万缕的关系。

我国著名的生物学家童第周上中学时，曾几次考试不及格，老师要他留级；同学们都嘲笑他，但他没有悲观失望，而是从此发奋学习，最后终于取得了优异的成绩；出国留学时又刻苦钻研，成了著名的生物学家，为中国争了气。而我们现在，一遇到失败，就常常沉浸在沮丧、痛苦之中，失去了信心，有的甚至还放弃了反败为胜的机会。难道我们把眼泪流干了，就能改变失败的事实吗？我们的回答是：不！只有坚强地面对失败，才能从失败中看到成功的希望。

成功与失败是同时存在的，就像一对双胞胎。当你成功的时候，就有着将要面对失败的危机；当你失败的时候，也有着将要成功的希望。这主要在于我们怎样面对成功与失败。越王勾践不就是在卧薪尝胆后攻下吴国的吗？取得了一千多项发明专利的爱迪生，既是成功者，又是失败者：他耗时十年，经历五万多次失败，才制造出世界第一盏电灯。

因此，我们应当正确看待失败与成功。面对失败不要悲观，不要气馁，一切重新开始，找到正确的方法，为取得成功而奋斗；面对成功，也不要骄傲自满，忘乎所以，要总结成功的经验，去迎接下一个挑战

成功者的背后总是有很多不为人知的心酸和失败，只是他们都没有说出来，所以说失败是成功的基础，是成功的先导。

【训练六】 三人行，必有我师

这句几乎是家喻户晓的话，出自《论语·述而》。原文是：“三人行，必有

我师焉。择其善者而从之，其不善者而改之。”意思是：三个人同行，其中必定有我的老师。我选择他善的方面向他学习，看到他不善的方面就对照自己，改正自己的缺点。

这句话，表现出孔子自觉修养、虚心好学的精神。它包含了两个方面：一方面，择其善者而从之，见人之善就学，是虚心好学的精神；另一方面，其不善者而改之，见人之不善就引以为戒，反省自己，是自觉修养的精神。这样，无论同行相处的人善与不善，都可以为师。

有一次，孔子和学生们正在赶路，忽然一个小孩子挡住了他们的去路，原来，这个小孩子正在路上用瓦石块垒一座城池呢。孔子叫那个小孩让路，而小孩却说：“这世上只有车绕着城池而过的，还没有把城池拆了给车让路的。”孔子想；确实不能把这孩子摆的城池当玩具。我这样想，可孩子不这样想啊。我倡导礼仪，没想到让孩子给问住了。孔子十分感慨地对他的学生说道：“三人行必有我师！这孩子虽小，却懂礼仪，可以做我的老师了。”

事实上，老师在我们的眼中多少有些理想化的色彩，有的还环绕着神圣的光晕，使我们恰恰难以分辨哪是他们的优点，哪是他们的缺点。所以也就只好近朱者赤，近墨者黑。就像我们是学播音的，练得最多的是普通话，但是每天在家也好、在寝室也好，讲的却都是家乡话，谁也不讲普通话，这样，专业基础永远都不会提升。如果你认真学习每个身边的同学的优点的话，把他们的专业知识学到手，那么专业素质就会有很大的提升。不能说每个同学都是你的老师，但在几个同学里，总会能找到你可以学习的地方的。

所以在平时要多观察，向每个人学习，学他们身上的优点。这就是所谓的三人行必有我师焉。

【训练七】 好奇害死猫

好奇心杀死猫其实是源于西方谚语：Curiosity killed the cat. 西方传说猫有九条命，怎么都不会死去，而最后恰恰是死于自己的好奇心，可见好奇心有时是多么可怕！

其实不是真的讲好奇心把猫杀死了，而是说好奇心可能使自己丧命！在实际的用法中也并没有丧命那么严重，但起码是告诫人们好奇心要有一定的限度，否则会有危险。它告诫人们过度的好奇心可能会带来危险。和很多谚语一样，这句话也有局限性。

记得有这样一个笑话：一个人从街上走过，看到有好多人围观。于是在好奇心的驱使下，他也想上前去看看是什么事情。可是任凭怎么挤，他都无法走近。越是看不到他越是好奇，这时，隐约中听到别人说里面出车祸了，还有什么快死了之类的话。于是他就高呼：“大家让一让，里面出车祸的那个是我老表。麻烦大家让开让我进去。”结果他在人们的惊讶中挤了进去，没想到靠近一看，里面躺着的是头驴。顿时围观者充满了嘲笑。这个人就是明显因好奇心而招致羞辱，竟和驴攀起了亲戚。可见，这好奇心不是一般的害死猫啊。

但有时，好奇心不一定只会让我们吃亏。大科学家牛顿就是对什么事都好奇，对每样事物的详细内容都刨根问底。也就是这些好奇心他不断地进步，终于成了世界杰出的科学家。

所以好奇害死猫一方面告诉我们好奇心的可怕，一方面又不想失去好奇心这个使人类不断进步的催化剂，就如同告诉你，刀越锋利越是一把好刀，但它也就更具危险性一样。我们可以肯定的是，好奇心永远是人类内心无法驯服的怪兽，它可以让人发明火药，也可以把它变成杀人工具；它可以创造出无穷的能源，也能使人类自我毁灭。好奇害死猫并不是让人们拒绝好奇心，而是提醒人们要正确运用人类的智慧。

所以我们大家应该正确地对待自己的好奇心，不能盲目地被自己的好奇心牵着鼻子走。

三、社会热点题目训练

【训练一】　别让老人掉进“情感营销”陷阱

近年来，各种各样的保健品营销乱象层出不穷，受害者中多是老年人，他们迷恋保健品而放弃正规医院的治疗，以致遭受钱财损失甚至付出生命代价。今年的央视“3·15”晚会就报道了一位老年人掉进保健品营销陷阱的案例，可悲的是，在电视台曝光之后，那位老人仍然对骗局深信不疑。由此可见，保健品营销乱象的流毒之深。

其实，出现这些现象的原因是：一些商家卖的是保健品，但“卖点”还在于“保健知识”和“亲情关怀”。而这正是许多老年人发自心底的呼唤。现实的无奈是儿女们忙于工作和各种事情，有时会疏于对父母寂寞心情的抚慰，“常回家看看”成为奢望。这为无良商家提供了可乘之机，一些售卖保健品的商家大多擅长利用老年人的孤独心理，大打亲情牌，“叔叔”“阿姨”挂在嘴边，“爷爷”“奶奶”叫个不停。这种披着亲情外衣的“情感饥饿营销”，对老年人往往具有很强的吸引力和迷惑性。

所以我认为，治理保健品营销乱象，需要相关部门、社会和子女的共同努力。相关部门应理顺机制、形成合力，在创新中加强管理。对于各种打着免费旗号的义诊、体检等活动，必须强化监管，防止老年人上当受骗。各类媒体上的药品和保健品广告，是老年人获取信息的主要渠道，应加大这方面的监管力度，社会应多开展一些宣传科普知识的活动和有益于老年人身心健康的活动。

一方面加快医学知识普及，加强老年人保健服务；另一方面满足老年人的情感需要，这样才能对保健品营销乱象釜底抽薪。而我们作为子女应多抽时间陪陪父母，经常带他们出去玩，让父母颐养天年。

只有多方共同努力，才能为老年人创建一个安度晚年的良好生活环境。

【训练二】　　文明旅游让中国春节更有魅力

每一个出境游客都是中国形象的代言人。世界各国人民如何正确看待中国，深度了解包括春节在内的中国传统文化等，很大程度上取决于每个出境游客的一言一行。

国家旅游局21日称，16日至21日，中国出境旅游团队数量为6621个，出境游客超过14万人，赴香港和澳门旅游的人数分别超过32万人次和23万人次，赴台团队达1.74万人次。国家旅游局表示，目前没有监测到有关出境旅游不文明行为的报道，虽因冰雪延误了多个航班，但游客也没有出现不文明行为。

春节假期还没过完，国家旅游局就“匆匆”发布这条“喜讯”——目前还没有监测到有关出境旅游不文明的行为。这么多人置身于异国未出现不文明行为，不能不令人感到欣慰。这样的成绩来之不易，虽说不是今年春节出境游情况的最终报告，但也可使中国人受到极大的鼓舞和鞭策，说明我国出境游客的国家意识和文明意识正在增长，也说明国家有关旅游方面的法规制度正在生效。尤其是分级建立游客不文明档案，将不文明的旅客拉进“黑名单”，一定程度上具有约束和震慑作用。

文明旅游关乎国家形象，体现公民素质。不能不说，当下文明旅游还没有成为广大游客的普遍习惯，一些不文明行为时有发生。就拿坐飞机这件事来说，个别出境游客就曾留下过令人不齿的记录。春节前，媒体曾报道了这样一则消息：杭州“80后”夫妇方女士一家要去伦敦旅行，他们的行囊中有一件特别的行李——为避免18个月的女儿在飞机上哭闹影响其他乘客，准备向邻近旅客发放的手绘“致歉卡”。有评论倡导，走出国门，如何表达我们的热情和善意，这是一个技术活儿，得学！

旅客们在出行时应该注意遵守相关景点的规定，注意个人的言行举止，学会维护自己和他人的权利，做一个文明的旅客。相关景点也要给旅客们提供更多的便捷，让旅客们的旅行更加快乐。要举办特殊节日下的活动，给旅客们创造节日的旅行氛围。相关部门应该加大对违规行为的打击力度，规范景点及周边产业的服务。

春节出境游的特殊性，要求游客应具有良好的文明素养。一是因为举家出境过大年，“三代同团”特征突出，长辈为小辈应更多地体现出以身示范的文明传承；二是因为春节是美好的、欢乐的、幸福的，文明出游无疑会让中国春节更有魅力!

【训练三】 把老人“棺材本”搭上买学区房值吗

教育资源的分配正义，一直是公众舆论所热议的话题。日前，广州市天河区教育局公布了今年该区的部分小学招生地段，令不少业主大跌眼镜。有业主惊呼，花近700万买下的学区房，最后竟然是“竹篮打水一场空”。最终，多花了100多万的业主，以公开抗议的形式表达了对开发商和教育部门的不满。然而，由此事而引发的争议颇为复杂，对于为此付出代价的业主来说，最可怕的是难以精准定位真正的抗议对象。

对学区房的购买者而言，在目前情况下既有教育上的考量，也可能存在投资上的判断。毕竟，在优质教育资源不但稀缺，并且分布不平等的情况下，优质学校的学区价格投射在房价上。由此，给开发商带来了商机与推广的理由，也让许多人为之疯狂。所谓行政资源分配的体现，学区房的概念算是一个典型案例。

在楼市不温不火的时期，学区房近乎一枝独秀的表现，均让许多作为孩子父母的购房者面临着下述困境：买早了怕以后学校人多会分流，会落空，买晚了担心买不起。但是，孤注一掷的业主们，也极易在矛盾中将自己推向极端境地。在700万元学区房被微调出原有学区的案例中，将家中四位老人的“棺材本都搭上”的做法，等于让全家的命运捆绑在一套学区房上。“700万元打水漂”的说法虽然过于夸张，但如此做法，一旦失算，生活难免起大的波澜。

就在前日，天河区教育局负责人便公开表示，教育部门是依据每年多次摸查的户籍人口数划分地段进行微调，由于户籍人口是动态的，很难提前预测地段范围，也从来没有与开发商签订过关于学区的协议。所以，从政策回应来看，所有的“保证”都是一种忽悠，都无法令人信服。不过，在具体的购房合同中，如果无法标明学区房一事，这一点对于业主后期的维权而言，将大大增加了难度，实为悲惨。

苛责业主们太过极端，显然是未能出于同情与理解的姿态去体察，对于解决教育资源优化分配的目标亦无济于事。需要注意的是，能够决定对学区微调的机构，有必要在这一场争论中被好好检审。如果承认好的学区是一种优质的公共品，那么其分配就必须遵循“公正”的原则。何谓公正？简单的平均分配，或者抽签摇号并不意味着公正。例如，根据公立学校经费的来源确立生源，这是一种体现公正的方式。现实中，家庭纳税与学区挂钩的观念和制度并未确定，所以这样的方式难以操作。

目前最普遍的方式，是就近入学原则，即学区的概念。这一体现公正的方式，因为衍生出了学区房的现象，导致学区内的房价猛涨，带来了新的困惑。

更重要的是，每年学区都要进行一定的“微调”，这些微调不仅有地段的调整，还有户籍情况（甚至家庭成员户籍情况）、居住年限，以及入学名额限制等方面。一旦微调，影响者往往经历巨大落差。

微调的主体，以各区教育部门为主，偶有学校本身也可能作出调整。尽管每一次调整都充斥着各种理由，但公共品的分配却总给人以“单方面决定”的印象。教育局或学校内部的“自由裁量”，因为缺乏完善的程序，给了开发商和许多中介从中误导甚至欺骗的空间，最终让苦命的家长们不堪重负。当然，稀缺资源的公正分配一直是一大难题，如何在程序设计上制造各方同意的基础，这是避免极端案例的较优选择，也是老大难的优质公共品分配需要探究的方向。

【训练四】 现在的教育就是逼妈妈辞职回家

《中国青年报》最近刊发一名三年级小学生妈妈的文章《教改不能预设孩子背后是全职妈妈》，文章感叹“现在的学校教育是在逼着其中一个家长辞职回家”。报纸配发评论指出：“我们有一些教育改革，实施前并未进行深入的田野调查和周密论证，而是由一些专家、官员闭门造车，以西方特别是美国教育为样板设计出改革方案，有些改革措施理论上可行、也有针对性，却不接中国的地气，实施下来就成了南橘北枳，最后不了了之。这种脱离实际的教改，虽然是出于一片好心，有时却不得民心。”

舆论认为，目前的“教改”都是以美国教育为“样板”设计出来的，比如，学生下午两三点就放学，回家不布置作业等等，但我国现在没有完备的校车系统、没有那么多全职妈妈，学生升学压力又沉重，因此水土不服。而其实，这些“教改”只是与美国教育“形似”，而教改最重要的是借鉴他国先进的教育管理制度、教育评价制度和办学制度。不在教育管理制度、评价体系上进行根本改革，却在原来的制度上嫁接上一些国外教育的概念，这才是出现“南橘北枳”的根源所在。

比如，美国实行学区制，学区建有学区教育委员会，负责制定学区教育发展战略，每所学校内有教师委员会和家长委员会，家长委员会有权参与学校办学管理、监督、评价，甚至可罢免不称职的学校校长，决定公办学校是否关闭。学校的很多与学生利益相关的政策，都是由社区教育委员会、家长委员会共同审议、制定的，因此，在制定政策时，必须充分听取各方意见，并将意见纳入决策。

可是，我国的教育管理、决策，却是由行政部门主导，没有社区教育委员会，家长委员会就是有，也发挥不了多大作用——近年来，我国中小学也在成立家长委员会，可家长委员会既不是民主选举产生，也不独立发挥作用，与美国学校的家长委员会的功能是很不相同的。于是，决策不乏拍脑袋之举。

像下午三点放学，取消学校晚托班，就是十分典型的行政决策。概念与国外相似，可实质却大相径庭。学生放学后的晚托班，以前一直被质疑为乱收费和补课，因此，政府部门一刀切取消，也给很多家庭带来麻烦。这在民主决策中，根本就不是什么大问题。如果大多数家长希望学校保留晚托班，那么，学校就应该保留晚托班。对于保留的晚托班，老师的加班费，可由财政埋单，这也就解决了以前晚托班的乱收费问题，另外，晚托班给学生设计的活动，也可在家长参与管理、监督中，确定为发展学生的兴趣，防止利用晚托班给学生补课。从去年起，我国一些地方恢复了晚托班，采取的就是政府财政埋单，家长委员会参与管理、监督的办法。

类似的只有其形而无神的“教改”，还有很多。诸如义务教育教师实行轮换制，这也是借鉴发达国家的做法，可是，我们只借鉴了轮换，却没有借鉴实行轮换的最基本制度——国家教育公务员制和教师同行评价机制。国家教育公务员制，是把义务教育教师纳入公务员序列管理，因此作为教育公务员，教师在享有待遇的同时，必须履行轮换的责任；而且，由于教师薪酬标准相同，且乡村教师收入高于城市地区，因此，轮换也能建立起长效机制。教师同行评价，是用教育标准对教师的教学能力、教育贡献进行评价，不受行政因素影响，在我国进行教师轮换时，一些地方教育部门、学校把轮换到边远、薄弱地区的学校作为惩罚“不听话”教师的一种手段，把轮换变“流放”，这显然背离了轮换的初衷。

教改，最根本的在于改革教育管理制度、评价制度，制度不进行改革，只是在原有制度框架中，移入一些国外“先进概念”，是很容易发生变异的。包括高等教育，在目前的办学制度下，引进海外优秀人才、教材和课程，都可能被行政化和功利化的教育扭曲。社会舆论和家长对此要有清晰的认识，知道问题究竟出在哪里，进而努力推进实质性的教改。现代化的教育，需要的不只是现代化的概念，而是现代办学制度。

【训练五】 老年漂，不止寂寞待安放

所谓的老年漂，就是父母跟着外出务工的子女一起出外，然后跟着子女在外地生活，这在现实社会中我们经常能够看到。比如在火车上，比如在一些地方的居民区，那些老人们只是负责子女的生活起居，或者是照顾他们的子女，时间长的话会给这些老人们造成一定的心理疾病。就像他们劳动了一辈子根本闲不下来一样，有时候父母们如果不说的话，我们或许根本就意识不到。那么之所以会造成这种现象，有可能是子女担心父母们在家里吃不好，穿不好，在家里会受欺负一样，同时感觉家里的条件不如外面的，所以就把父母接到外面和自己一起住；或许是当地的社会条件不好，导致父母们想要离开家。

就像我们耳熟能详的广场舞一样，都是由一些大妈们组成，她们在把家务活做好以后能够干什么呢？她们也需要朋友，而广场提供给了她们一个交友平台，舞蹈也给了她们一个交友的借口。但同时广场舞给我们造成的社会问题也困扰着我们，其实我们应该知道，如果把广场舞取缔掉，那么这些心灵寂寞的老人怎么办，怎么安置他们，难道让他们整天都待在家里吗？显然不能，所以我们一定要找到一种方式来使这些老人心有所属，就像现在国家修建的一些娱乐设施一样，就是一种给老年人休闲的地方，但是这种设施只是杯水车薪而已。改革开放以来，我们国家自从实施计划生育政策以后，越来越多的思想观念深入人心。比如现在的许多年轻人，不再要那么多的孩子，甚至有的地方还出现了“丁克族”。这些现象在以前是完全不会出现的，但是在现在我们几乎看不到那种一个父母有超过三四个孩子的现象。

所以说希望社会能够修建一些娱乐设施，使那些老人能够有幸福感。同时，也希望子女们能够体谅到老人们的心情，尽孝心要真正帮助到老人。其实我们在老了之后，也是希望子女能够这样体谅我们。所以老年漂现象一定要及时处理，他们在奋斗了一辈子之后只想享享清福，不再希望漂泊流浪，只希望让自己能够找到一个地方安享天年，所以老年漂现象不只是寂寞，还有一个可以安放的位置。

【训练六】 老年大学受热捧揭示“精神空巢”问题

当前我国正处于社会转型期，“空巢老人”成为现阶段不可避免的发展问题。我国已出台相关法律政策保障老年人的物质生活，但“空巢老人”的精神诉求和精神赡养得不到满足，以致引发很多社会问题。

2015 年 6 月 27 日，金陵老年大学开始招收 2015 学年的老年人入学，虽然报名工作下午才开启，但是有数位老人在前一天夜里就冒雨赶来报名。报名当天有数百位老人排队。不仅如此，数位成功入学的老人“不愿”毕业，甘做“留级生”，想尽办法留在老年大学，最长的已经留级 20 年。

说白了这些老年人甘愿“留级”不断学习，与其说是为了“活到老学到老”，不如说是为了消除精神上的寂寞和内心的孤独。在老年大学，可以交到很多老年朋友，学不同的课程，丰富精神生活，以抵御独自居家的空虚和落寞。老年大学的意义不仅仅在于教授唱歌、跳舞、电脑技术，而且成为一个交友平台和心理疏导平台，老年人可以找到归属感和集体感。但是，老年大学“只入不出”的状况会带来众多问题，一方面渴望入学的老人越来越多，而毕业的老人却在减少，造成老年大学人满为患，无法满足更多人的需求。

老年大学热反映出在应对老龄化社会的过程中，“精神空巢”问题浮出水面，如不加以重视并设法解决，问题恐将越来越严重。关爱老人应当在“精神赡养”方面增加关注度和政策设施投入。

很多年轻人关心父母、尽孝道的方式往往偏重物质付出和金钱的满足，政府在落实“空巢老人”问题上也更偏向于医疗保障、社会养老保障等物质诉求，这样虽可以保障家中老人晚年生活无忧，但是“老有所养”以后，“老有所学”“老有所乐”成为问题。很多老年人身边无人陪伴，精神空虚寂寞无以排解，对身心健康极为不利。

近些年老年大学的兴办是一种很好地解决老年人精神空虚的措施，但是公立大学数量少，投入不足，民办大学营利性不足，无力扩大规模，这都造成了老年大学难以满足需求，“精神空巢”问题亟待解决。

在我看来，想要解决这些问题，让老年人老有所乐还需要政府对老年大学加大政策扶持力度，增加财政投入。在城乡各地区扩大公办大学校区建设，增强师资力量；对于民办老年大学给予财政补贴和免税政策，鼓励社会资源办学。民政部门和基层社区应定期组织开展适合老年人参加的文娱活动，丰富老人生活。社会公益团体应发挥社会力量，营造“关爱老年人精神需求”的社会氛围，组织开展老年社团等文化团体，培养志愿者定期开展活动。

年轻人不仅要保障父母的物质需求，同时要关注老人的心理状况和精神需求，“常回家看看”，多陪老人说说话聊聊天，加强情感交流和互动。

【训练七】　留守儿童内心的情感缺失需要关怀弥补

随着城市化进程的加快，大量的农民进城务工，越来越多的农村孩子成为留守儿童。数量庞大的留守儿童需要受到帮助。

一名大二的学生自述在她10岁时，父母离开故乡去广州打工后，她作为一名留守儿童的情感与生活经历，而时至今日她仍然不能很好地调适自己与父母的情感。

留守儿童是我国社会转型期的一个特殊群体，他们本身面临的问题复杂，而当前一些帮助他们的措施还存在不完善的地方。孩子是祖国的未来，人口庞大的留守儿童，今后将对国家的进一步发展影响重大。

留守儿童的问题比较复杂，要根据每个地区本地的实际情况制定相关的政策来解决留守儿童面临的困难。比如政策制定时需要考虑到留守儿童的数量、当地的文化条件，以及经济水平等等。长期的离别造成亲子教育关系的断裂，而其他各种教育都无法弥补，各种宣传来强调留守儿童的特殊性，把他们作为另类的人群对待，更加深社会的刻板印象。多方面的原因造成的留守儿童问题更加严重

面对这些问题，在我看来首先应该是各级政府完善相关的配套政策，实行减轻经济困难的地区儿童入学成本，为数量庞大的留守儿童地区建立专门的

“幸福驿站”等。值得注意的是，切不可将留守儿童问题用同一模式固化地去解决。重要的还是政府和民间团体引导外出打工的父母重视与子女的情感沟通。唯有让外出务工的家长提高认识，使其真正理解到亲子感情对子女成长的关键性，使父母能真正关心子女的生活和学习，不仅仅是从浅层关怀子女的经济需要，更要在情感上投入，对子女“嘘寒问暖”，深层次关心孩子情感的需要。而对于社会来说，应该加强宣传，树立正确的价值观，构建有利于留守儿童成长的环境因素。无论是家庭还是学校，都应平等地看待孩子们，“无意识”环境更有利于留守儿童的成长。

“润物细无声”的关怀，是对留守儿童最好的保护，给予他们无私的爱和关怀，让祖国的花朵更好地绽放。

【训练八】 “奇葩证明”如何才能绝迹

“活生生的人在你们面前，还要派出所开具健在的证明，有必要吗?”“老百姓买房也要无犯罪前科证明，难道有犯罪前科的就不可以买房吗?”“一个小证件增加不必要的麻烦，还是多为老百姓办点实事吧!”……近日，不少地方派出所的集中“吐槽”，让“奇葩证明”再次成为舆论焦点。

客观上讲，“奇葩证明”的原因，一方面在于，政府手上的审批事项依然较多。比如，按照规定，开商铺办理营业执照，的确需要“不扰民证明”；进行教师资格认定，也的确要有“无犯罪证明”。另一方面则在于，政府部门之间，存在严重的信息壁垒。信息互不共享，各部门就成为一个个“信息孤岛”，彼此之间只有通过纸质的证明，才能验证事实的真实性。而在各地，这些部门又相对分散，于是，群众只能“来回跑”。一项调查表明，在过去的一年，百姓办一个手续，有近13%的人跑了10趟以上，而3趟以下就办完的，不到1/3。

信息多跑路，群众就能少跑腿。让“奇葩证明”成为过去，除了要厘清哪些审批权力是政府该保留的，哪些该砍掉，更要在行政管理上“合并同类项”，用信息化的手段连接“信息孤岛”。比如，为何不考虑合并办事窗口，实现“一站式办公”，让群众即使要盖章，也少跑几段路？是否可以建立信息数据库，并通过互联网共享，实现“一证行天下，一网查所有”？再比如，能否逐步建立起居民信用体系，强化整个社会的诚信意识，为“奇葩证明”的减少奠定社会基础？

当然，即使“硬件”跟上了，“软件”跟不上，也不行。政府施政要义，在于以敬民之心行简政之道。中央一再要求简政放权，为啥还卡着一些审批事项不放？简单就能判定的事实，为啥还要让群众“跑断腿”？无敬民之心，则无便民之行。说到底，“奇葩证明”的出现，根子还是在理念上。因此，让

“奇葩证明”绝迹，根本还是要做到人性化的服务，尤其是政府在设定审批事项、设计办事流程时，要从人性的常识出发，不是囿于自己的“一亩三分地”，以管制思维行事。在权力做“减法”之外，在服务意识上做“加法”，变政府“端菜”为群众“点菜”，才能真正减少令人哭笑不得的证明，让老百姓少一些“证无可证”的无奈。

其实，杜绝“奇葩证明”的背后，是如何让政府工作人员和人民群众的关系更融洽，这在本质上也是一个人与人如何相处的问题。正是在这个意义上，世人的发问，值得每一位从政者深思。

【训练九】 老年环卫工如何老有所依

最近，陕西西安某街道办将23名超过65岁的环卫工人集体辞退。收入中断，保险不足，这些高龄环卫工的生计顿显艰难，他们的境遇也引起关注。

对用人单位来说，做出这个决定可能很无奈。一方面，由于高龄劳动者的身体状况，从事环卫等工作确实存在安全隐患——此次集体辞退，据说起因就是一位67岁的环卫工在高温作业时晕倒了；另一方面，环卫工作招人难、强度大、待遇低，年轻人不愿干，工人老龄化现象突出。辞退工人后，街道办也面临人手不足的难题。

对老龄环卫工来说，这是个沉重的话题。本该颐养天年的年龄，却出于生计所迫，拾起了年轻人不愿去做的体力活，这在环卫等行业正越来越普遍。有调查显示，环卫工人年龄在55岁以上的达35%以上。然而，现有的劳动就业和社会保障政策设计，对高龄劳动者相当不利。比如就业，超过一定年龄的劳动者只能签劳务合同，存在“同工不同酬”现象，且一旦发生意外事故，无法纳入认定工伤保险的范围。养老保险也是如此，不少老龄工无法参保，或只能按政策规定参加城乡居民社会养老保险，与职工养老保险相比，相差较大。

更为现实的问题在于，高龄劳动者的比重和人数还在与年俱增。就拿高龄农民工来说，2013年全国50岁以上的农民工超过4000万人，2014年则接近4700万人。他们大多在一些急难险苦的岗位上工作，也面临着西安环卫工一样的尴尬处境。

老年人拥有就业意愿，并不是什么需要加以阻止的“坏事”。从劳动力市场结构看，高素质、高技能的老年人才有助于缓解就业结构失衡问题；文化程度不高、缺乏专业技能的老人，只要身体条件允许，同样也可缓解劳动力不足的问题。如果用更积极的眼光看，这也是延长社会人口红利、抑制老龄化社会弊端的途径之一。事实上，许多国家也都面临着劳动力普遍高龄化和养老体系代际压力增长的状况。所以，对未富先老的中国来说，如何给忙碌在工作岗位上的老年人更多的制度关怀和保护，怎样保障老龄劳动者的权益，才是当前最为迫切的课题。

既然苦累差的环卫工如此难招到人，可不可以在待遇、福利上更加倾斜，提高职业吸引力？既然高龄农民工已成庞大群体，能不能探索完善针对高龄农民工的社会保障模式？既然现实中老龄劳动者的权益难以保护，相关政府部门和社会组织能否加大力度为他们维权，给他们更多的人文关怀？在应对人口老龄化挑战的征程上，政府部门不仅不能是一个坐在路旁晒太阳的旁观者，而且必须成为拥有远见卓识的战略家，还必须是一个想到就落实、说到就做到的实干家。

有消息称，今年8月1日起，全国老龄办开始进行第四次中国城乡老年人生活状况抽样调查。调查的一个重要目的，是要加快老年人社会福利和保障体系建设、改善老年人的民生。希望在不远的将来，老龄环卫工人的境遇能得到改变，老年人的就业问题能得到更好的安排，更希望所有老年人老有所养、老有所依、老有所乐、老有所安。

四、新闻事件题目训练

【训练一】　　女大学生撞人说谎：不妨善意揣度

安徽省淮南市公安局昨天通报了淮南师范学院女生袁某扶老人事件调查的结果。经警方调查证实，袁某骑车经过桂老太太时，相互有接触，警方认定系一起交通事故，女生袁某承担主要责任，桂老太太承担次要责任。

9月8日发生在淮南师范学院门口附近的这起交通事故，从女生袁某发微博称扶老人被讹，求目击证人为自己证明清白开始，就引起社会舆论的高度关切。袁某讲述的自己的遭遇，符合近年来社会上讨论、反思的“扶老人被讹”的故事框架，一下子引起舆论的强烈共鸣，激发了很多人心中的道德义愤。人们一边慨叹“世风日下”“做好事风险大”，一边对被扶的桂老太太一方加以谴责，认为老人如此反咬一口恩将仇报十分可恶，有人甚至要求对讹人的老人依法惩处，让其付出应有的代价，云云。那个“扶老人被讹”的故事框架，为人们预设了某种“惯性思维”，每当出现一起扶老人引发的纠纷，很多人就会先入为主地相信，扶人者肯定是无辜的，被扶的老人肯定是故意讹人，并将这一起纠纷，视为“世风日下”“好人难做”的又一个例证。

淮南市警方认定系一起交通事故，扶人的女生袁某承担主要责任，被扶的老人承担次要责任。因为现场没有监控视频，无法还原事发时的具体情况，但警方通过向多名直接和间接证人取证（包括120急救车医生在内的几名证人均表示，当时看到袁某承认自己骑车撞倒了老人），获取的证言形成了完整的证据链，足以证明当时袁某和老人“相互有接触”。应该说，警方对事故责任的分配是比较客观的，之所以认定老人也要承担次要责任，是因为老人当时走上了非机动车行驶车道，存在违反交通法规的行为，自身对造成事故也有一定的过失。

对于扶老人引发的纠纷，最可怕的不是当事某一方说谎，也不是情况太复杂以至于迟迟不能求得真相，最可怕的其实是，舆论无端猜测甚而恶意揣度当事人的心理动机。假如警方查实这不是一起交通事故，老人的确是自己摔倒的，却一口咬定是被袁某撞倒，那么，许多人不但要为自己的“惯性思维”再次得到警方调查结论的证实而倍感“欣慰”，而且还要进一步理直气壮谴责讹人者，要求法律加大对讹人者的处罚力度，以此警示社会公众，更好地保护见义勇为行为，让好人做好事无后顾之忧。

我愿意相信，在一些被扶老人“讹人”的案件中，除非有充足的证据证明老人是故意讹人（如老人有充分的条件看见或意识到，自己是摔倒而非被撞倒），否则就不能排除，有些老人摔倒后意识模糊，高度惊恐之下出现误记、误判或错觉，他们“讹人”未必有多大的实际恶意。同样，我也愿意相信，女生袁某撞老人后说谎，称自己是扶人被讹，除非有充足的证据证明她是故意说谎，否则就不能排除，袁某有可能是没有明显感觉到自己撞了老人，但在看到老人倒地并扶起老人之后，内心十分惊恐惶惑，对自己到底有没有撞到老人没有把握，因此出现了先承认自己撞了人，后来又矢口否认的变化，她的说谎未必有多大的实际恶意。

不妨以善意揣度“老人摔倒被扶后讹人”，也不妨以善意揣度“撞人者说谎”，事实真相未必有我们想象的那样严酷残忍。多一些善意的揣度，社会可能就会多一些宽容和信任。

【训练二】　演练致学生受伤，责任在谁

据报道，近日，甘肃天水逸夫实验中学防火防空应急演练时，为模拟火场真实效果，在教学楼内释放大量烟雾。由于烟雾过量，疏散过程中大量学生吸入烟雾，出现休克、呕吐、抽搐等症状。事发后学生被紧急送医院救治。

隐患险于明火，防范胜于救灾。从提高公众消防意识、强化逃生技能的角度来说，经常开展各种形式和规模的消防演练活动，无疑十分必要。对于演练中发生的意外，很多人称之是“演练不当”；而我却以为，如果真为演练效果和作用来考量，倒更应该从“准备不周”方面去反思。

毕竟，对于这场消防演练，以及“烟雾来袭”，校方是能够“未卜先知”的。那么，此前的组织安排中，学生们是不是“听过算数”，或者说有没有向其发放足够的湿毛巾，以及他们在演练中做没做到了“按规则逃生”等，这才是问题的关键所在。

消防演练不是“消防演戏”，至少应让许多人懂得和掌握“不要慌，捂口鼻，弓下腰，蹲着走，护住头”等的消防逃生诀窍。那么，演练中“烟雾太大”熏倒学生，或属“操作不当”，但也理应想到：真有险情发生的时候，烟雾还会“控制”在适当的浓度吗？因而我们应该探究的是，学校是如何指导学生们“正确逃生”的。

记得去年4月，浙江鄞州某电器厂发生火灾，最后仍有3名女工因被困火场没法脱身，盲目跳楼导致受伤。事后有员工告诉记者，他们进厂3年从未参与过消防演练，起火后也不知如何正确逃生。

由此可见，重视消防演练，至少要做到两个方面：一是组织去“练”，二是认真去“练”。学校和各单位也应当多对学生或员工普及相关知识，否则的话，演练灾情稍微模拟得“逼真”一点，装模作样的“准备预案”就会现出原形。

【训练三】 别让留守儿童成为时代伤口

在湖南邵阳县，有一个“无妈乡”，仅义务教育阶段，在校学生中就有132个孩子处于“失母”状态，他们中很多人几乎记不得妈妈的样子，或者根本没有印象。

悲剧似乎总爱扎堆，带给人们的悲戚还未远去，“无妈乡”的新闻又让人猝不及防。有学者说：留守儿童现象的产生，与其说是家庭的分离之痛，不如说是中国现代发展之殇。留守儿童的抗风险能力最弱，也容易被伤害，因此他们需要社会的帮助。

对于这些不幸的孩子，我们不能止于同情或者居高临下的怜悯。要化解他们的不幸，国家则需要缩小城乡差距，也需要权利平等并给予充分的人文关怀。城市也必须反哺农村，而不能再扮演抽水机的角色。同时，对于留守儿童要有针对性的关爱，而不是单纯性地将其放在可怜者的位置。给底层的孩子应有的权利，他们才会多一些改变命运的契机。

今天，我们审视留守儿童的不幸，要有更广阔的视野，也要有更细腻的人性。别让留守儿童成为这个时代的伤口，更别让伤口迟迟愈合不了。

【训练四】 儿童热死车内：别忙着提“严刑峻法”

近一期间，各地发生了多起儿童被遗忘在汽车内而死亡的悲剧。有律师认为，监护人已符合“过失致人死亡”的构成要件，但是没有刑事追究。

首先，我们要承认在未成年人保护方面，发达国家的未成年人保护机制比中国更成熟，值得借鉴。但是悲剧发生了，就要“一步到位”用刑罚来解决问题吗？

汽车进入中国家庭只是这十年来的事，中国的汽车化还是落后。相当多数人并没有意识到孩子被关到车内，这是集体知识的短板。而汽车儿童安全椅，未成年人不能坐副驾驶位置等汽车安全知识，都需要花大量的社会资源来进行科普教育。

刑法作为直接剥夺公民人身自由的惩罚，不适宜随意使用。儿童频频死于汽车的悲剧，让公民揪心。首先，公民要补“汽车文明”这一课，让全社会都认识到“汽车关孩子”的严重后果。其次，对于忽视儿童的违法犯罪的惩戒，要与整个未成年人保护机制协同发展。在中国这个未成年人保护事业刚刚起步的国家，不宜片面地谈“严刑峻法”，而应该多方面地协同配合发展。

【训练五】　怎样还“嫁给大山的女人”以正义

2006 年“感动河北十大人物”郜艳敏是一名被拐卖女子进入深山后成为山村唯一一位女教师。在深山中生活了 21 年所遭遇的不幸，不仅是她本人痛苦不堪的回忆，也是当地众所周知，但拐卖她的人至今仍然逍遥法外，没有任何人对施加给她的伤害承担过任何法律责任。

郜艳敏是故事的确足以“感动河北”，可评选机制在分享她带来的“正能量”之余，有没有真正关注过她同时也是一桩拐卖案的受害者，是需要被救助的对象。在救助被拐卖妇女的案件中，大都以“烂尾”而结束。近年来打拐是备受关注的社会热门问题，公安部门也部署了多项打击工作，多以失败告终。

郜艳敏的曲折人生，让我们不得不去思考：怎样才是被拐女性最好的救赎？最理想的状态当然是及时解救。公安部门要建立完善化、系统化、具有针对性的救赎体系。

【训练六】　女司机被打：拿什么打出交通文明

5 月 3 日发生在成都的女司机变道引纠纷遭暴打事件，这几天仍在继续发酵。网上的意见主要分为两派：一派谴责打人的男司机张某，认为女司机卢某虽然有大幅度变道、别车等过错在先，张某也不能对她施以疯狂殴打；另一派认为卢某在高速公路强行变道极具危险性，在辅路与张某互相斗气、挑衅更是错上加错，这样的人就是该打。

在“中国式行车”中，克制、忍让、大度是多么稀缺的美德！每当发生别车、剐蹭之类纠纷，先不论主要过错在哪一方，或具体的责任如何划分，涉事双方都会下意识地认为，如果自己表现得不够强悍，对方就会认为自己胆小软弱、没有经验或没有“背景”，对方就会当场耍横施暴，或接下来通过各种“运作”，得心应手地欺负自己。在对峙过程中，双方都怀有一种深重的焦虑，特别是最初占理的一方总会担心，如果我保持理智和克制，向对方表示忍让和大度，但对方不但不领情，反而可能得寸进尺变本加厉，并且不会受到任何惩罚和追究。这样不但我要吃大亏，而且还会进一步助长对方的嚣张气焰。

因为担心大量不文明交通行为和违法交通行为不会受到处罚，有人就自己动手对这些行为实施“打击”。为避免这种不合理的“打法”，亟须完善交通立法，加强交通执法，让人们相信并看到，不文明交通行为和违法交通行为必将受到法律的惩罚。因此，其他人无须与不文明交通行为和违法交通行为的当事人斗气较劲，更不必对他们饱以老拳。

【训练七】 导游谩骂游客背后的旅游业危机

五一小长假期间，云南再爆导游谩骂游客事件，当地一位导游因为嫌游客购物少而大发雷霆，大骂游客没良心、不要脸，被游客偷拍视频后曝光。云南旅游执法总队已经通报，拟吊销涉事导游的导游证，拟责令旅行社停业整顿，并对旅行社负责人罚款 2 万元。

旅游业作为一种“无烟工业”，在中国已得到了充分的开发，并且已经实现了高度的市场化。但是，作为消费者的游客对于中国旅游市场的评价却不高，除了每逢节假日每个景点都要遭遇的拥堵之苦，最常听到的便是导游经常将游客拉到购物市场，景点游成了购物游，使游客的舒畅心情被破坏。近年来，由于游客普遍对购物已经厌倦，因此导游与游客之间的矛盾经常出现，突出的便是导游对坚持不购物的游客破口大骂。这种状况并不是在今年才出现，也不是仅仅发生在云南，而是成为几乎每一个旅游团队的常态。

中国成规模的旅游市场兴起于 20 世纪 80 年代，其时不仅民众的物质生活还不够丰富，更重要的是由于商品自由流通市场还未建立健全，因此游客都喜欢趁着旅游的机会购买一些平时见不到的景点所在地的土特产。由于市场的不规范，当地商家为了推销自己的产品，用回扣作为诱饵拉拢导游，以此来吸引游客购物。这种模式渐渐形成了行业规则，并从潜规则演变为明规则。同时，随着国内旅游行业的高度发展，行业内部的竞争越来越激烈，不断以压低价格来吸引游客，有的旅游企业推出的线路、价格奇低，扣除必要的交通食宿支出，不仅无利可图，甚至必然会出现亏损，其奥妙就在于通过游客购物回扣来产生利润。很显然，这是一种畸形的行业经营模式，是中国的旅游市场潜在的深刻的危机。

不断发生的导游与游客的争吵、谩骂，确实有导游素质低下的因素，但更重要的还是在于旅游行业扭曲的经营模式使旅游从业人员的心态出现了扭曲，而这种扭曲的背后则表明，整个行业都以不计利润的低价来展开竞争，对这个行业无异于自杀。旅游企业应该看到这种危机，开发优质深度游之类的旅游模式，合理收费，重塑与游客的良好关系。对于旅游市场的管理部门来说，在严查谩骂游客的不文明导游的同时，还应该正视这个行业扭曲的经营模式。对于那种以低于经营成本的价格拉客的经营模式，应该视为不正当竞争，依据相关法律进行监管，让旅游市场恢复到正常的业态。

【训练八】　豪华公厕　过度超前反受其累

南京市夫子庙秦淮风光带里一座占地100多平方米、耗资40万元的“四星级公厕”，因为设施高档曾经引起全城的轰动，可是现在却呈现破败的景象。

液晶电视收了起来，仿红木桌椅用铁链锁了起来。空空荡荡的豪华公厕徒有其名，原来建个豪华公厕是为了彰显城市品位、文明程度的，现在正面作用没起到，负面作用倒十分明显。

适度超前能引领文明，比如这厕纸、洗手液，很多城市刚开始免费提供时，效果也不好，有被浪费了，也有用不完带着走的，现在情况要好很多。这一方面是因为文明素质在提高，大家都看清楚了与人方便与己方便的道理；另一方面也是因为社会富足程度的水到渠成，现在许多人出门都习惯带着纸巾，实在没有必要贪这点便宜。文明的得来有时候就是这么简单的事。可是过于超前，反受其累。液晶电视、仿红木桌椅这些东西对大多数人来说只是摆设，但对有些人来说就是诱惑了。公厕里放上电视，无非是图个光鲜，有多少使用价值，难道还有在厕所里看电视的特殊爱好？厕所的功能不是休息更不是休闲，该具备的功能具备，干净清爽，有纸有水有洗手液，这已经是很不错的一个公厕了，其他的根本不重要。公厕的确能成为展现城市文明的一个窗口，但如果把它当成一项面子工程，就搞错了对象。

文明要顺其自然，公厕里的文明也有赖于整个社会文明程度的提高，我们都能理解管理者的良苦用心，但好心不一定能办成好事，假以时日，我相信这些都不是问题，可现在它的确是个问题，一味强求就进了死胡同。

【训练九】　赴日抢购马桶盖说明了什么

最近，《去日本买只马桶盖》的帖子在网上热转，该文引发了对中国制造与日本产品的思考。近期，日本的温水洗净马桶盖突然人气大增，成为不少同胞赴日采购清单上的首选。有人甚至一次买两三只带回国。日本爱客旺免税店职员李玮说：“今年中国客人特别认可它，大量客人来日本都买这种产品，厂家根本来不及做。”

小小马桶盖居然掀起不小的波澜，恐怕多数同胞都没有想到。好货不愁销路，被消费者信赖再经过口耳相传，就会更有市场号召力。赴日抢购马桶盖现象也说明，国人生活水平大幅提高了，因为在还用不上抽水马桶的年代，是不会考虑马桶盖是否舒适的。

除此之外，它还至少说明两点：其一，“抵制日货”行不通。更何况，日货已渗透于我们生活的方方面面，想抵制也行不通。其二，国货当自强。举世闻名的制造业大国，为什么不能生产比日本马桶盖更牛的同类产品？这是不少网友的悲叹。专家分析的原因可归为几点，比如曾推行的“市场换技术”战略的消极影响；传统制造业害怕转型，自主创新能力弱；抄袭、山寨产品多，挤压高质量企业生产空间等。空调行业领军企业掌舵人董明珠则谈及，确有一些企业长期存在投机心理，总想把利润做大，最后却疏于研发、偷工减料，破坏了整个行业。

消费者是最务实最功利的，如果国货足够好，谁还会劳神费力地购买价格更高的洋货？如果我们拿出了足够过硬的产品，也许就该有洋人来抢购中国货了。“陶瓷是中国人发明的，为什么今天很多人说英国的陶瓷或者日本的陶瓷做得比我们好？”这是一名中国企业家的困惑，需要回答它的不该只有本土企业家。中国在航空航天方面的技术世界领先，难道还造不出受欢迎的马桶盖？技术落后恐怕不是唯一因素，我们的体制如何更能激活国人的创造欲，本土产品如何最大限度地在智能化、精细化上下功夫，这些都需要深思。

【训练十】　北京学区房一平方米抵外地一套房

2014年2月，教育部办公厅发出通知，要求4个直辖市、5个计划单列市和10个副省级省会城市的所有县（市、区），100%的小学划片就近入学；90%以上的初中实现划片入学；每所划片入学的初中90%以上生源由就近入学方式确定。义务教育就近入学，其实是老规矩，但一直没有得到有效落实，这一次教育部动真格，应该是想先行先试，治理递条子、送票子等择校腐败行为，斩断伸向教育的黑手，促进义务教育的均衡发展。但由于义务教育不均衡的状况短期内难以得到改善，一声令下要求立即实行就近入学，就会加剧天价学区房的疯狂。

以北京市为例，西城区某处一间仅有4.4平方米的学区房标价135万元，换算下来每平方米售价超过30万元。没有钱买不起学区房，就别想获得附近一所小学的入学资格，当然更指不上分享优质义务教育资源。我注意到，这种情况在19个大城市普遍存在。问题是，有一个受益的群体，相应地就会有利益受损的群体，而且后者规模更为庞大。这个现象，无论从机会平等还是从结果平等观察，都违背了社会公平的本意。

我认为，有的改革需要先破后立，有的改革需要边破边立，要敢于冲破利益固化的藩篱。有人说，天价学区房是让市场发挥决定性作用。我很不赞成这样的说法。难道只有那些有钱的父母，才能为孩子获得优质学校入场券？不改革固然不公平，改革后也不公平，说明在不能有效调整优质义务教育资源分布的框架里，仅在技术层面进行一些“创可贴式改革”，并不能解决实际困难，还有可能让困难变得更严重。

优质义务教育资源不均衡分布，是一个长期积累的突出矛盾，剩下了一大堆啃不动的硬骨头，压力前所未有。树根不动，树梢白摇。由于各学校之间教学条件、师资储备和办学质量有差异，人为地造成了一些所谓“好”的优质小学和中学。必须指出，就近入学是义务教育法里对教育部门的要求，并且同一区域范围的学校应该没有差异。但这么多年一直是反着来，就近入学成了对学生和家长的要求，基层县（市、区）教育局管得过分琐细，对哪条街道哪一栋楼房可以进哪一所学校，都有明确划分。孩子只能在住家附近的地方上学，但又面临学校教育质量有差异的现实。这在客观上必然导致一个后果，有条件的家长根据所谓“好”的优质小学和中学选择住家，为子女追求优质义务教育资源。而一些住在“差学校”周围的中低收入家庭，则只能望优质学校兴叹。如果学校不存在差距，家长就不会这么焦虑、纠结和无奈。

因此，教育部门启动改革的逻辑起点，只能是让优质义务教育资源均衡分布优先于就近入学。这是必须直面的一道大坎，也是克服教育不公平的要害所在。对此要有一个常识性的认知，要不然就说不清为什么要全面深化改革。为了促进优质义务教育资源均衡分布，教育部门也采取了一些具体解决方案，比如名校办分校，城乡学校手拉手，让城区教师到农村支教等等。对过去已经试过的措施进行反思，正确的就坚持，不对的要找出错在哪儿，这样才能弄清楚该干什么不该干什么。

义务教育的首要目标是均衡，而不是制造重点校、重点班。如果不能尽快均衡分布优质义务教育资源，如果不能加快中心城区优质义务教育资源的疏解力度，19 个大城市天价学区房的纪录还会被刷新，中低收入家庭的子女接受优质教育的希望也会就此渐行渐远。

教育部门必须标本兼治，用最小的“伤口”换取最有效的改革推进。都说教育是百年大计，那就立即行动，不惜代价做到每个片区都有优质学校，每个学生无论住在哪儿，都拥有平等进入优质学校的机会。这是解决择校问题的治本出路，也是恢复正常义务教育生态的优先选项。

分析就近入学这一案例，为全面深化改革提供了一个重要启示：任何碎片化的改革措施，必须被理性梳理并形成系统化的秩序，才能显示出改革的创新精神和整合力量。只有建构“全面”“深化”的内在逻辑体系，才能为全面深化改革建立一个中枢神经系统，从而具有指挥运用改革的能力、胆略和智慧。

第八章　模拟主持训练

第一节　模拟主持的基本要求

一、模拟主持的准备

模拟主持是提供稿件素材，把它做成一次主持人节目。提供的稿件素材多种多样，但有一个共同点就是不口语化，书面语多，有的内容庞杂，有的内容过于简单。通过梳理，编辑成一次主持节目的发言稿。这个项目操作，通过自己编辑一次节目，并用主持的方式播出，既可以培养学生能否掌握多种样式的语言表达能力的潜力，又可以培养学生的初级策划能力，可谓一举两得。模拟主持的注意事项如下：

其一，学生看到稿件后，先对稿件的整体做一次大致的分析，从哪方面着手？是内容啰唆还是内容过于简单，做到心中有数，然后删繁就简，或增加扩容。但无论如何不能偏离主题。

其二，文字稿件可以根据自己阐释的角度调整结构，考虑一下这样的条理、思路是否顺理成章？主体部分段与段之间、话题与话题之间设计的串接词是否合适？有无给受众以提示？书面化的文字是否口语化了？

其三，口语化并不是聊大天、侃大山，通俗易懂是对的，但使用过多的俗语、俚语甚至黑话来主持，以及使用冗长的句子啰里啰唆的、腻腻歪歪的话来主持，都不是口语，不是生活化，观众并不喜欢。口语应该是日常生活用语的升华，要求简洁、清晰、明朗。用纯自然的声音、语音来主持节目，只能被看作是原始的形态，而不是主持语言。

其四，既然是一次主持节目，就要有栏目名称、起始语、自报家门、内容介绍以及节目结束之前的下次节目的预告、结束语等。这些项目都不应遗漏。

在栏目名称这个环节，一定要有跟所播内容相一致的栏目名称。要自报家门，把自己的名字说出来，让受众知道是谁在给他们主持节目，这是一种责任感的表现。

其五，一般的情况下，多数学生愿意在节目结束之前对所播新闻事件或其他内容加上自己的议论，使节目更加完美，这是对的。但也要注意切忌长篇大论，有的议论部分盖过了主要部分，这是不符合要求的。一定是三言两语、点到为止。最好有新的角度、新的见解。

其六，在这个环节上，有的同学根据素材提供的内容，使用临时加上的小道具，也有的学生模拟使用“大屏幕”，甚至有的学生还模拟对嘉宾进行采访，一问一答。这些主持要素的使用对节目完成效果无疑是大有裨益的。但使用时要适度，道具的使用是为内容的阐释起到锦上添花的作用，不要为使用而使用，有的使用不当还成了累赘，反倒弄巧成拙。

二、即兴模拟主持的方式

（一）即兴评论式

这种考试其实就是即兴评论的延伸，给你一个题目或一篇文章，要求以此做一个评论节目。学生只要加入一些适当的环节语言，把即兴评论做成节目的样式就可以了，其余的要求和即兴评论类似。

（二）自由选择式

考试的时候会把节目划分为几种类型，如新闻、娱乐、服务、体育等等，划分的标准如前文所述，不尽相同。学生可以选择自己最擅长的一类节目，然后抽取相应的题目，并即兴主持。

（三）条件限制式

考官给出一定的条件，要求学生完成相应的节目形式。如给你一个乐器，要求你主持一个娱乐节目，并在节目中用到这种乐器。又比如给你三个词语：刘翔、奥运、长城，要求你用这三个词语主持一个体育节目。这种考试对学生的思维能力要求较高。

不管是哪一种方式，即兴主持要考察的不仅仅是学生作为主持人的基本功，还有即兴思维、语言组织的能力。由于题目是限定的，所以一定要在节目策划上多花点时间，想想什么样的主持，才能在众多的学生中显得卓尔不群，彰显自己的个性魅力。

为了准备这个环节的考试，学生应该在平时对各种类型的电视节目主持方式多做模拟，只有熟练掌握了模拟主持，才能在即兴环节中最大限度地还原自己的主持能力。

第二节　模拟主持范例

一、新闻节目模拟主持范例

【范例一】

观众朋友们，大家好，这里是今日说法栏目。

今天要给大家讲述的故事发生在湖南省衡阳市衡阳县一个名为界牌的小镇上。这是一个很普通的小镇，但在今年的6月10日，发生了一起可悲的事件！

2015年6月10日下午，在这个普普通通的小镇上，汤晓霞两姐妹在放学路上被人投毒致死，后经警方调查，令人震惊的是，杀害这对小姐妹的凶手竟然是镇上一名12岁的留守女孩陈晓雯。

她们的老师黄婷婷怎么也想不明白，究竟是什么原因让她的学生陈晓雯把老鼠药混进了可乐瓶，然后递给了几乎是整个童年唯一的朋友。

在陈晓雯对警方的供述中，此次投毒的起因，也只是因为汤晓霞跟她的智障母亲告状，以至于汤晓霞的母亲掐了陈晓雯的耳朵，弄得她“好痛好痛”。

通过有限的词汇，陈晓雯叙述了她唯一朋友“背叛”自己的愤怒，也冷静地说出了从20多天前买毒、藏毒、投毒的全过程。

虽然陈晓雯是未成年人，不承担法律责任。但她将要面临的是少管所的教育和监管，这也将是她人生中难以抹去的污迹！

近年来，进入少管所的未成年人的数量逐年增加，他们大多数是留守儿童或是单亲家庭中长大的孩子。他们多半是与爷爷奶奶一辈的人在一起生活，缺乏正规的教育，因此造成心理上的扭曲。而在当今社会，留守儿童问题也是社会人生广泛关注的！我们要做的是给予这些孩子更多的关心与呵护，让他们感受到社会的温暖，沐浴爱的春风，逐渐抹去他们心中的恨与不满。

今天的节目就到这里，谢谢大家！

【范例二】

小眼睛，大智慧！欢迎观众朋友如约收看《新闻半小时》。随着经济发展、文明进步，社会上逐渐分化出两个特殊的群体：空巢老人和留守儿童。所谓空巢，就是“空寂的巢穴”，比喻小鸟离巢后的情景，换言之，空巢家庭即是指无子女共处，只剩下老年人独自生活的家庭。所谓“留守儿童”，是指儿童在很小的时候，父母就远离家乡，到遥远的城市去打工谋生，而他们被留在乡下，成为孤独成长的儿童群体。为了更加深入了解这两个应该备受关注的群体，我们在前几天，伴着毛毛细雨来到南昌市的一个小村，走进了这些孤独、寂寞的老人和孩子中间。请看节目视频（手向后指向“大屏幕”）据专家预测，“空巢家庭”将是21世纪我国城市乃至农村地区老年人家庭的主要模式，而留守儿童又形成一个需要予以高度重视的弱势群体。面对这样的现状，我们是不是应该拿出多一点的时间和爱心去关爱一下这些老人和孩子？关爱空巢老人，培育留守儿童，是我们共同的责任。

青春与时代同行，责任与奋斗相伴。我们是时代的支柱，更该担当起这个责任。让我们在本期节目中许下诺言，我们一定不让祖国失望！感谢收看本期的《新闻半小时》，我是××，让我们下期再见！

【范例三】

奇闻天天有，趣事每天乐，大家好，欢迎收看今天的《奇闻趣事》，我是主持人。

最近，我们一直在追踪报道济南一桥底下发现多具婴儿尸体的事件，这两天事件又有了新的进展，针对这一事件，济宁市委、市政府召开了新闻发布会，称济宁医学院附属医院太平间的工作人员朱某和王某二人私下与病亡患儿家属达成处置遗体的口头协议并收取了费用，随后将遗体偷运至郊区，因尸体没掩埋好而被人发现。济宁市卫生局负责人表示，这件事是朱、王二人的个人行为，医院对此完全不知情，称会对相关责任人进行处置。

对于这样的一番答复，网友们是这样说的，首先来看看广东的一位网友是怎么说的，请看大屏幕。网友说：再接着调查下去的话，说不准两个人是临时工；再来看看湖北的网友是怎么说的：临时工以下不可不究，临时工以上不可深究；哎呀这位网友说的可是话里有话啊，对于这件事，我们希望有关部门可以深入调查一下，对死者的尊重是这个社会的底线。

新一届大学生已经毕业了，这就业压力也是逐年增加，找工作又成了他们头痛的事情，据了解今年毕业生的人数将达到640万人。湖北省教育厅副厅长说，当前大学毕业生供大于求的形势一直没有改变，挑选岗位、毁约、岗位资源流失的现象时有发生，这叫有业不就，但是大部分网友表示对这位局长说的话不待见，让我们来听听网友们的声音。有网友说：每月给你920元工资，吃住不包，你乐意吗？还有网友说：这位局长奉劝我们不要在意工资，不如奉劝高校不要在意学费，每年只收100块钱学费，行吗？

以上就是今天《奇闻趣事》的所有内容，电视机前的您如果也有不同的想法或看法，可以通过屏幕下方的联系方式，将您想说的话告诉我们。感谢您的收看，我们明天同一时间再会。

【范例四】

聚焦社会热点，网罗天下新闻。观众朋友大家好，欢迎收看本期的网罗天下事，我是主持人。

首先我们来关注一下梦圆社区发表的一篇名叫《开奥迪，睡门口》的帖子。帖子中的照片，就是我手中的这张，大家可以看到，是一名男子睡在一个房屋门口，发帖人说：因为这个男子开的是奥迪车，所以被停发了低保，于是这个男子就把床搬到了居委会办事大厅里，一直睡到居委会下班才离开。那么，这究竟是怎么一回事呢？昨天，我们记者找到了关桥剑北社区居委会了解情况。社区周主任说，照片里的男子姓吴，从1995年起，一直享受低保待遇，今年11月，有人看见吴某非常娴熟地开着一辆奥迪车，就将此事告知居委会。居委会经过调查，了解到奥迪车的车主另有其人，吴某只是个司机。而吴某已找到了工作，按照规定，便不能再享受低保待遇。吴某不服气，说自己在年初的时候，已经失去了开车的工作，再次提出低保申请。但在3月16号的听证会上，大家全票否决了他的低保申请，所以吴某就睡在居委会门口，还扬言要带老婆孩子住在居委会。

事情在网络和报纸上曝光之后，立即引起了网友和媒体的热议。有网友说，不去努力找工作，变着法子吃救济，你睡觉的时候都可以找到工作了。农村人捡垃圾都能养活一大家子人，城里人咋那么娇气呢。商报的读者也说，好手好脚干吗不自力更生，三个字：懒惯了！

在这里我们也想奉劝一下这位吴大哥，为吃低保不找工作的行为不可取，把床铺搬到居委会更是荒谬，弄不好还整一处罚，岂不是赔了夫人又折兵。

好，本期节目就到这里结束了，感谢您的收看，我们下期再见。

【范例五】

“知身边事，闻百姓声”，欢迎收看今天的《观中国》。我国的食品安全问题一直是百姓和政府心中的一个结，随着诸如地沟油、三聚氰胺、死猪肉、病牛肉等问题的曝光，人们也越来越重视自己每天入腹之食的安全性。有网友调侃说，中国人的抗毒能力已然是世界第一。近日，海关总署在国内14个省份统一组织开展打击冻品走私专项查缉抓捕行动，成功打掉犯罪团伙21个，各类冻品十万余吨。记者了解到，占地面积180亩的红星冷库是湖南最大的冻品批发市场，也是湖南省主要冻品集散地。据长沙海关保守统计，红星冷库每年吞吐量80万吨冻品中，约1/3是来源不明的境外冻品。更骇人听闻的是，很多冻肉肉龄竟达三四十年。在6月的海关打击冻肉走私的专项行动中，有“80后”缉私人员在广西某口岸查处了一批比他年纪还大的“70后”冻肉。当缉查人员打开运送冻肉的车厢时，一股恶臭味扑面而来。此次共发现了3个用来存放这些走私冻品的冷库，总面积约3000平方米。冷库中堆放了大量包装上写着外文的来源不明的冻品。而这些冻肉都通过批发市场销往各地大排档、餐馆，甚至正规超市。而随着生鲜电商的风生水起，一些网络平台也成为其潜在销售渠道。很多人喜欢吃的“泡椒凤爪”，也是走私冻品的“重灾区”。长沙海关缉私局副局长杨波说，走私的冻肉都是没有经过检验检疫的肉品，如果进食携带禽流感、口蹄疫、疯牛病等细菌、病毒的冻肉，或会危及生命。如此大量的冻肉走私除了监管不力、执法不严外，走私的隐蔽性、交易记录难以查处和源头众多也是走私猖獗的重要原因。

要想有效打击走私冻品买卖，除了健全监督管理体系、完善检疫标准、将检疫落到实处外，加强源头的管控也不失为一个有效的办法。食品安全无法保障，百姓的健康就无从谈起，仅靠几次突查清办并不能解决根本问题。今天的节目就是这样，感谢您的收看，下期节目再见。

【范例六】

观众朋友大家好，欢迎收看今天的《第一时间》。

近日，有这样一则报道，是发生在老师和学生之间。老师和学生永远是大学校园的主角，可是通过目前发生的事情来看，我们发现，老师和学生这两大主角之间的关系在高等教育大众化的背景下，正在发生这令上一代人瞠目结舌的变化。

一边是老师和学生之间的互相指责，老师批评如今的学生冷漠麻木，学风很差，学生抱怨老师讲课枯燥，了无生气；一边是一些大学教授开的博客备受学生拥戴，只要一更新就有学生去抢沙发。这样的师生关系是冰冷还是融洽？一边是学生和任课老师在校园里相遇却如同陌生人不理不睬，老师说现在学生眼里根本没有老师；一边是学生们正热衷于在网上点评老师，这样的点评还从校内蔓延到了校外。师生之间是彼此漠视还是非常在意？

一边是学生自认师生之间已经演变成赤裸裸的金钱关系，学生花钱拿了学分，老师完成了工作任务，然后各不相干；一边是一些辅导员都感觉自己成了学生的保姆，学生无论遇到大小事都要第一时间寻求老师的帮助。这样的师生关系是近了还是远了？

一边是大学校长批评现在的学生不知感恩，对母校没有感情，一边是网络上总有学生在为了自己的母校排位应该靠前打着口水仗，以种种事例、数据来证明自己的学校有多好。师生情谊是淡了还是浓了？

众所周知，师生关系的好与坏直接影响着教学效果的好与坏。没有和谐的师生关系，哪里能构建和谐校园？大学里是不是需要构建一种新型的师生关系？

感谢收看今天的节目，让我们下期再见。

【范例七】

观众朋友您好，欢迎收看今天的《新闻说》，我是主持人小杨。去年3月8日凌晨2点40分，一架由吉隆坡飞往北京的飞机与管制中心失去联系，该飞机一共载有239人，飞机航班号为MH370，飞机上还有154名中国乘客，其中中国大陆153人，中国台湾1人，在同月24日晚10点，马来西亚总理纳吉布宣称失联的马航MH370客机在南印度洋坠毁，无人幸存。这个新闻一出可谓是牵动了每个国民的心，然而这件事情的关注度依然没有下降，今年7月29日，在位于印度洋的法属留尼汪岛发现的飞机残骸，的确属于去年（2014）3月8日从吉隆坡飞往北京途中失联的马航MH370客机，在失踪了500多个昼夜之后，MH370航班的残骸首次被发现。这件事也展现了各国间团结互助的友好关系。可是近年来空难事件的频率不断增高，为什么会造成这一种现象呢？发生空难的原因百分之90都有人为失误的因素，可以说如果机组接受过更为全面的应急训练，这些事故完全可以避免，所以我们的政府是不是应该加强监管，在航空方面多加投资，给国民一个值得信赖的航空环境。

好了，今天的节目就到这里，我们下期再见。

【范例八】

观众朋友们大家好，欢迎收看今天的《真实事件》。

中国有句老话，叫“养儿防老”，可在现实生活中却经常会出现“养儿防不了老”的尴尬。近日，在江苏南京就发生了这样一件让人非常气愤的事情。有一位79岁的老母亲，竟然被自己的儿子遗弃在地下车库当中。这是怎么回事呢？

7月2号晚上8点，有一位市民向警方报警说，在他们小区里，有人将病危的老母亲放在地下车库。接到报警之后，民警很快就赶到现场。记者跟着民警赶到小区地下车库时，老人正睡在临时搭的床上，看起来十分虚弱。民警问及原因，老人儿子居然说是家里房子小，不够住。

据老人的儿子说，老人今年79岁，由于患有晚期淋巴癌，剩下的时间不多了。当民警问，既然母亲剩下的时间不多了，你为什么还不好好照顾老人，反而把她从家里搬出来呢？这名男子解释说，家里的房子太小了，只有四十多平方米，根本没有地方让母亲居住，我这么做实在是无奈之举。男子的话刚说完，就遭到了小区居民的一致谴责。大家都说：“你这也太不孝了吧，再怎么说她也是你母亲哪。家里再小，难道就住不下一个老人吗？何况老人家年纪这么大，还是癌症晚期。”而更令民警想不到的是，通过调查走访，这个小区里最小的房子也有六十多平方米，根本就不存在这名男子所说的四十多平方米的房子。3号上午，老人被社区干部送到医院去救治。

都说“百善孝为先”，这样的做法不仅不孝，还有可能会触犯法律。因为根据《老年人权益保障法》的规定，歧视、侮辱、虐待、遗弃老年人的，可以视情节严重，处以不同的刑罚。

不孝的儿子会找无数个理由来证明自己有心无力，而孝顺的儿子总会克服无数的困难来尽自己的孝道。连一个自己父母都不爱的人，又怎么去爱别人呢。我们希望这类事件不要再度发生。

【范例九】

观众朋友们大家好，欢迎收看这一期的《新闻热点事》。

最近在美国加州发生了一起严重交通事故，事故造成一名西裔女子当场死亡并有六人受伤，其中两人伤势较重。据悉，车祸是一名来自中国青岛的华裔富二代驾驶保时捷跑车超车酿成了悲剧。据知情人士透露，肇事者周某年仅二十岁，车祸前曾在酒吧里喝酒，当地法官已将保释金由10万美元上升到50万美元，肇事者周某原先还因过失伤人罪被逮捕，当地检察官计划将指控由过失伤人罪上升到二期谋杀罪，若此次指控成立的话，肇事者周某至少要面临十五年的有期徒刑甚至终身监禁。

据媒体报道称，肇事者周某平日喜欢在社交媒体上晒图炫富，并和一些女性朋友有暧昧不清的关系。去年一月，他曾在网上自曝，此前因饮酒驾车而被吊销驾照一年，后来得到驾照竟然还说：“终于拿到驾照了，应该喝香槟庆祝。”对于这一类饮酒驾车的事件，在我们国内也可以说是屡禁不止，交通部门应该出台相应的法律法规对这一类事情严惩不贷，而我们每个公民应该做到喝酒不开车，开车不喝酒。

好了，本期的节目就到这里，感谢您的收看。

【范例十】

观众朋友大家好，欢迎收看今天的《社会关注》。

老师和学生永远是学校园里的主角，可是通过刚才这段短片的报道，我们发现，老师和学生这两大主角之间的关系在高等教育大众化的背景下，正在发生着令上一代人瞠目结舌的变化。

一边是老师和学生之间互相指责，老师批评如今的学生冷漠麻木、学风很差，学生抱怨老师讲课枯燥干巴、了无生气；另一边是一些中学教师开的博客备受学生拥戴，只要一更新就有学生抢着去坐“沙发”。这样的师生关系是冰冷还是融洽？一边是学生和任课老师在校园里相遇却如同陌生人不理不睬，老师说现在的学生眼里根本没有老师；另一边是学生们正热衷于在网上点评老师，这样的点评还从校内蔓延到校外。师生之间是彼此漠视还是非常在意？一边是学生自认为师生之间已经演变成赤裸裸的利益和金钱关系，学生花钱拿了学分，老师完成了工作任务，然后各不相干；另一边又是一些老师都感觉自己成了学生的保姆，学生无论遇到什么大事小事，都要第一时间寻求老师的帮助。这样的师生关系到底是近了还是远了？

一边是学校校长们批评现在的学生不知感恩，对母校没有感情；另一边是网络上总有学生在为自己的学校排位应该靠前而打着口水仗，以种种事例、数据来证明自己的学校有多好。这样的师生情谊到底是浓了还是淡了？

众所周知，师生关系的好与坏直接影响着教学效果、培养目标的实现与否，没有和谐的师生关系，哪里能构建和谐校园？在学校规模不断扩大的今天，在校园里不断涌入特立独行的“95后”“90后”乃至“00后”的时候，高校师生关系是如同这篇报道里所说的“渐行渐远”还是别有一番景致？在数字化生存的时代，在学校里更加需要建立一种没有互相指责、相互谩骂而是相互关心爱护的新型师生关系。这点值得我们反思。

今天的《社会关注》播送完了，感谢收看今天的节目，明天见！

二、旅游节目模拟主持范例

【范例一】

亲爱的观众朋友大家好，欢迎来到今天的《四方游》节目，我是今天的主持人。

“万里桥西宅，百花潭北庄”是杜甫对自己草堂的生动描绘。

杜甫草堂位于成都西门外的浣花溪畔。这里是他晚年羁旅生活的定居点之一，杜甫在这里前后居住近四年，留下了240余首诗作，有各类资料三万余册，文物200余件，无论是观赏旅游价值还是考古学术价值都很高。

今日的杜甫草堂是经过多次修复扩建而成，面积约240亩，今天我们先来游览一下草堂的中轴线。现在我们所站的地方就是草堂的正门了，门前有一条小河环流而过，河上漂着一些花瓣和树叶，这就是著名的浣花溪，小溪清澈，像一条玉带环绕正门而流，步入正门，正前方是一个花园，树木葱郁，淡淡的花香和木香弥漫在整个庭院内。远处传来鸟鸣声，让这里显得越发幽静。在这里好像远离了尘世的喧嚣，使人心旷神怡。庭院分三路，今天我们先来走一走正中的这条路，沿古朴的石板向前走，像是穿过了时空之门，回到了杜甫那个年代。没几步路，就来到了大廨，古代“廨”是指官府办公的地方，大廨厅中塑了一个跪姿的杜甫像，诗人朴素的衣饰、忧愁的眼神，好像在发愿“安得广厦千万间，大庇天下寒士俱欢颜”。出了大廨，再向前走便是诗史堂，杜甫的诗被后人称为“诗史”，因此建这座堂来感谢他对唐代文学所做的贡献。厅堂正中央设了一个半身像，雕像西侧是朱德将军撰写的“草堂留后世，诗圣著千秋”的对联。出诗史堂有一条小溪穿过，两旁是茂林修竹。小溪上有一座石桥，勾连“小桥流水人家”的归宿感油然而生，小桥左侧的竹丛中有“水槛”横跨溪上，溪对面便是柴门，一幅农家平淡生活的图样跃然而生，柴门和水槛都是当年的杜甫草堂便有的建筑。

过了柴门便是工部祠，工部祠东边有一个小小的草亭，内立石碑一座，上刻“少陵草堂”，乃是果亲王手迹，走到这，整个草堂中轴线便游览无余。是不是觉得意犹未尽呢，下期节目我们再一起看看杜甫草堂那些封存在历史中的故事。

【范例二】

中国的大好河山，是否有你曾错失的美景，细品山河秀丽，带你欣赏不曾了解的自然景观！观众朋友们大家好，欢迎收看每周五晚为您播出的走遍中国！我是主持人。

俗话说得好，桂林山水甲天下，杭州山水甲桂林。今天我们就来到了被誉为人间天堂的杭州西湖。初入西湖，映入眼帘的是苏堤和白堤，它们将湖面分为五个部分，分别是里湖、外湖、西里湖、岳湖和小南湖……在这往前走，便能看见一片碧绿的荷塘，娇艳欲滴的红莲，出淤泥而不染的白莲，圆润可爱的荷叶，都各有各的韵味。主持人还发现，在道路的两旁还有一些售卖莲蓬的小商贩，这些新采摘的莲蓬顿时吸引了不少游客的目光，我也买了个尝了尝鲜，嗯，果然很好吃，苦涩的莲心配上清香的莲子，真是别有一番风味啊！电视机前的观众朋友们是不是也心动了呢？那就亲自来到杭州西湖，体验美食与美景吧！

好了，本期的走遍中国就为您介绍到这，我们下期节目不见不散！

【范例三】

观众朋友们大家好，欢迎收看《带你看天下》，我是主持人。

今天，带你游览的是著名的黄果树大景区。黄果树大瀑布位于贵州省安顺市的白水河上，它是中国和亚洲第一大瀑布，也是世界上最负盛名的瀑布之一。

雅莉今天从贵阳出发，经过一个半小时的车程，终于抵达了目的地。刚一下车，我似乎就听到了瀑布震耳欲聋的轰鸣声。我已经按捺不住激动的心情，想要一睹瀑布的真面目了。

我想观众朋友们一定对黄果树瀑布名字很好奇。原来，黄果树瀑布有一个美丽的传说——相传这里盛产黄果，每到丰收的季节，这里便漫山遍野金黄一片，许多男女便到这里谈情说爱、海誓山盟，并以黄果树作为见证。

在说话的间隙，我们已经来到了它的面前。在我们的身后就是著名的黄果树大瀑布景区，瀑布高77米，宽101米，站在它的旁边，实在被它的声音所震撼。大家顺着我手指的方向看去，瀑布的后方是不是有一条长龙盘旋着？没错，那就是西游记中孙悟空所居住的水帘洞。雅莉刚才亲手触摸了一下飞泻的瀑流，冲击力真的很大，而且也很清凉。观众朋友们可以亲自来感受一下。

好了，经过一上午的浏览，观众朋友们对黄果树也有了一定的了解。相信电视机前的观众朋友们会在节假日约上三五好友来此感受它的雄伟壮阔。

今天的节目到此结束，感谢你的收看，我们下次再见。

【范例四】

大家好，欢迎收看本期的《驴行天下》。我是节目主持人，今天我将在节目中为大家介绍我们家乡的名山——黄山。

相信各位“驴友”对黄山的大名可谓是早有耳闻。有俗语云：五岳归来不看山，黄山归来不看岳。从这一句话中我们就可以管中窥豹，想象出黄山的雄伟。既然说到黄山，就不得不提它的四绝——奇松、怪石、云海、温泉。它的海拔高达1864.8米，共有七十二峰，素有“三十六大峰，三十六小峰”之称。

在山脚，你就可以看见四绝之一的奇松——迎客松，像主人招待客人的手一样，迎风招展。一路上，你会感到造物主的神奇。怪石中有一个不可不说的就是飞来石，在一处翘崖上。一块硕大的石头压在一个鹅卵石上，维系它不掉下去的，就是大石头与小石头接触的那个面。亲临现场的感触肯定会更深。

再要说的便是云海了。你爬上主峰，如赶上时节，就有幸可以观看云海了。这云海又有四海之分，其中的北海可谓是四片云海之中的佼佼者。不过看云海是讲究机缘的，可遇而不可求。一旦遇上了，你就尽情去享受吧。

黄山的美，远远不止我们所说的这些，各位“驴友”如果有心动的，那么就赶快行动吧。

欢迎收看今天的《驴行天下》，让我们下期再见。

【范例五】

莫到近处无风景，天下谁人不识君。大家好，我是《家乡风景》的节目主持人亮亮。

如果说九寨是一道靓丽的风景，她的灵魂就是那湛蓝的水；如果说张家界是一道靓丽的风景，她的灵魂就是石洞里的石笋；如果说朝阳地质公园是一道靓丽的风景，她的灵魂就是那古老的化石。今天我们来到朝阳古生物化石地质公园，它的总面积有2300平方千米，主要地质遗迹面积为207平方千米。主要地质遗迹为古生物化石、含化石地层、地质构造。中生代古生物化石丰富、多样，迄今为止已发现了最早的鸟类和开花的植物，朝阳因此被誉为“第一只鸟飞起的地方，第一朵花绽放的地方”，在国际上具有独特性世界级的古生物化石宝库。还没到门口，我就远远的感受到了它开阔的气势和独特的地质风貌。随我往前走，大家可以看到正门上的醒目标志，我们已经到了地质公园大门口，是一个巨大的恐龙雕像，真是惟妙惟肖。我们来到了地质长廊，领略了底下的断层，原来化石就是从这样的断层中挖掘出来的。观察完地质长廊，我们来到了古生物化石展厅，这里是拥有世界上保存最好的早期哺乳动物骨架、保存最完整的早期蛙类、最早的鸟类化石群的地方，更是地球上第一枝“花”绽开和第一只鸟飞起的地方。参观完了化石馆，我们来到了化石林，距今约1.7亿年，因地壳变迁，火山爆发等，树木被埋在地下，经过漫长的地质年代的长期作用，形成了现在的木化石。游览完化石林，现在是下午一点，有点饿了，唉，那边有个民俗村，我们过去看看。哇，这里是一个淳朴的农家小院，是提供游人就餐的地方，环境真不错，我得赶紧去饱餐一顿。

感受了质朴的民风民俗，品尝了地道的农家菜肴，我们又回到了大门口，本期节目也该向您说再见了。如果您认为这里真的不错呢，就赶快来看看吧，我们等着您，下期节目再见。

【范例六】

最美的自己在路上。观众朋友们大家好，欢迎收看本期的《在路上》，我是主持人×××。今天我们要介绍的是位于北京东城区丰盛胡同的老舍故居。

老舍，原名舒庆春，字舍予，是我国著名的现代作家，被誉为“人民艺术家”，代表作有《骆驼祥子》《四世同堂》《龙须沟》等。像这样一位伟大的文学家，他昔日的住所是怎样的呢？让我们走进老舍故居去看看吧。

走进大门，我们可以看到一座砖影壁，砖影壁后有一棵枝繁叶茂的太平花，是老舍先生当年求人移植的。在砖影壁旁有两间小南屋，是给看门的工友住的。南屋的房檐下是一大盆银星海棠，开花时是一团团热烈的红，老舍先生送客人出门时，还常常指着它说：“这是我的家宝！”

我们走到砖影壁后面，映入眼帘是个小院，有北房五间，东西房各三间，中间是一个方方正正的小院，南道之外是土地，可以栽花种树。老舍先生很看重这点，他一生喜爱花草，便托人到西山移植了两棵柿子树，甬道两边一边一棵，正是我们看到的这两棵结满硕果的柿子树。因这棵柿树，后来夫人为小院取名“丹柿小院”，称自己的画室为“双柿斋”。老舍先生去世后，日本作家水上勉先生连续写了三篇悼念文章，全以这两棵柿树作篇名，柿子友情成了这座小院的标志。

北屋正房三间有两间是客厅，靠东头一间是夫人的画室兼卧室，东耳房是卫生间，西耳房是老舍先生的书房兼卧室。老舍先生在这间屋里生活了 16 年，度过了他的晚年，创作了大量脍炙人口的作品。

卧室中有两样东西很值得一提，大家看，一件是我左手边的大壁橱，是老舍先生自己设计的，是他贮藏字画和老古董的地方。第二件是老舍先生的床，是一张红木的老床，床帮上镶嵌的是大理石，床屉是棕绳的。这大木床在“文革”时被抄家没收，但文物部门鉴定有较高的文物价值，万幸没有随便处理，“文革”后又原样发还，成了唯一保留下来的老舍先生用过的古典家具。

客厅里除了花多之外，就是画多。墙上总挂着十幅左右的中国画，以齐白石，傅抱石，黄宾虹、林风眠的画作为主。大家看到客厅西墙，是专门轮流挂画的地方，宛如一个小小的美术画廊。到老舍先生家做客，观画成了必不可少的内容，是公认的一大乐趣。

“文革”期间，随着老舍先生带着满身伤痕跨出家门自沉于太平湖，他这个可爱而有趣的家也就此毁灭。

又过了 16 年，老舍先生的故居，也就是这座小院子被确定为“北京市重点文物保护单位”，才有今天我们在此，对这位伟大的人民艺术家的缅怀。

好了，今天的节目到此结束，我们下期再见。

【范例七】

观众朋友大家好，欢迎收看《美丽中国》，我是主持人，今天将由我带领大家走进一个神秘的千年古镇——三河古镇。

具有 2500 多年历史的三河镇因丰乐河、杭埠河、小南河三条河流贯穿其间而得名。三河镇以水乡古镇为特色，荟萃了丰富的人文观景，历史上既是兵家必争之地，又是商家云集之地。三河镇是一座典型的水乡古镇，其景观情调不逊于苏南的周庄。

三河的地理位置得天独厚，许多商品都经此集散，被称为“皖中商品走廊”。在前方不远处我们看到有“刘记米铺”“刘记布庄”的牌子，这是当时古西街的一家著名的商家，叫作“刘同兴隆庄”，在这“刘同兴隆庄”的门口有两个圆形的凹口，大家可以猜猜看，这是用来做什么的？其实这个叫作拴马石，在过去是用来拴马的，相当于我们现在的停车场，当时也只有大户人家才会有拴马石。大家抬头看，这门楼上方写着“刘同兴隆庄”，表明这是刘家开的庄子，同兴隆是这个庄子的商号。现在我们要穿过这条小巷，这小巷叫作合众巷，因此巷正好可以并排通过三个正常身材的人，“三人为众”，故取名合众巷。穿过合众巷，我们看到的是一条小河，他横贯全镇，是三河人民的母亲河。俗话说“有河必有桥”，这条小南河上就有着许多有名的桥，有三县桥、望月桥、鹊渚廊桥等等。往前走，我们就来到了一人巷，相信大家对杨振宁并不陌生，1957 年，美籍华人杨振宁博士与李政道博士荣获“诺贝尔奖”，轰动世界。其中杨振宁就是合肥人，年幼时随着母亲罗孟华来到三河，现今房屋被保留在东街一人巷内，一人巷全长 80 余米，仅能容得下一人通过，小巷因为杨振宁而更加出名。

三河饮食，以徽派菜系为底蕴，融百家菜系之长，堪称中国饮食的一大奇葩，“三河酥鸭”“米粉虾”“豆腐面鱼汤”等名菜无不展示水乡的风韵，“三河小米饺”“三河马蹄酥”让你回味无穷，还有三河茶干、三河米酒，工艺品羽毛扇更让人流连忘返。

好，观众朋友们，本期《美丽中国》就到这里结束了，谢谢收看，下期节目不见不散。

【范例八】

观众朋友们大家好！欢迎收看今天的《行走天下》，我是主持人。

有一首诗的诗句大家都很熟悉，叫“会当凌绝顶，一览众山小”。这说的就是五岳之首泰山，没错，我们今天的行走天下，就要带领大家一同走进素有“天下第一山”的泰山。

自古以来，中国人就崇拜泰山，在汉族的传统文化中，泰山一直有五岳独尊的美誉。大家看我身后，我们现在所处的位置就是南天门，以前我们也称为三天门、天门关。南天门建在飞龙岩与翔凤岭之间的低坳处，双峰夹持仿佛天门自开。南天门名字的由来也颇有一番意思，元中统五年（1264 年），由布山道士张至纯创建，门为楼阁式建筑，石砌拱形门，洞额题，南天门。这便是南天门名字的由来了。好了，我们接着往前走，穿过平坦的天街，我们最终的目的地是泰山主峰之巅玉皇顶。玉皇顶又名天柱峰，我们身边的神龛上匾额题：柴望遗风，说明远古的皇帝曾在此燔柴祭天，望祀山川诸神。殿前的极顶石标志着泰山的最高点，极顶石的西北方有古登封台的碑刻，说明这里是历代帝王登封封禅时设坛祭天之处。

东亭可望旭日东升，西亭可观黄河玉带。这样的宏伟壮观，就让我们一起背起行囊，行走天下吧！

今天的节目到这就要和大家说再见了，让我们下期节目不见不散！

【范例九】

观众朋友们，大家好！欢迎来到《走天下》，我是你们的好朋友！

今天我带大家来到了一所故居，到底是哪里呢？那就是张治中故居。

张治中故居，位于巢湖市黄麓镇洪家疃村的黄麓师范学校。这所学校是由爱国将领张治中先生1933年创办，张治中故居就在校园内。故居两处房屋是20世纪20年代末、30年代初的建筑物，砖木结构、小瓦屋面。1989年，它被定为省级文物保护单位；1995年，被确定为巢湖市爱国主义教育基地。

那么接下来，就让我们走进故居看一看！

走进故居正大门，首先映入眼帘的是张治中将军的雕像，只见他身穿军服，佩戴眼镜，面带笑容，手上挂着一件衣服，左腿微微弯曲，左脚微微踮起，貌似走出来欢迎我们的到来。从外表上来看，他是如此的温文尔雅，谁也想不到他竟是一名武将！这可真是人不可貌相啊！

我们注意到在雕像旁，绿叶婆娑，摇曳生姿，仿佛这位将军在亲切地和我们打着招呼。望着雕像，不知道大家有没有一种置身于充满硝烟的战争环境呢？不知不觉，我们来到了张治中的故居前。让我们走进去看看吧！

故居里有两间卧室，一间是张治中夫人的卧室，一间是张治中的儿子张一纯的卧室。在故居一角，有张治中将军的照片，有全家福，有他和毛泽东主席等老一辈革命家的合影，也有和家人的合影等等。据说，张治中的女儿现在在美国，张一纯为张治中将军次子，中共党员，曾任北京市政协副秘书长。也许有观众会好奇，怎么没有张治中的卧室呢？张治中的卧室在战争中被日本军烧毁了。

最后我们来到了院子。大家看这棵树，树干上爬满了年轮，这似乎在告诉我们，张治中将军虽然离开了我们，但他的爱国精神将永远激励着一代又一代人。

好了，今天带大家来到了张治中故居，感兴趣的观众可以亲自来看一看。

下周同一时间，我们不见不散！

【范例十】

各位观众朋友们大家好，欢迎收看这一期的《天下游》。上一期节目我们带大家参观的是中山陵，回顾孙中山先生的一生。而今天我们所来到的便是位于南京长江路上的总统府，而我现在所在的位置便是在总统府内地标性建筑子超楼的前面。子超楼为何得名“子超”二字，因为当时任国民党主席时间最长的林森，所以变叫这座楼为子超楼。

我们可以看见，在这个建筑正前方的两边有两棵高大的雪松，这两棵雪松是当年楼建成时由林森亲手植下的。大家可以仔细观察一下，这个建筑的造型很像一个森林的森字，加上着楼前的两颗雪松就正好组成了“林森”二字。建筑的一层为秘书办公室，二层是正副总统办公室，蒋介石与李宗仁的办公室都在其中，由于蒋介石与李宗仁的关系并不融洽，所以李宗仁基本上没在这座楼里办过公。三层便就是国务会议室，这里可以看到国民党主席林森手书的“忠孝仁爱，信义和平”的汉白玉的匾额，旁边有国民党的党旗和孙中山先生的画像。

好了，本期的节目就到这里，如果你还想来这里参观，欢迎您带着您的家人来这里游玩。欢迎收看下一期的《天下游》。

三、生活服务节目模拟主持范例

【范例一】

观众朋友们大家好，欢迎来到今天的创意加工间，我是你们的车间主任大理，今天大理要教给大家一个DIY小木桶的制作方法。当然，大家不用担心，咱们不用去楼下破坏花草树木，今天这个小木桶，很简单也很实用，对那些像我一样智商不高又懒的人来说绝对是个轻松活。

我们首先要准备一个木糖醇口香糖罐子，还有一次性筷子若干，原材料很简单，准备好了我们就开始制作吧。首先，我们空用剪刀把空口香糖罐子上面的盖子去掉，在罐子沿上沿下边缘贴上双面胶，一定要贴得服帖一些，然后根据个人的喜好，把筷子都做成一样的长度，但是要留两根相对较长的（后面会用到）。接着，一根一根把筷子贴在罐子上，你想做得大一些就可以把筷子留长一些，自己调整长度就好。但要记住啊，在贴满罐子半圈后要把那两根相对较长的筷子贴在两边对称，用来做木桶的提手。筷子全贴完后，我们用麻线绕着筷子上下两端缠几圈打结，既是装饰也是为了加固。再用一个筷子连接两根相对较长的筷子，也用麻线缠绕，这样就大功告成啦！是不是很简单，一会就自己动手试试吧。做成的小木桶可以用来装一些零碎的小物件。好了，今天的创意加工间到这就结束啦，还想知道更多的生活小妙招，就持续关注我们的节目吧。下周同一时间，不见不散。

【范例二】

各位观众，《乐趣生活》又准时和大家见面了。不知不觉中，又到了一年中最热的时候。我们的精神和力气好像都随着汗水流走了，整个人都变得懒洋洋的。不仅如此，我们的胃口似乎也消失了。这时候，好像只有冰凉的东西才能让我们感到舒适。

话虽这么说，但又总嫌自己动手太麻烦。那出去买？开玩笑，离了空调房一步都像是要了我们的命，更别说是顶着太阳去买了。恐怕还没吃到嘴里，我们就已经被太阳晒昏了头。

今天我就教大家做一种几分钟就可以享用的夏日甜点——冰镇水果酸奶。首先我们要准备：酸奶250毫升、炼乳两勺、香蕉一根、猕猴桃一个、小番茄三个、葡萄干等适量干果、白糖一勺。之后将猕猴桃切成小块，小番茄对半切开，两种水果混合后拌上砂糖备用。用勺子将放入碗中的香蕉捣成泥，再加入酸奶、炼乳和适量食盐。将拌好的猕猴桃和小番茄也加入进来，最后撒上干果。食用前先冰镇一下，口味更佳。这样我们的冰镇水果酸奶便制成了。

这道甜点不仅好吃，酸奶在夏季食用，而且清凉解暑，更有增加肠道内益生菌含量，减少因食用变质食物导致腹泻等肠道疾病的机会。

好了，今天的《乐趣生活》就到这里，如果你想了解等多的生活小妙招，明天同一时间我们不见不散。

【范例三】

观众朋友们大家好！欢迎收看今天的家有妙招，上一期给你们介绍的妙招还管用不？今天，我来告诉你们怎样去除冰箱异味。这冰箱虽好，可是里面的气味，有时候实在让人不敢恭维，那么怎么不用专门的除味剂也可以去除异味呢？很简单，有以下几种方法任你选择；(1) 用纱布包些茶叶放进冰箱里，茶叶可以除湿去味，约一个月后取出放在太阳下晒干后，还可反复使用。(2) 吃过橘子后，将新鲜的橘子皮洗净擦干，放入冰箱的各个角落，既可消除异味，也留下橘子清香。或者切几片柠檬放在冰箱各层，除味效果也很好。(3) 倒小半碗食醋放在冰箱里，除味又杀菌。或者倒一碗黄酒，放在冰箱最底层，能除冰箱异味。(4) 有条件的话，可用一条干爽洁净的纯棉毛巾，折叠成几层放在冰箱上层，毛巾上的微细毛孔可以吸附异味，几天后取出毛巾洗净晾干，可以继续使用。

怎么样，是不是简单方便还易操作？还等什么，快回家试试吧！

【范例四】

观众朋友们大家好，欢迎来到《生活小贴士》，我是主持人某某某。

我们平时看电脑、看电视用眼过度后，眼镜特别干涩，很想滴几滴眼药水。但让我们烦恼的是，眼药水在滴的时候，挤出三四滴后，真正进到眼珠内的也就一两滴。今天我来告诉大家如何将眼药水准确地滴到眼睛里。首先，我们需要一个消过毒的小勺子，将小勺子用皮筋绑在眼药水瓶的一侧，小勺和眼药水瓶的出水口需要有两厘米的位置。使用的时候，小勺子的边缘顶住你的上眼皮，这样即便你在挤眼药水的时候，你的眼睛也不会因为害怕而闭上了。这样，用一个勺子就能够把你的眼睛撑开，将眼药水准确地滴到眼睛里，而且也不会使眼药水瓶触到你的眼睛里。

好了，本期节目到这里就结束了，感谢大家收看，下期节目我们不见不散！

【范例五】

各位观众朋友们大家好，欢迎收看《生活小贴士》，春节特别节目，我是主持人岚琦。

春节回家过年是一件让人高兴的事，但如果乘车时发生晕车，就会让人非常难受。晕车常在乘车船、飞机时发生，初时感觉上腹不适，继有恶心，面色苍白，出冷汗；旋即有眩晕，精神抑郁，唾液分泌增多和呕吐；可有血压下降，呼吸深而慢，眼球震颤；如果呕吐严重可引起失水和电解质紊乱。症状一般在停止运行或减速后数十分钟和几小时内消失或减轻；亦有持续数天后才逐渐恢复，并伴有精神萎靡，四肢无力。接下来就由我来为大家总结几条防晕车小妙招吧：

巧用橘皮：乘车前将新鲜橘皮对准鼻孔用力挤压，橘皮喷出的水雾能抑制恶心的症状，可吸入十余次，乘车途中也照此法随时吸闻。

妙用鲜姜：将新鲜的姜片放在鼻孔下面闻，把辛辣味吸入鼻中，能阻止恶心。也可以将姜片贴在肚脐上，用伤湿止痛膏固定好。

吃点柠檬：晕车初期会分泌大量的唾液，唾液进入胃里会产生恶心的感觉。这时吃点柠檬能产生鞣酸，使口腔干燥。

饮点食醋：途中晕车时喝点食醋或在乘车前5至10分钟饮一杯加了几滴食醋的温开水，也有助于缓解恶心、呕吐。

观众朋友们，这些是我为大家提供的防晕车小技巧，希望电视机前的您可要牢记哦。

以上就是本期节目的所有内容，欢迎收看生活小贴士，下期节目我们再会。

【范例六】

快乐早晨！快乐好心情！快乐有妙招！

大家早上好！很开心又能和你们相约《生活帮帮忙》栏目，我是你们的老朋友××。

如今许多人因头油、头痒、头屑、白发、脱发而频频更换洗发水，那么今天××将为您带来养发达人，教您在家自制纯天然中药洗发水。首先我们要准备四种常见的中药药材：皂角、何首乌、当归和生侧柏叶。众所周知，皂角是天然的起泡剂，有去油、清洁、止痒的功效，而何首乌有补益、养血滋阴、养发乌发的作用。接下来我们准备90克的大皂角、30克当归、30克何首乌及20克的生侧柏叶来做500克的洗发水。我们将买来的干皂角放入水中浸泡12个小时以上，将胶质泡出后在锅中放入500克的水，中小火熬制。熬至药汤浓稠用过滤网滤除药渣，再放入药汤三分之一比例的红糖，待药汤变得黏稠，这中药洗发水就做好了。

好了，这就是本期的《生活帮帮忙》，观众朋友们，如果你们有生活的一些小诀窍，欢迎致信给《生活袋袋裤》栏目组收。

以上就是《生活帮帮忙》的全部内容，我们下周六不见不散。

【范例七】

观众朋友们大家好，欢迎来到《生活小贴士》，我是主持人某某某。

在生活中，有许许多多值得大家关注的事。比如说，最近一网友就问了：都说木耳吃了好，可究竟有哪些好处呢？让我们来看看专家给出的答案。首先，木耳作为一种菌类，营养价值很高，其实木耳的主要成分是一种特殊的胶质，它可以将人体肺中的垃圾、灰尘等小颗粒吸附住，随后排出体外，所以说木耳最主要的功能就是清肺。

最近网上最火的一句话就是“五月不减肥，六月徒伤悲”，在这个追求时尚的年代，瘦成为头等话题。当然，瘦不光是为了美，更是健康的需要。多数人认为“祸从口出”，认为食物是体重增加的主要原因。想要通过节食来维持身材，那么这种做法是否科学呢？其实食物是我们身体所需营养的重要来源，健康的饮食可以帮助我们清除体内多余的脂肪。那么除了均衡的进食之外，还需要什么呢？毫无疑问是运动了，多做有氧运动，不仅能达到保持身材的效果，更为身体安全提供了保障。大家一定要谨记，盲目节食不仅达不到瘦身的效果，还会影响我们的身体健康，所以大家一定要科学瘦身哦。

本期《生活小贴士》到这里就结束了，感谢大家收看，下期节目我们不见不散！

四、娱乐节目模拟主持范例

【范例一】

最近发生了一件匪夷所思的事情，广州下冰雹，大家听说过这事吗？冰雹很大，砸坏了商场，砸坏了机场，还好，没有人员受伤。但是有很多人就纳闷哪，说广州怎么可能下冰雹呢？我也是冥思苦想了很久，才想到了一个合理的解释。我想大概是这样的，玉皇大帝去龙宫找龙王，一进去，龙王就站在一个柜台后面，非常客气地说：“先生您好，请问有什么能帮助您的吗？”玉皇大帝就说：“呃……帮我下点雨。”“好的，请问在什么地方下雨呢？”“广东省。”“广东省，好的，那么请问广东省具体什么位置呢？”“广州深圳吧。”“好的，广州深圳，请问加冰吗？”……于是就下了冰雹，是吧。

我有个朋友叫大壮，一天他跟我聊天，就对我说："我这辈子长成这样，我是不是就跟美没有什么关系呢？"然后我跟他说："嗯哪。"他说："那也不一定吧。你看看我虽然长成这个样子了，又残又破的，但是，我是不是还可以追求一点……呃……残缺美？对不对？"我说："大壮啊，是这样的，你说什么叫残缺美呢？是本来就很美的事物，由于它残缺了，还依旧很美。比如说断臂的维纳斯啊，对吧，断臂后比之前更美了。这叫残缺美。你想成残缺美，你问问有人想看到断臂的大壮吗？

【范例二】

娱乐新播报，每日好心情！

观众朋友大家好，欢迎来到《娱乐新播报》栏目，我是你们的老朋友。

最近，一张纽约的图片可真是亮瞎我们的眼啊！图片中，一人托着一只巨大的龙虾，乐呵呵的，这到底是怎么一回事呢？让我们一起来看看吧！

近日，纽约长岛出现了百岁大龙虾，说实话，深海里的大龙虾百岁很正常，但正如其他深海的神秘生物一样，他们很少会来到浅海，更别说是被人类捕获了。这确实很罕见，纽约长岛出现的这只百岁大龙虾，单单一只虾钳都比它的身体大，它的力气应该很了不得吧。

捕获了一只百岁大龙虾，让这家海鲜店也出了名。这只龙虾吸引了不少游客。但他们来到这儿可不是为了要吃这只龙虾，毕竟这龙虾不是唐僧肉，吃了也不能长生不老，他们是为了一睹这种罕见的大龙虾，并为其拍照。

餐厅服务员表示，如果想要托起这只虾，一个成年男子也必须用上全身的力气，这简直不可思议。

据餐厅老板介绍，这只龙虾重达 25 磅也就是 12 公斤，大约有 95 岁的高龄。有前来观赏的群众表示，之前就听说过地球上有这种超大的龙虾，但这次亲眼看见也还是觉得难以想象。

可是百岁龙虾要怎么处理呢？

店主表示，他并不打算将龙虾卖掉或烹制成菜肴，他准备将龙虾捐赠给长岛水族馆。他说："人们一定想看见这只龙虾好好地活下去，而且它在水族馆里能受到悉心的照料。这不是最好的结果吗？"

哎呀，我就要在这儿说一句了，这么大个龙虾，得多少人吃呀？就算吃了，那得多久才能消化呀？

好了，今天的节目就到这儿，下周同一时间，不见不散！

【范例三】

"劳资的可爱你们不懂"，欢迎来到今天的《笑话血泪史》

今天我们来说说小学跟班主任的爱恨情仇

一年级，学校搞朗诵比赛，班主任徐婆婆一开始选我做领读，那段时间我天天背“杨树高，榕树壮，梧桐树叶像手掌……”我妈还教我朗诵时的动作，我学得超带感，结果，那天我没上台……

徐婆婆偷偷让郑神经上了，后来学校一老师是我亲戚，她偷偷告诉我，徐婆婆嫌劳资门牙长得太丑影响台面……我的自尊心因此受到巨大的伤害，于是我转了学。

新的小学叫实验小学，运动会报名，班主任易奸人让我跑3000米，整个年级就7个人参加，她说我一定有名次，我兴奋啊，欣喜地去报名了。跑到一大半时，一哥们不晓得是看我跑太快了还是喜欢劳资，猛地拉我一把，我脚一滑就摔地上了。易奸人还不让我下场，劳资足足走了半个小时才走完。全操场就我一人，那画面太美不忍回想。可没想到，竟然有人举报跑步时我跟一男的相互扶持，跑步成绩作废。我谢谢你，你眼睛还能再睁大点么……

现在回想起来，当年的种种摧残，你们就当笑话看吧。

【范例四】

大家好，欢迎收看今天的《看点一二三》今天就让我们来谈谈中国斥巨资拍摄的《盗墓笔记》

虽说是斥巨资打造，但真是“五毛钱特效满天飞，后期制作像KTV”。而在原著中明明是古董店老板的吴邪，在电视剧中却变成了德国的留学生。明明是盗墓者，却天天说着把文物交给国家，甚至还出现了原著中完全没有的人物。虽说电视剧总会有和原著有不同的地方，但你起码不要完全把它改编了。这让盗墓迷们怎么接受?

还有盗墓迷说，若是三叔把电视停播，他们愿意自己出资拍摄，自己找演员，自己做特效，拍一部完全属于自己的盗墓笔记。我从没看过原版，也没看电视剧。但从中国历年来的电视剧拍摄历史来看，也可以想象出这部电视剧有多“丧心病狂”。

希望盗墓迷们保护好自己的小心脏，再怎么说它也拍出来了，如果不拍我们还没得看呢。所以还是谅解谅解吧。

今天的节目就到这里，如果你想发表你的看法，或吐槽，请登录我们的官网。我们下期再见。

【范例五】

大家好，这里是《娱乐星天地》，我是主持人某某某。

最近娱乐圈掀起了一阵“出轨风”，真相到底如何呢?我们一起来看一看吧。

文章一直以“中国好男人”的形象亮相银幕，无论是《奋斗》中的向南，还是《失恋三十三天》中的王小贱，无一不是扮演着好老公、好恋人的角色，可谁又能想到就是这样一个好形象的演员，在现实生活中竟与一起合作过的姚笛曝光出了婚外情呢。这下，不仅文章的形象大打折扣，连姚笛也成为众矢之的，各种谩骂与黑帖铺天盖地而来，真是伤人伤己啊！再说说最近刚曝出离婚的陈赫，本来离婚没什么，可在那之后却被扒出是因为婚外情才和相恋18年之久的妻子许婧离婚的。消息一出，微博上骂声一片，不少网友称“再也不相信爱情了”，更有过激者让陈赫退出《奔跑吧，兄弟》。所以说，婚外情要不得。不仅会使个人形象大打折扣，甚至于搭进自己的星途啊！娱乐圈最怕的就是枪打出头鸟，就在陈赫的事刚过去不久，《天天向上》主持人之一田源就被爆出了艳照门，照片中的田源和一女子亲密地坐在一起，而最让人们出乎意料的是，这件事竟是照片中的女子曝光的。新闻一出，田源即刻停止《天天向上》的录制，真是赔了夫人又折兵啊！

所以说，只有本本分分地做好自己才是真道理，出轨神马的就像是毒品，绝不能沾染。

好了，本期节目到这里就结束了，明天同一时间我们不见不散哦！

【范例六】

娱乐江湖，风起云涌，试问谁主沉浮？号令天下，坐看潮起潮落，就在——《娱乐通天下》。欢迎收看今天的《娱乐通天下》，很高兴又和大家见面，我是主持人费岚琦。

今天我们就来聊一聊正在热播的《中国好声音》，《中国好声音》虽然已经玩了三季，从音乐本身到无关音乐的桥段，差不多都玩了一个遍，但今年还是有一个非常不一样的地方，就是周杰伦成了四位导师中的一员。虽然抱着纯粹追星的态度来参赛不太可能发生，但作为一个划时代的华语乐坛偶像，周杰伦的出现，确实可以带动《中国好声音》的收视率，尤其会和他的忠实歌迷形成一个很强的黏性互动。

新一季《中国好声音》首期节目最大的冷门，就是郎嘎拉姆成为当晚唯一一名没有导师转身的学员。但相反，就算不是这期节目中唱得最好的，她也是唱得比较好的学员之一。尤其是将一首《千言万语》，唱到几乎和邓丽君原声乱真的程度，就足以给人一种好感和惊喜。

但就是这么一首让人回到20世纪80年代的歌曲，最终却没有得到任何一位导师的认可。无论那英等导师事后表现出有多么的遗憾，但也仅仅是娱乐节目的客套话而已。导师们为何不给“邓丽君”转身，或者这就是音乐和音乐节目的区别。音乐是纯净的，让人只需要静静聆听就行。而音乐节目，却是一个复杂的娱乐综合体。比如，四位导师在选择学员时，首先就要考虑我为什么选这个学员？这个学员是不是有很强的可塑性？这个学员的曲风够不够潮，他或她的音乐有没有态度和个性，以及学员的现场是否有很强的感染力。这恰恰不是泰国女孩郎嘎拉姆的特长。她，仅仅是一个因为喜欢邓丽君，而去模仿邓丽君，并且把邓丽君唱得很像的小女生。

以上就是我们为大家独家解析《中国好声音》：导师们为何不给“邓丽君”转身，感谢大家的收看，我们下周同一时间再会。

【范例七】

观众朋友们大家好，欢迎大家收看本期的《开心一乐》。我是主持人李××，今天小李在这要跟您说个有趣的故事：说有这么一天啊，有一个非常知名的作家带着自己的朋友亲自到访一家书店，想看看自己的书的销量。哎呀这下可忙坏了书店老板了，那叫一个激动啊！他这书店可就指着这个作家的书畅销了呢。头天老板接到消息后就动员所有的店员把书店里所有的书全部换成了这个作家的书。第二天那个作家如期而至了，这老板早就在门口恭候多时了，可把老板高兴坏了，终于见到了名人了。但这个作家一进书店就脸色大变，冷冷地问道：怎么这个书店只有我的书呢？就没有别人的吗？小店长一听，看到露脸的机会来了，立刻走上前去回答道：当然有啦，我们这里书的销量可好了，别人的书都卖完了。正当老板满心欢喜地想着又能大捞一笔的时候，那作家扬长而去。后来这个书店因为这个作家的书撤柜而逐渐倒闭了。老板真是悔不当初啊。这真是马屁拍到了马蹄子上了。

好了，本期的《开心一乐》到这就结束了，咱们明天同一时间再见啦，拜拜！

【范例八】

观众朋友大家好，欢迎收看这期的《幽你一默》。我是你们的朋友谢晨宇——小谢。

前段时间，我有一个二货朋友去学车，原本挺好的一件事情，结果却闹出大笑话。

话说我那个朋友学车也有一段时间了，那天我打电话给他，想问问他学得怎么样了。“喂，小b啊，你学车也有一段时间了，学得怎么样啦?”“哎，哥，你可别说了。那天我去开车，教练不知道是不是闹短路了，叫我踩脚刹。幸亏我机智，车门一开，左脚一踩，鞋子都快坏了才刹住。后来教练就好生气的样子，说他开一遍让我看看，叫我去看油箱还有多少油。真麻烦，下车之后我打开油箱门，里面黑咕隆咚的什么也看不见，我掏出打火机正想打开照明，教练从后面直接一脚把我踹开了，真没礼貌。后来他甩给我50块钱叫我去买牙膏，搞不懂为什么现在要买牙膏。当我把牙膏交给教练的时候，他说：‘帅哥，我把学费还给你，你到隔壁那家去学好不好。’我的回答当然是不好，毕竟才从隔壁转过来。”

对于这种人，我只想为你的教练感到不幸，祝他早日逃出苦海。

欢迎大家收看这期的《幽你一默》。让我们下期再见。

【范例九】

大家好！欢迎来到今天的《娱乐大不同》，由佳佳姐姐主持的娱乐节目，你值得拥有。前一段时间，微博上非常流行一个小咖秀，今天佳佳姐姐就为你们也来模仿一回金星老师，有没有很激动呢！我们条件有限，模仿得不好也请广大观众朋友多多包涵，咳，没掌声我不开始啊！

以下是台词：啊哟嘿，我一看小丫头片子，还有两副面孔咯哈，看着姐怎么收拾你，一会儿她过来了，走到我这来了，上下瞄了我一眼：“喝什么?”我装作听不懂的样子，我说，“Sorry I don’t understand.”“啧，我问你喝什么?”我说：“Sorry I don’t understand.”

“Would you like something to drink coffee tea or cocacola.”

我瞄了她一眼：“橙汁儿!”

怎么样？有没有被本主持人的机智所折服！但是非常遗憾地告诉大家，又到了我们说再见的时候了，不要想念佳佳姐姐啊，我们下期再见。

第三部分 考试文件与模拟测试

第九章　考试文件

第一节　艺术专业考试简章

以下选取安徽省普通高校招生艺术专业统一考试模块一（播音主持）的相关文件。

【文件一】　安徽省2016年普通高等学校招生艺术专业考试简章

一、报名条件

符合普通高等学校招生工作规定中报名条件且有艺术专业基础者均可报考。

二、文化考试报名

1. 时间：2015年11月15—17日。

2. 地点：考生户口所在市、县招生办指定报名点。

3. 办法：①报名时须签订诚信高考承诺书；②交验户口本、第二代居民身份证、学生证等相关材料；③缴纳报名考试各项费用；④经市、县招办摄像以制作电子档案；⑤录入考生基本信息。

4. 注意事项：艺术类考生须参加文化课考试和相应的专业考试，填报志愿时可以兼报文史或理工类；文史或理工类考生不能参加艺术类专业考试（含省统考和学校组织的校考），填报志愿时也不能兼报艺术类。

三、专业课省统考报名

报名方式：艺术类专业课省统考均为网上报名（考生专业课省统考报名与文化课网上报名同时进行），考生可以兼报不同模块的考试。

缴费方式：模块一至模块六按规定时间到相应考点报到，同时缴纳报名考试费、领取专业课省统考准考证。模块七（原美术类）和模块八（原音乐类）继续实行银行缴费，考生在基本信息填报完成后可通过网上银行缴费或携带身份证到中国工商银行安徽省分行所辖各营业网点进行缴费，缴费时间为11月15至11月19日。考生缴费完成后务必再次登录网上报名系统（至银行柜台缴费的考生须在缴费后第二天10：00点后登录网上报名系统）查询自己的缴费状态，确认缴费状态为“已缴费”。

模块八（原音乐类）报名时，考生还须在网上选定本人参加考试的主、副项，考试曲目及调号，器乐的乐器名称等信息。信息确认提交后，任何人不得更改。

模块八（原音乐类）的考生2015年12月16—18日再次登陆“高考报名系统”（网址：gkbm. ahzsks. cn）查询本人的专业课考试报到时间和地点。

逾期未报名或报名后未按时缴费的考生将不能参加考试。

收费标准：根据安徽省物价局、财政厅《关于调整普通高校招生报名考试费等收费标准的函》（皖价费〔2009〕60号）的文件规定，艺术专业招生报名考试收费为报名费40元/生，专业加试费30元/生·科。

四、专业课省统考

自2016年起，我省普通高考艺术类将全面实行专业课省统考，共设置8个组考模块，分别对应教育部公布的专业目录中的相关艺术类专业。

省教育招生考试院负责统一制定各模块的考试说明、命制有关试题、组织相关科目的评分评卷工作，各考点承担相关考务组织工作。各模块的考试说明将另行公布。

（一）模块一

对应的本科专业为播音与主持艺术，

专科专业为播音与主持等。

1. 考试时间

2015年12月26日开始考试，相应考生于2015年12月24—25日持第二代居民身份证到考点报到，缴纳报名考试费并领取专业课考试准考证。

2. 考试地点

安徽师范大学花津校区，芜湖市九华南路189号。

3. 考试科目（内容）及分值

考试科目为5个，分别为形象气质、作品朗读、新闻播报、即兴评述和模拟主持。满分300分，其中，形象气质20分，作品朗读40分，新闻播报80分，即兴评述80分，模拟主持80分。

（二）模块二

对应的本科专业为广播电视编导、戏剧影视文学、艺术史论、戏剧学、电影学，专科专业为影视编导等。

1. 考试时间

2016 年 1 月 1 日考试，相应考生于 2015 年 12 月 30—31 日持第二代居民身份证到考点报到，缴纳报名考试费并领取专业课考试准考证。

2. 考试地点

蚌埠学院蚌埠市大学城曹山路 1866 号。

3. 考试科目（内容）及分值

考试科目为 4 个，分别为文学基本知识、影视艺术常识、编导创作和影视评论。满分 300 分，其中文学基本知识 60 分，影视艺术常识 60 分，编导创作 90 分，影视评论 90 分。

（三）模块三

对应的本科专业为表演（体育舞蹈、健美操），专科专业为体育艺术表演等。

1. 考试时间

2016 年 1 月 5 日开始考试，相应考生于 2016 年 1 月 3—4 日持第二代居民身份证到考点报到，缴纳报名考试费并领取专业课考试准考证。

2. 考试地点

安庆师范学院龙山校区，安庆市集贤北路 1318 号。

3. 考试科目（内容）及分值

考试科目为 5 个，分别为形象气质、综合素质、节奏听辨、体育舞蹈成套动作和健美操成套动作。满分 300 分，其中形象气质 15 分，综合素质 60 分，节奏听辨 25 分，体育舞蹈成套动作 100 分，健美操成套动作 100 分。

（四）模块四

对应的本科专业为舞蹈表演、舞蹈学、舞蹈编导，专科专业为舞蹈表演、国际标准舞、舞蹈编导、舞蹈教育等。

1. 考试时间

2016 年 1 月 23 日开始考试，相应考生于 2016 年 1 月 21—22 日持第二代居民身份证到考点报到，缴纳报名考试费并领取专业课考试准考证。

2. 考试地点

阜阳师范学院清河校区，阜阳市清河东路 741 号。

3. 考试科目（内容）及分值

考试科目为 5 个，分别为形象气质、舞蹈基本功、自选技巧展示、节奏听辨和舞蹈表演。满分 200 分，其中形象气质 15 分，舞蹈基本功 50 分，自选技巧展示 15 分，节奏听辨 20 分，舞蹈表演 100 分。

（五）模块五

对应的本科专业为戏剧影视导演、表演（影视戏剧表演、戏曲表演），专科专业为表演艺术、戏剧影视表演、歌舞表演、戏曲表演、曲艺表演、音乐剧表演、戏曲导演等。

1. 考试时间

2016年1月15日开始考试，相应考生于2016年1月13—14日持第二代居民身份证到考点报到，缴纳报名考试费并领取专业课考试准考证。

2. 考试地点

安徽大学磬苑校区，合肥市经济技术开发区九龙路111号。

3. 考试科目（内容）及分值

考试科目为5个，分别为朗诵、命题表演、才艺展示、编讲故事和戏剧影视评论。满分300分，其中朗诵60分，命题表演75分，才艺展示50分，编讲故事75分，戏剧影视评论40分。

（六）模块六

对应的本科专业为书法学。

1. 考试时间

2016年1月3日考试，相应考生于2016年1月1—2日持第二代居民身份证到考点报到，缴纳报名考试费并领取专业课考试准考证。

2. 考试地点

淮北师范大学相山校区，淮北市东山路100号。

3. 考试科目（内容）及分值

考试科目有3个，分别为楷书临帖、隶书临帖和创作。满分300分，其中楷书临帖100分，隶书临帖100分，创作100分；

8：30—9：30 楷书临帖，10：00—11：00 隶书临帖，14：00—16：00 创作。

（七）模块七

对应的本科专业为美术学、绘画、雕塑、摄影、中国画、艺术设计学、视觉传达设计、环境设计、产品设计、服装与服饰设计、公共艺术、工艺美术、数字媒体艺术、艺术与科技、戏剧影视美术设计、动画、影视摄影与制作、陶瓷艺术设计，专科专业为艺术设计、视觉传播设计与制作、广告设计与制作、数字媒体艺术设计、产品艺术设计、家具艺术设计、皮具艺术设计、服装与服饰设计、室内艺术设计、展示艺术设计、环境艺术设计、公共艺术设计、雕刻艺术设计、包装艺术设计、陶瓷设计与工艺、刺绣设计与工艺、玉器设计与工艺、首饰设计与工艺、工艺美术品设计、动漫设计、游戏设计、人物形象设计、摄影与摄像艺术、美术、舞台艺术设计与制作、影视美术、影视多媒体技术、影视动画、摄影摄像技术、美术教育等。

1. 考试时间

（1）考生于2015年12月11—12日持第二代居民身份证到指定考点报到，领取专业课考试准考证；

（2）考试科目为三科：12月13日8：00—11：00素描（150分），11：15—11：50速写（75分），14：00—17：00色彩（150分）。考生画具器皿自带。

2. 考试地点

考生按其所属地区，分片考试。

合肥考点一（安徽建筑大学北校区，合肥市金寨南路856号）：合肥；

合肥考点二（合肥学院，合肥市经济技术开发区锦绣大道99号）：淮南、铜陵、六安；

芜湖考点（安徽工程大学，芜湖市北京中路）：芜湖、马鞍山、安庆、黄山、宣城、池州；

阜阳考点（阜阳师范学院西湖校区，阜阳市清河西路100号）：淮北、阜阳、亳州；

蚌埠考点（安徽财经大学龙湖东校区，蚌埠市曹山路962号）：蚌埠、滁州、宿州。

各考点具体考试场所见考点通知。

（八）模块八

对应的本科专业为音乐学、音乐表演、作曲与作曲技术理论、录音艺术，专科专业为现代流行音乐、作曲技术、音乐制作、钢琴伴奏、钢琴调律、音像技术、录音技术与艺术、音乐教育等。

1. 考试地点

安徽师范大学赭山校区，芜湖市北京东路1号。

2. 考试时间

（1）2016年1月7日开始。第一批报到时间为2016年1月5—6日，第二批报到时间为2016年1月9日。考生根据查询到的报到时间到指定地点领取准考证，并按照准考证上规定的时间参加相应科目考试；

（2）笔试考试时间为：2016年1月10日15：00—17：10，全省音乐考生参加练耳和基本乐理知识的笔试。

3. 考试科目（内容）及分值

考试科目为5个，分别为视唱、练耳、乐理、声乐和器乐，其中声乐、器乐区分主、副项（主项为声乐，副项为器乐，或者主项为器乐，副项为声乐；主项、副项由考生在报名时确认，考试时不得更改）。满分210分，其中主项90分，副项60分，视唱20分，练耳30分，乐理10分。

声乐考生演唱自选歌曲 2 首（伴奏一律采用自带 CD 光盘音频文件；也可以清唱）；器乐考生演奏自选练习曲、乐曲各 1 首。

4. 对于声乐和器乐考试，评分组长在考生因各种原因占据时间过长（5 分钟以上）的情况下有权终止其考试。

（九）专业课省统考成绩公布及合格线划定

根据考生成绩按一定比例划定专业合格线，考生成绩及合格线将在我院网站公布，考生可上网查询。不再另行发放成绩单及合格证。

五、省外院校专业课校考

按照教育部进一步扩大省级统考适用高校范围的要求，在我省招收艺术类考生的高校原则上应采用专业课省统考成绩和相关投档录取规则进行招生，学校不再组织专业课校考。有特殊专业要求的经主管部门批准，可在省统考合格考生范围内于本校所在地设点组织校考。2016 年可在我省设点组织校考的外省院校原则上为 31 所独立设置本科艺术院校及参照执行的部分院校（专业）、“985”“211” 高校和以艺术专业招生为主的本科院校。在皖设点校考须在指定考点进行考试。

校考的报名、考试、评分等由招生院校负责，具体事项请向招生院校咨询或参见各校《招生简章》。

省外院校在皖设点校考相关事项：

1. 我省指定报名考试地点：安徽艺术职业学院。

2. 考生应在该校考试 2 天前到相应考点向招生院校报名、缴费（报名时须持本人第二代居民身份证）。部分院校有特殊要求的，请咨询报考院校或见考点说明。

3. 考试时间：各招生院校的专业考试时间、招生专业、考试科目、招生计划和要求详见各校的《招生简章》和安徽省教育招生考试院网站上公布的《2016 年省外院校在皖设点艺术专业考试日程》。

4. 在规定时间内报名的考生凭第二代居民身份证、院校发放的准考证和院校要求的其他材料参加考试。美术类考生自带画具，音乐和其他类考生自带钢琴以外的考试用具。

注意事项：报名参加省外院校专业课校考的考生，须先参加我省对应模块统考并达到我省统考专业合格线，否则，其校考合格不能作为录取投档的依据。计划下达到我省的民办本科、独立学院、高职（专科）院校原则上采用我省统考成绩。

考生在报考专业校考时还需注意各校各专业对文理科类别、文化成绩、专业主项类别、身体条件等要求。

六、对艺术类专业课考试中违规行为的处理

根据教育部的有关规定，对考生在高校招生考试中的各种违规行为的处理，按照《国家教育考试违规处理办法》（教育部令第33号）及教育部的相关规定执行，情节严重、触犯刑律的，将按《刑法》修正案（九）第二十五条追究刑责。

2016年教育部有关艺术类招生考试文件另有规定的，另行通知。

安徽省教育招生考试院

二〇一五年十一月

第二节　艺术专业考试说明

【文件二】　2016年安徽省普通高校招生艺术专业统一考试模块一考试说明（试行）

一、考试性质和目的

艺术专业全省统一考试是全国普通高校招生考试的重要组成部分。本统考模块适用于本科播音与主持艺术，专科播音与主持等专业。主要测评考生学习播音与主持专业应具备的基本专业素质和能力，为高校选拔播音与主持艺术专业人才提供基本依据。

二、考试科目及分值

专业总成绩满分为300分，共五科，其中：

1. 形象气质20分；
2. 作品朗读40分；
3. 新闻播报80分；
4. 即兴评述80分；
5. 模拟主持80分。

三、考试形式和内容

（一）形象气质

1. 考试目的

按照广播、电视、网络等电子传媒受众的基本审美标准，综合考察考生的

身体自然条件、气质修养、上镜效果、着装举止等情况。

2. 考试形式及要求

考试形式为考官面测。

（二）作品朗读

1. 考试目的

通过朗读自备文学作品，考察考生音质音色、普通话语音与吐字发声、对作品的理解与感受能力、语言表达的内外部技巧。评判考生是否具备学习本专业的基本条件。

2. 考试形式及要求

朗读自备文学作品一篇，体裁不限（诗歌、散文、小说、寓言等），限时1.5分钟。

（三）新闻播报

1. 考试目的

通过考生对新闻类稿件的播报，考察其对新闻语体样式的把握情况。

2. 考试形式及要求

现场抽取并播读指定新闻类稿件一篇。

（四）即兴评述

1. 考试目的

通过命题即兴评述，考察考生在交流语境中口语表达及话题驾驭能力、思维敏捷程度、临场心理控制能力、语言组织能力，考察考生对社会问题、生活现象的认知广度和思维深度。

2. 考试形式及要求

从现场抽取的2则材料中自选1个即兴评述，要求思维活跃、主题明确、逻辑严密、内容新颖、富有个性，限时1.5分钟。

（五）模拟主持

1. 考试目的

通过模拟主持广播、电视、网络等电子传媒中不同类型的小栏目，考察考生的角色匹配、主持特质、镜头形象、语言表现力及亲和力、肢体副语言运用情况等。

2. 考试形式及要求

模拟主持小栏目，栏目形式自定（新闻评论类、综艺娱乐类、生活服务类等），内容自备，限时2分钟。

考试科目	考试形式	考试内容	分　值
1. 形象气质	面试	面测身体自然条件（身高、五官、身材、声音等）、气质修养、上镜效果、着装举止等	20分
2. 作品朗读		朗读自备文学作品一篇，体裁不限（诗歌、散文、小说、寓言等），限时1.5分钟	40分
3. 新闻播报		现场抽取并播读指定新闻类稿件一篇	80分
4. 即兴评述		从现场抽取的2则材料中自选1个即举评述，限时1.5分钟	80分
5. 模拟主持		模拟主持小栏目，栏目形式自定（新闻评论类、综艺娱乐类、生活服务类等），内容自备，限时2分钟	80分

四、考试题目

（一）新闻播报（80分）

本台消息：

在严峻的就业形势下，自主创业被越来越多的高校毕业生认可并实践，而政府部门也为高校毕业生创业提供了更多的扶持。

最近，合肥长丰的付凤完成了自己生态农业公司的注册。去年这时候，她在大学毕业一年后和丈夫回到老家农村办起了土鸡养殖场。

好不容易说服家人后，付凤利用当地丰富的松子、松虫资源，自己研究出一种混合饲料，养出的土鸡在市场上卖出了很好的价钱，如今付凤的养鸡场每月都有两三万元的收入。

和付凤不同，广西的陈贵鸿2007年大学毕业后一直没找到合适的工作。屡次求职失败后，他靠几千块钱起步，在网上开店，如今每月营业额都有30万元。

为帮助大学生熟悉创业，本周上海市启动一项创业见习计划，首批266名有创业想法的高校毕业生，被送往相关的企业见习。

按照国家的有关要求，目前北京、浙江、云南等地都出台了一系列优惠政策，通过免收行政事业性收费，落实税收优惠、小额担保贷款及贴息等扶持政策，鼓励和支持毕业生自主创业。

（二）即兴评述（80分）

（1）如今，大众文化的影响日益加剧，娱乐方式更空前多样，戏曲艺术已然失去了往日的华彩。一部分人表示，戏曲长歌曼舞的节奏已不适应当今社会人们的审美习惯，振兴戏曲是“不切实际的梦呓”；但与此同时，国家大力推进非物质文化遗产保护，并广泛开展“戏曲艺术进校园”活动，教育部更是在北京、上海、江苏等十个省（市）开展了将京剧纳入九年义务教育阶段音乐课程的试点。

你认为戏曲的传承和弘扬有必要吗？谈谈你的理由。

（2）近些年来，电视真人秀节目火爆荧屏，为广大观众提供了丰富的收视选择。但也有些节目既不攀登正能量的高峰也不触碰负能量的底线，出现了“有意思”没意义、有数量缺质量、有“高原”缺高峰的现象。针对这一问题，国家新闻出版广电总局与2015年7月22日发出《关于加强真人秀节目管理的通知》，对真人秀节目的健康发展提出了明确要求。

请你围绕“我国电视真人秀节目应该何去何从”这一主题进行评述。

第三节　艺术专业招生工作规定

【文件三】　安徽省2016年普通高等学校艺术专业招生工作规定

皖招委〔2015〕9号

安徽省高等学校招生委员会关于印发

《2016年普通高等学校艺术专业招生工作规定》的通知

各市、县招生委员会，有关高等学校：

为加强我省普通高考艺术类招生管理，根据教育部有关文件精神并结合我省实际，制定《2016年普通高等学校艺术专业招生工作规定》，现印发给你们，请予遵照执行。

安徽省高等学校招生委员会

2015年11月10日

为确保我省2016年普通高校艺术专业招生考试工作顺利进行，根据教育部《关于做好2014年普通高等学校艺术类专业招生工作的通知》（教学司〔2013〕13号）和《关于做好2015年高校部分特殊类型招生工作的通知》（教学司〔2015〕1号）等文件精神，并结合我省实际，制定本规定。

一、报名

1. 文化课报名。报考艺术类专业的考生，于2015年11月15—17日在户口所在市县招生考试机构指定的报名点办理文化课报名手续。文化课报名工作按《安徽省教育招生考试院关于做好2016年普通高校招生考试报名工作的通知》（皖招考〔2015〕32号）执行。

2. 专业课全省统一考试（以下简称省统考）报名。按照教育部颁布的艺术基础科类与本科专业对应表，各专业省统考根据其考试科目（相同或相近）共设置8个组考模块（各模块对应的专业详见附件），艺术类考生必须选择1个与所报专业相对应的统考模块参加专业课省统考。艺术类考生在文化课高考报名的同时，还须完成专业课网上报名手续。考生可以兼报不同模块的考试。

3. 专业课学校单独考试（以下简称校考）报名。报名参加艺术类专业课校考的考生，必须是先参加我省艺术类专业课省统考且合格者。报考经批准在我省设点组织的校考，考生须在规定时间按相关规定报名，考试日程安排待确定后另行公布；参加其他不在我省设点的校考，报名时间和办法按招生院校的规定执行。

二、考试

4. 文化课考试。艺术类考生须参加当年的普通高校招生全国统一考试。

5. 专业课省统考。自2016年开始，我省全面实行艺术专业统一考试，在原有音乐类、美术与设计类专业课省统考的基础上，组织实施舞蹈类、戏剧影视类专业课省统考，并进一步扩大省级统考适用高校范围。

艺术类专业课省统考工作在省招委会领导下，由省教育招生考试院（以下简称省考试院）负责统一组织实施。省考试院负责统一制定艺术专业省统考的考试说明、命制有关试题，组织相关科目的评分评卷工作，承担考试任务的院校须成立相应的组织领导机构，负责组考相关考务工作。

艺术专业省统考的考试说明、考试简章等另行公布。

6. 专业课校考。按照教育部进一步扩大省级统考适用高校范围的要求，在我省招收艺术类考生的高校原则上应采用专业课省统考成绩和相关投档录取规则进行招生，学校不再组织专业课校考。因此，2016年可在我省设点组织校考的外省院校原则上限定为31所独立设置本科艺术院校及参照执行的部分院校（专业）、“985”和“211”高校、其他以艺术专业招生为主的本科院校。在我省设点的校考工作由相关高校负责，省考试院指定考点，集中进行，同时予以监督指导，并提供相关服务和技术支持。

按照教育部的规定，组织校考的高校要严格控制校考合格证发放数量，不得超过相应艺术类专业招生计划数的4倍。

三、划线

7. 文化课分数线。根据教育部有关文件规定，分别按艺术（文）、艺术

（理）划定本、专科文化考试最低录取控制线，本科原则上不低于普通本科第二批录取控制分数线的65%（其中，戏剧学、电影学、戏剧影视文学、广播电视编导、播音与主持艺术、艺术史论、书法学等专业原则上不低于普通本科第二批分数线的70%），高职（专科）一般不低于普通高职（专科）批次最低录取控制分数线的80%。

独立设置本科艺术院校及参照执行的本科院校（专业）的本科文化考试最低录取控制线由各招生院校确定，原则上不得低于我省划定的最低录取控制分数线；其他院校艺术类本、专科文化分数最低录取控制线依照我省划定分数线执行。

8. 专业课省统考合格线。根据考生成绩、招生计划按一定比例划定专业合格线。考生成绩及合格线将在省考试院网站公布，考生可上网查询。

9. 省统考艺术类综合分控制线。

使用专业课省统考成绩的各批次均采用综合分投档。在专业课成绩合格、文化成绩达线的基础上，根据组考模块和招生计划，按比例划定各批次综合分录取控制分数线，本科批为120%，专科批为150%，若生源不足则根据实际情况划定。

按照艺术专业文化成绩不同的权重要求，设定两种综合分计算公式：

（1）综合分1＝专业成绩/专业满分×300+文化成绩/文化满分×700，适用组考模块一、二、三、六对应的各专业。

（2）综合分2＝专业成绩/专业满分×700+文化成绩/文化满分×300，适用组考模块四、五、七、八对应的各专业。

四、录取

10. 录取批次及志愿设置。

第一批，校考本科专业，所含院校为31所独立设置本科艺术院校及参照执行的部分院校（专业）、“985”和“211”省外高校；

第二批，使用省统考专业成绩的本科专业；

第三批，校考本科专业，所含院校为除第一批院校外的其他校考本科院校；

第四批，使用省统考专业成绩的专科专业；

第五批，使用校考专业成绩的专科专业。

11. 志愿设置。

第一批、第三批和第五批均设1个院校志愿，其中第三批录取结束后未完成的计划面向达线合格考生征集志愿。该批次征集志愿设1个院校志愿。

第二批、第四批实行“平行志愿”，“平行志愿”录取结束后仍未完成的计划，将面向未被录取的批次线上考生“征集志愿”。“平行志愿”、“征集志愿”

每批均包含A、B、C、D、E、F、G、H八所院校，每所院校均设3个专业志愿及1个专业服从志愿，“征集志愿”不设专业志愿。

12. 专业课校考批次的投档规则。

（1）报考独立设置本科艺术院校及参照执行院校的本科专业且专业考试合格的考生，由省考试院将其电子档案一次性提供院校，由招生院校按有关规定和公示的招生规则确定录取，遗留问题由学校负责解释并处理。

（2）报考其他院校校考专业的考生，若其文化成绩达到相应批次最低录取控制线且专业考试合格，即可向院校提供档案。由招生院校按有关规定和公示的招生规则确定录取，遗留问题由学校负责解释并处理。

13. 专业课省统考批次的投档规则。

该批次实行综合分、平行志愿投档模式。原则上根据相应公式计算的综合分分别排序，按招生计划数的100%投档。

考生综合分相同时，按专业成绩排序，专业成绩仍相同时按文化总分（不含政策加分）排序。

五、其他

14. 按照教育部的规定，有关高校要严格执行艺术类专业招生政策规定，结合本校艺术类专业人才选拔和培养要求，完善招生办法。要严格依据教育部颁布的《普通高等学校本科专业目录（2012年）》和《普通高等学校高等职业教育（专科）专业目录（2015年）》设置本校艺术类招生专业，其中本科专业不得增设专业方向。要综合考虑高考文化成绩和艺术专业成绩，完善择优录取的办法，力求简单明了，便于考生理解和社会监督。同一高校同一艺术类专业应采用同一种录取办法。要逐步提高艺术类专业文化成绩要求，其中独立设置的本科艺术院校自行划定的文化成绩原则上不得低于我省艺术类本科专业最低录取控制分数线。

凡报名参加专业课校考的考生，须先参加专业课省统考并且合格，否则，其校考成绩不能作为录取投档的依据。

15. 艺术（文）类考生可兼报文史类，艺术（理）类考生可兼报理工类，填报文史、理工类院校志愿时间与文史、理工类考生相同，如艺术类考生放弃艺术专业志愿填报也可单报文史或理工类。文史、理工类考生不得兼报艺术类。当文史、理工类与艺术类录取时间发生冲突时，以艺术类投档优先。

16. 非艺术类专业不得按艺术类专业招生考试办法招生。对于可授予艺术学学士学位的艺术教育、服装设计与工程、风景园林、文化产业管理等4个非艺术学门类专业，有关高校若对考生有专业要求，须在招生简章中明确告知考生应参加的专业考试科类及录取要求（学校不再单独组织校考），高考文化成绩要求不得低于本校非艺术类专业所在批次录取控制分数线，其中独立设置的本科艺术院校对上述专业的高考文化成绩要求不得低于我省本科第二批次录取控制分数线。

17. 我省艺术类专业招生计划编排不分文科、理科。

18. 艺术类招生是普通高校招生的重要组成部分，各招生院校及市、县招生考试机构要切实加强领导，精心组织，周密实施。

各校要采取有力措施清理艺考培训活动，严禁工作人员、教师（尤其是专业教师）单独、联合或委托举办高考艺术类应试培训、推广活动，严禁各级各类学校为各艺术类应试机构提供场所或设施，对上述行为一经查实，要严肃处理相关责任人并对相关领导予以责任追究。

19. 对在艺术类专业考试中违规的考生及有关工作人员，将严格按照《国家教育考试违规处理办法》（教育部令第33号）和教育部有关文件规定处理，情节严重、触犯刑律的，将按照《刑法》修正案（九）第二十五条追究刑责。

20. 本规定适用于2016年在我省普通高考艺术类招生的所有高等学校，由省考试院负责解释。

附件：

专业课省统考组考模块、考试科目及适用专业

组考模块	考试科目	对应本科专业名称（国标码）	对应专科专业名称（国标码）
模块一	1. 形象气质 2. 作品朗读 3. 新闻播报 5. 即兴评述 6. 模拟主持	播音与主持艺术（130309）	播音与主持（660202）
模块二	1. 文学基本知识 2. 影视艺术常识 3. 编导创作 4. 影视评论	戏剧学（130302） 电影学（130303） 戏剧影视文学（130304） 广播电视编导（130305） 艺术史论（130101）	
模块三	1. 形象气质 2. 综合素质 3. 节奏听辩 4. 体育舞蹈成套动作 5. 健美操成套动作	表演1（130301）	体育艺术表演（670407）

（续表）

组考模块	考试科目	对应本科专业名称（国标码）	对应专科专业名称（国标码）
模块四	1. 形象气质 2. 舞蹈基本功 3. 自选技巧展示 4. 节奏听辨 5. 舞蹈表演	舞蹈表演（130204） 舞蹈学（130205） 舞蹈编导（130206）	
模块五	1. 朗诵 2. 命题表演 3. 才艺展示 4. 编讲故事 5. 戏剧影视评论	表演 2（130301） 戏剧影视导演（130306）	表演艺术（650201） 戏剧影视表演（650202） 歌舞表演（650203） 戏曲表演（650204） 曲艺表演（650205） 音乐剧表演（650206） 戏曲导演（650217）
模块六	1. 楷书临帖 2. 素书临帖 3. 创作	书法学（130405T）	
模块七	1. 素描 2. 色彩 3. 速写	美术学（130401） 绘画（130402） 雕塑（130403） 摄影（130404） 中国画（130406T） 艺术设计学（130501） 视觉传达设计（130502） 环境设计（130503） 产品设计（130504） 服装与服饰设计（130505） 公共艺术（130507） 工艺美术（130507） 数字媒体艺术（130508） 艺术与科技（130509T） 戏剧影视美术设计（130307） 动画（130310） 影视摄影与制作（130311T） 陶瓷艺术设计（130510）	

（续表）

组考模块	考试科目	对应本科专业名称（国标码）	对应专科专业名称（国标码）
模块八	1. 声乐 2. 器乐 3. 视唱 4. 练耳 5. 乐理	音乐表演（130201） 音乐学（130202） 作曲与作曲技术理论（130203） 录音艺术（130308）	现代流行音乐（650211） 作曲技术（650212） 音乐制作（650213） 钢琴伴奏（650214） 钢琴调律（650215） 音像技术（660211） 录音技术与艺术（660212） 音乐教育（670112K）

注：表演 1 为原本育舞蹈、健美操，表演 2 为影视戏剧表演、戏曲表演。

第十章　播音主持艺术考试模拟训练

第一节　安徽李家军艺考训练营2016年模拟省统考测试训练

安徽李家军艺考训练营2016年模拟省统考测试训练一

一、作品朗读（自备）

二、新闻播报

据新华社新华视点微博报道，习近平30日来到沈阳市铁西区。看到老工业基地发生巨变，他说，我一直关注着东北老工业基地。1986年我来过铁西区。作为“共和国长子”，这里有过辉煌，也有过低迷，现在又扛起国家重担、焕发青春，我很欣慰。要好好总结经验，推动东北老工业基地进一步发展。

铁西区是国有企业集中的老工业区，二十世纪八九十年代传统体制弊端日益凸显，逐步陷入举步维艰的发展境地，被戏称为全国最大的“工人度假村”。2002年以来，在中央实施老工业基地振兴战略指引下，铁西区对老工业区进行系统改造，闯出一条突围之路，进入全面振兴的快车道。

三、即兴评述

央广网北京9月21日消息据中国之声《新闻晚高峰》报道，“打不还手，骂不还口，逆来顺受，绝不离婚”，在近日某媒体对广东东莞蒙正国学馆“女德学堂”的报道中，这16个字，被形容为学堂倡导的“女德”四项基本原则。目前这类女德班正在全国遍地开花：从北京、山东、河北一直绵延到陕西、广东和海南。

以东莞蒙正“女德班”为例，每年举办十二期，每期约50人，需要提前报名，全天学习，一期一周时间。根据女德班的逻辑，德行好的人才能拥有健康和财富。最新一期的女德班9月2号正式开课，蒙正国学馆的馆长黄城在课堂上，将“德行”解释为三道：姑娘道、媳妇道、老太太道。“每道都有女人要守的本分”。

四、模拟主持（自备）

安徽李家军艺考训练营2016年模拟省统考测试训练二

一、作品朗读（自备）

二、新闻播报

今日证监会新闻发言人表示，证监会认定光大证券8·16异常交易行为已经构成内幕交易、信息误导、违法证券公司内控管理规定等多项违法违规行为，同时指光大董秘回应误导公众，责令改正并处罚款20万元，同时对徐浩明等4位责任人处于终身禁入的处罚，光大证券被罚款逾5亿。

但证监会指出，光大证券并未构成操纵市场，并指出，光大证券的巨额交易虽然在客观上引起了市场大幅波动，但是，事件起因是系统技术缺陷，调查没有发现公司及相关人员组织、策划、促使这一事件发生的证据。

三、即兴评述

据安徽新华学院官方网站报道：9月19日上午，安徽新华学院2014级全体新生参加新生军训汇报表演，院长驾敞篷车阅兵：“同学们好！”“首长好！”“同学们辛苦了！”“为××争光！”。院长石秀和：乘车是为了节约时间，由军训单位安排；@安徽省教育厅：不违规但不提倡。@军报记者：极不严肃！军训，重在提高学生的国防意识，砥砺品质，不可借此炒作！

四、模拟主持（自备）

安徽李家军艺考训练营2016年模拟省统考测试训练三

一、作品朗读（自备）

二、新闻播报

西安市中级人民法院8月30日公开开庭审理被告人杨达才受贿、巨额财产来源不明一案。杨达才在最后陈述中说，自己犯了罪，愿认罪服法。14时40分左右，审判长宣布，今日庭审结束，待合议庭评议后，择日宣判。

检方指控杨达才在为一家公司从安全评价乙级资质申报甲级资质过程中提供帮助，先后收受贿赂25万元。检方认为，杨达才存款中有504万余元属于无法认定来源的财产，涉嫌巨额财产来源不明罪。

三、即兴评述

陕西咸阳一位73岁老人，一个多月前开始，被关在终日不见阳光的地下室内。涉事小区很多人都表示知道这事，面对采访欲言又止。老人说："儿子把我关在里面，想让我死。"老人有两女一子，由儿子抚养。女儿说想把父亲接走，可老人儿子不肯。

四、模拟主持（自备）

安徽李家军艺考训练营2016年模拟省统考测试训练四

一、作品朗读（自备）

二、新闻播报

8月30日中午，记者获悉，山西六岁被挖双眼男童小斌的伯母，即小斌伯父郭志成之妻，于今日上午在汾西县对竹镇乔家庄跳井自杀，自杀原因不明。上午12：30左右，新京报记者曾致电郭志成核实此消息，他予以确认，称跳井自杀的女子是自己的妻子。

对竹镇一村干部称，从昨日开始，郭斌伯母的精神就有些不对，神志不清。于今日早晨7：00跳井自杀，被打捞上来时已死亡。

目前警方已介入调查，尚不清楚此事是否与郭斌案有关系。

三、即兴评述

9月19日中午，位于响水县黄海路上的某酒店楼顶发生一起男子欲跳楼事件，引起不少居民围观。记者赶到现场时看到，当地派出所民警和消防官兵正在现场与楼顶的男子对话，劝其放弃轻生念头；为防止发生意外，消防官兵在楼底铺上了充气气垫。据有关人员介绍，这名男子就是19日凌晨在响水县人民医院12层楼顶欲跳楼，被民警和消防官兵解救下来的男子。

据知情者称，这名男子之所以两次"秀"跳楼，是想让自己的妻子看到后，能回到自己的身边。目前，该男子因扰乱公共场所秩序，被当地警方处以7天行政拘留。

四、模拟主持（自备）

安徽李家军艺考训练营2016年模拟省统考测试训练五

一、作品朗读（自备）

二、新闻播报

英国国会下议院29日投票否决了政府对叙利亚进行军事干预的动议。英国首相卡梅伦表示，国会反对向叙利亚动武，政府将"采取相应的行动"。

英国国会下议院当天下午两点多开始讨论叙利亚问题，经过长达8小时的辩论，直至晚上十点多才产生投票结果。285名议员投票反对向叙利亚动武，

272名议员投了赞成票。英国政府军事干预叙利亚局势的动议以13票之差未获国会通过。

三、即兴评述

近日，郑州西三环频频见诸报端，这条“路脆脆”半年时间已经塌陷13次。而今天早上8点（9月20日），郑州公交一公司车长孙跃青微博称，“西三环中原路向东50米路北，快车道，又塌陷了，西三环十四塌！”一辆准备填埋前期大坑的自卸车后面8个轮全部陷了进去，所幸没有造成人员伤亡。施工围挡已经把塌陷的大坑围了起来，在保证过往行人安全的同时也严重影响了交通。

四、模拟主持（自备）

安徽李家军艺考训练营2016年模拟省统考测试训练六

一、作品朗读（自备）

二、新闻播报

据新疆地震局台网初步测定，30日北京时间13时27分，在新疆乌鲁木齐市发生5.1级地震。

据测定，地震震中位于北纬43.8°，东经87.6°。地震发生时，震感强烈，记者所在的房屋晃动持续近10秒。

目前还没有人员伤亡和财产损失的报告。

新疆地震局地震应急指挥部已派出3组现场工作队分三条线路开展地震现场工作。

三、即兴评述

20日凌晨，家住中山市大涌镇的小华被家人发现在屋内上吊身亡。“两个儿子在玩电脑，我骂了大儿子几句，说他‘你都这么大了，不应该跟弟弟抢东西，你再不听话我就打死你’之后，他可能想不开……”小华母亲如是说。

四、模拟主持（自备）

安徽李家军艺考训练营2016年模拟省统考测试训练七

一、作品朗读（自备）

二、新闻播报

成都市检察院昨天对8·25持刀杀人案犯罪嫌疑人李年勇，以涉嫌故意杀人罪作出批捕决定。

案发后，市检察院高度重视，指定专人负责办理该案。侦查监督部门第一时间提前介入该案，参与公安机关对案件的讨论，及时引导侦查工作，完善证据材料。在公安机关提交材料之后，市检察院在24小时之内，依据相关规定作出批准逮捕的决定。

经审查，李年勇于8月25日20时45分在42路公交车上，拿出随身携带的单刃刀，不断捅刺车上其他乘客，在乘客逃离公交车后，李年勇又沿一环路北四段向马鞍街方向继续随意捅刺路人，造成5人死亡、10人受伤。

三、即兴评述

日前，到西北政法大学报到的新生遇到这样的“怪事”：他们被告知必须购买全套600多元的床上用品，否则不得进宿舍。而该校的“新生宿舍入住流程”表上还有宿舍管理员检查床上用品的流程。部分学生据理力争后，不得不购买部分才得以过关。

四、模拟主持（自备）

安徽李家军艺考训练营2016年模拟省统考测试训练八

一、作品朗读（自备）

二、新闻播报

据日本共同社报道，驻日美海军陆战队30日在冲绳县普天间机场举行了新型运输机“鱼鹰”飞行部队的重编仪式，并邀请媒体参观。在追加部署冲绳的12架“鱼鹰”中，目前已有11架到位，剩余1架仍停留在日本山口县的岩国基地。

美军于去年在普天间机场部署了12架“鱼鹰”，计划通过追加部署尽快使驻冲绳的“鱼鹰”数量达到24架，但未对外说明为何仍有1架留在岩国基地。部署在美国本土的一架“鱼鹰”26日发生着陆失败事故，引发了日本岩国市和冲绳县方面的不安。

三、即兴评述

家住扶沟县的田某等6人，自制捕捉工具，流窜到鄢陵县捕捉壁虎1600余只。9月10日，因涉嫌非法狩猎犯罪，田某等6人被鄢陵警方刑拘。

9月9日凌晨1时许，鄢陵县公安局张桥派出所指导员郑培英，带领民警巡逻至辖区S237新东路段时，发现一辆豫P牌照的面包车停放在路边。郑培英立即安排巡逻民警分头进行徒步巡逻，以便发现可疑情况。

不远处，民警在民房边发现有人利用自制捕捉工具捕捉壁虎。被控制的田某等人向民警交代，他们一共6人，全是扶沟县农民，用自制捕捉工具驾车流窜捕捉壁虎进行销售，之前他们只知道壁虎是益虫，并不知道捕捉壁虎违法。民警当场缴获壁虎1600多只。

鄢陵县公安局张桥派出所陈警官介绍，壁虎虽没有被国家列入级别保护动物，但它属于具有一定的经济价值、科研价值和对环境有益的“三有”动物。我国刑法规定，私自捕捉20只以上野生壁虎，已构成犯罪，50只以上的属于重大刑事案件，100只以上属于特大刑事案件。因此，田某等6人已涉嫌非法狩猎犯罪。昨日，除留下少量壁虎作为证据外，民警已将其余壁虎放生。

四、模拟主持（自备）

安徽李家军艺考训练营2016年模拟省统考测试训练九

一、作品朗读（自备）

二、新闻播报

据台湾媒体报道，一名新西兰男子日前全身穿着乳牛装，到当地一间超市偷牛排，目前警方正在追查这只“乳牛”的下落。

警方指出，当天超市发现有数盒牛排被窃，从监视器画面发现有一只“乳牛”正在行窃，另外还有2名男子把风。

目前警方正循线索追查这群窃贼集团的下落，并指出，以乳牛伪装的偷窃手法，实属罕见。

三、即兴评述

郭女士近日碰上件烦心事儿，因其网购衣服到手后不如意，给了卖家一个“中评”，谁想此后便惨遭骚扰电话“轰炸”近6小时，六七秒钟就响一次。记者以买家身份致电店家改评价后能否别再骚扰，对方连称“行行”。就此，110报警平台建议郭女士报案，律师表示，卖家做法涉嫌侵权。

四、模拟主持（自备）

安徽李家军艺考训练营2016年模拟省统考测试训练十

一、作品朗读（自备）

二、新闻播报

台湾《中国时报》报道，日本媒体人士透露，日本前首相菅直人受台湾“妈妈监督核电厂联盟”等台湾反核团体之邀，预定于9月12日访台进行4天3夜的访问。

报道称，菅直人此行可能参观台湾核一厂，由台北市市长郝龙斌、新北市市长朱立伦等出面接待，还计划参加反核论坛或反核游行，详细行程尚未确定、公布。日本前首相即将访台，但因议题敏感，台湾当局方面低调处理，不主动介入安排。

三、即兴评述

据东南快报报道，9 月 4 日，福州街头一男子暴打乞讨老人达 10 分钟。男子疑跟别人发生冲突吃亏，借机打老人发泄。据悉老人今年 73 岁，来自河南，为减轻家里负担一人到福州乞讨。他称，目前身体并无大碍。

四、模拟主持（自备）

第二节 安徽李家军艺考训练营 2016 年最后一考

安徽李家军艺考训练营 2016 年最后一考 试题一

一、自我介绍（30 秒）

二、模拟主持（根据所给材料，考生可从新闻资讯、出境记者现场报道、综艺娱乐及生活服务四种样态中自行选择一项，按照要求进行展示）

记者从安徽省司法厅获悉，安徽省法律援助机构连续 5 年周期性集中开展农民工法律援助专项维权行动，共为 7.6 万多名农民工提供了法律援助，为农民工讨薪 7.3 亿元。

从 2010 年开始，安徽省司法厅选定春节前后的一段时间开展农民工法律援助专项维权行动，各级法律援助机构利用重要节点，分别在火车站、汽车站、码头等地，开展法律援助咨询活动，还开通法律服务热线及维权“绿色通道”等。

5 年来，安徽省累计解答农民工法律咨询 15 万人次，发放法律援助连心卡、农民工务工维权手册等 259 万份。农民和农民工占安徽省法律援助受援人总数的 55% 以上。

三、话题即兴评述：家和万事兴

四、才艺展示（以语言类为主如朗诵、小品、曲艺、说唱等）

安徽李家军艺考训练营 2016 年最后一考 试题二

一、自我介绍（30 秒）

二、模拟主持（根据所给材料，考生可从新闻资讯、出境记者现场报道、综艺娱乐及生活服务四种样态中自行选择一项，按照要求进行展示）

据中国之声《央广新闻》报道，今天上午哈尔滨市政府紧急召开全市安全工作会议，通报了有关哈尔滨仓库大火导致坍塌的最新情况。哈尔滨北方南勋陶瓷大市场仓库大火，目前已经造成了 5 名消防战士牺牲，14 人受伤，549 户 2000 多名居民以及部分的临街商户受灾，直接的财产损失和火灾的原因目前正在统计调查当中。

在会议召开之前，全体与会人员起立脱帽为牺牲的消防战士默哀，昨天中午 1 点钟左右，哈尔滨北方南勋陶瓷大市场仓库燃起了大火，因为仓库内部有大量的纸质和塑料材料，所以火灾燃烧速度非常快，在晚上 7 点左右，经过消防人员的努力，外部的明火已经被扑灭了，随后消防人员进入仓库内部继续清理火灾隐患。

在晚上 10 点钟左右的时候，仓库的楼板突然发生塌方，参与救援的多名消防战士被埋。截至目前，消防战士还在对火场的残火进行扑救。据了解，在火灾发生之后，省市领导及相关负责人第一时间抵达现场指挥扑救，转移受灾群众，并且对受伤人员进行抢救。哈尔滨医科大学附属第一医院也为伤者开通了绿色通道，哈尔滨的卫生部门更是为每一名受伤战士的身旁，安排了一名工作人员专职对伤者进行陪护。

从目前的伤者统计来看，14 名受伤者当中，有 13 名是消防战士，一名为商场的保安人员。目前除了其中的一名消防战士颈椎骨折受到重伤之外，其他的伤者情况稳定，群众无一伤亡。据了解，今天下午，哈尔滨市还将召开常委会议，对火灾的善后安置、起火原因以及责任追究进行进一步磋商。

三、话题即兴评述：棍棒底下出孝子

四、才艺展示（以语言类为主，如朗诵、小品、曲艺、说唱等）

安徽李家军艺考训练营 2016 年最后一考　试题三

一、自我介绍（30 秒）

二、模拟主持（根据所给材料，考生可从新闻资讯、出境记者现场报道、综艺娱乐及生活服务四种样态中自行选择一项，按照要求进行展示）

据台湾媒体报道，闽南语歌坛天后江蕙阔别两年今年再开的巡演，却也是她的告别演唱会，7 月 25 日起至 9 月，在北高双蛋举行 16 场演唱会，台北 12 场、高雄 4 场。为体恤歌迷抢票辛苦，将分 3 天售票，16 场拆开在 1 月 5、6、7 日 3 天售票。

在“祝福”全新巡演记者会上，她哭着宣布“告别歌坛”，2015 年的第二天就为乐坛投下震撼弹！

她说：“我 10 岁开始唱歌，感谢上天给我天赋，战战兢兢唱好每首歌，感谢帮助我的人，感谢工作伙伴、支持我的歌迷，表达深深感谢，万般不舍。”她

还透露这次巡演结束后，将高挂麦克风，不再出专辑也不再开演唱会，她眼角泛泪哽咽说："这是我最后一次演唱会，之后告别歌坛!"震撼在场众人。她未接受提问，即结束记者会，由经纪人陈子鸿代为说明，表示江蕙身体状况没问题，是想完美退场，这是经过深思熟虑的结果。

据悉，江蕙每每推出新专辑，求好心切的她总是要求不断自我突破，演唱会更是每次都要超越前一次的成绩，这次终于累了，所以决定"封麦"。

圈内人称二姐的江蕙，从小与妹妹江淑娜走唱赚钱养家，成为歌星后跑遍秀场，出过 60 张专辑，拿过 8 座金曲奖，她唱红不少歌曲，如《酒后的心声》《艺界人生》《落雨声》《博杯》等等，经典《家后》KTV 点唱次数更超过 700 万次。

2008 年二姐举办平生第一次演唱会"初登场"，2010 年的"戏梦"演唱会连开八场，打破许多演唱会纪录。2013 年再办"镜花水月"演唱会，更加开到十场，意谓"十全十美"，门票场场秒杀，后出版演唱会 DVD 至今仍夯卖。歌坛红了 28 年，辉煌纪录可说是"台湾国宝"。

三、话题即兴评述：短暂与永恒

四、才艺展示（以语言类为主，如朗诵、小品、曲艺、说唱等）

安徽李家军艺考训练营 2016 年最后一考 试题四

一、自我介绍（30 秒）

二、模拟主持（根据所给材料，考生可从新闻资讯、出境记者现场报道、综艺娱乐及生活服务四种样态中自行选择一项，按照要求进行展示）

新年第一天晚上，从三亚飞往武汉的航班上，一男子因殴打同机一名女性旅客，飞机降落后被天河机场警方拘留。

前天晚上 8 时 45 分，武汉天河机场公安局航站楼派出所突然接到来自万米高空的警情：从三亚飞往武汉的 JD5147 次航班上有旅客打架，目前机组人员和同机旅客已将打架双方分开、控制。

十多分钟后，该航班准点降落在天河机场，停靠 207 机位。航站楼派出所民警迅速登机，将涉事人员带至公安值班室调查。原来，该航班于当晚 6 时 30 分从三亚凤凰机场起飞，飞行约一个小时后，多名旅客排队等候上厕所，56 岁的武汉女子张某在排队时，靠在过道旁的座椅上，不小心压了一名 2 岁幼儿的脚。孩子的爷爷、咸宁人施某对此极其不满，起身推搡张某，进而一拳打在张某脸上，打碎了张某的眼镜。张某的丈夫和女儿闻声赶来，多次欲与施某"理论"，被机组人员和同机旅客制止。机组人员又将双方分开，直到航班降落。

昨日凌晨，天河机场警方决定，依法对施某行政拘留5天。办案民警表示，近期不断曝出航班上发生冲突事件，十分有损国人的文明形象，更对航空安全构成直接威胁。对种种危及飞行安全的行为，警方将依法从严处理。

机场警方介绍，民航客机巡航高度在数千米至万余米。飞机在起飞前，都经过货仓装仓位置、配油等程序，在飞机起飞降落时要求乘客坐在座椅上系好安全带，这些都是为了保证飞机重量分布平衡。旅客们在飞行期间发生冲突，很可能导致严重后果。相关法律法规规定，在航空器内打架、酗酒、寻衅滋事等危及飞行安全和扰乱秩序的行为，可处15天以下行政拘留并处1000元以下罚金，触犯《刑法》者判处5年以下徒刑并处罚金，造成后果严重的判处5年以上徒刑并处罚金。

三、话题即兴评述：美丽与魅力

四、才艺展示（以语言类为主，如朗诵、小品、曲艺、说唱等）

安徽李家军艺考训练营2016年最后一考　试题五

一、自我介绍（30秒）

二、模拟主持（根据所给材料，考生可从新闻资讯、出境记者现场报道、综艺娱乐及生活服务四种样态中自行选择一项，按照要求进行展示）

1月1日凌晨00：30左右，珠江派出所辖区内一家KTV门口，又有人燃放烟花爆竹，民警赶到现场后发现，是3名年轻人聚会后，点燃了事先买好的烟花爆竹助兴。在接受民警询问时，几人表示，他们知道禁放新规，但被跨年的气氛感染，看周边没有警察，心存侥幸，就点燃了。随后，3人将剩余的烟花主动交给民警，并称以后不会再放。警方按规定，对他们每人罚款500元。

抱有侥幸心理的，不止他们3个。1月1日，浦口泰山街道某小区内，居民老周的亲家上门提亲。为了庆祝，当天下午1点多钟，他就在小区燃放了几串鞭炮，之后还把爆竹的碎屑往路边踢了踢。结果，民警巡逻时发现此事，找到老周。经过劝说，他意识到错误，主动接受了500元的治安处罚。

警方再次提醒市民，2015年1月1日起，南京主城区全年禁放烟花爆竹，警方此前已通过向居民发信、张贴禁燃标志、开展拒放烟花万人签名等活动，宣传新规。庆祝节日、喜事的方式多种多样，警方提倡安全、文明、环保的庆贺方式，对于违规燃放烟花爆竹的行为，将按照相关规定予以处罚。

三、话题即兴评述：俯视大地

四、才艺展示（以语言类为主，如朗诵、小品、曲艺、说唱等）

安徽李家军艺考训练营2016年最后一考　试题六

一、自我介绍（30秒）

二、模拟主持（根据所给材料，考生可从新闻资讯、出境记者现场报道、综艺娱乐及生活服务四种样态中自行选择一项，按照要求进行展示）

1月1日晚，久未露面的赵本山现身于沈阳刘老根大舞台，首度回应被抓传闻，并调侃了“20吨黄金”：“我自己都信了，早上起来就挨屋（每个屋子）翻。”

1日22时多，网友“旅行家-殷水明”发微博称：“今天赵本山出来了！赵本山上台（沈阳刘老根大舞台）亲自辟谣，幽默地说，都说我家里藏了二十吨黄金，我早上起来到处找，咋找来找去，没找着来？话语幽默生动。然后他又演出了两个节目，还唱了一首歌。精湛的演技征服了观众，掌声此起彼伏。”

随后，赵本山的徒弟程野转发了这位网友的微博，并留言，“欢迎您常来，惊喜不断！”2日凌晨1时40分左右，程野又发布一条视频，内容是赵本山登台实况，并称：“2015年第一天，师父上台演出，观众非常开心！祝福大家天天开心！新年快乐！”在视频中，赵本山上来就说：“是不是以为看不着我了？”然后自我调侃“20吨黄金”的传闻。随后祝福台下观众，并开始互动：“不管哪来的，都是家人。没事的，放心吧。有那么多黄金拉来都分了。”然后准备表演京胡《夜深沉》。

2014年年底，在网上无厘头地传出“赵本山被抓，自杀未遂，家中查出黄金40000斤，合20吨，折合人民币40亿元”。此后，赵本山徒弟大鹏发微博称：“我就问一句：咱国家法律管不管造谣?!”疑似回应关于赵本山被抓的传言。另外，赵本山弟子宋晓峰也转发微博，并称“造谣可耻，会有报应”。而40000斤黄金的传言据说其实是出自电影《智取威虎山》，与赵本山无关。也有媒体称赵本山前几天人在上海，并参与了老朋友崔永元新节目的录制。

三、话题即兴评述：君子之交淡如水

四、才艺展示（以语言类为主，如朗诵、小品、曲艺、说唱等）

安徽李家军艺考训练营2016年最后一考　试题七

一、自我介绍（30秒）

二、模拟主持（根据所给材料，考生可从新闻资讯、出境记者现场报道、综艺娱乐及生活服务四种样态中自行选择一项，按照要求进行展示）

新京报讯　（记者许路阳）　日前，北京大学和清华大学公布了各自今年高水平运动员，及北大艺术特长生和清华美术学院本科的招生简章。清华大学美术学院在招生简章中明确，对专业考试成绩有疑义的考生，还可在成绩公布后两周内提出成绩复议申请，该学院将按照相关程序进行成绩复查。

与去年相比，今年北大艺术特长生招生简章，在信息公开方面更为具体，按照声乐类、舞蹈类、管弦乐类和民乐类，分别列出了拟签约学生人数和相应的录取优惠政策，显示北大今年计划签约60名艺术特长生，优惠政策分为降至一本线录取、降低65分录取和降低50分录取等3类。

北大表示，将严格按照招生项目录取，若符合认定条件的考生人数少于项目拟签约人数，则取消剩余名额，不进行类别或项目间的名额调剂。

清华大学美术学院今年计划招收240人，但“艺术设计学（史论）”专业将改用“艺术史论”专业名称，同时取消专业校考，符合2015年高考报名条件的文史类考生均可报考，至于是否参加省美术专业统考，按照所在省教育考试院有关规定执行。

今年，对清华美院专业考试成绩有疑义的考生，还可在成绩公布后两周内提出成绩复议申请，填写《成绩复议申请表》，美院将按照相关程序进行成绩复查。

高水平运动员招生方面，北大今年新招游泳项目，且将对在体育专项测试中部分成绩优秀的考生进行兴奋剂检测（抽检），而清华则将对体育专项测试所有项目进行全程录像。

三、话题即兴评述：愚公移山

四、才艺展示（以语言类为主如朗诵、小品、曲艺、说唱等）

安徽李家军艺考训练营2016年最后一考　试题八

一、自我介绍（30秒）

二、模拟主持（根据所给材料，考生可从新闻资讯、出境记者现场报道、综艺娱乐及生活服务四种样态中自行选择一项，按照要求进行展示）

中新网南通1月2日电　（陆建国）　“执子之手，与子偕老”。1日，江苏南通举办大型汉文化婚礼，近20对新人身着汉服，行汉代人婚俗礼仪，携手步入婚姻的殿堂。

当日下午2时，接亲的两艘龙凤画舫，沿南通市区护城河——濠河驶近婚礼现场。新人在礼官的带领下，缓缓迈入婚礼场地，按汉代人结婚的婚礼习俗，在现场举行了“沃盥入席礼”“同牢合卺礼”“解缨结发礼”等婚俗礼仪。“同牢合卺礼”就是一对新人跪于垫上，同吃一块肉，同饮一杯酒，以示婚后共同生活。在“解缨结发礼”中，新人们各自剪下对方的一绺头发，装入红色锦袋并扎紧，象征着从此“结发为夫妻”。

南通婚庆行业协会秘书长葛锦祥介绍说，现在越来越多的人开始重视传统文化，有很多人喜欢汉文化，而汉式婚礼作为汉文化的一部分，非常受到推崇。举办传统的汉式婚礼，不仅仅能够传承传统文化，更是追求时尚的表现。参加本次汉文化婚礼的新人，都是通过网络等途径自发报名的适婚青年，他们爱好汉文化，崇尚中华文明。

南通大学教授、南通大学婚俗文化研究所所长姜朝晖说，中华民族拥有五千年的悠久文明，是衣冠上国、礼仪之邦。汉式周制婚礼典雅、庄重，是能够真正体现华夏传统文化的民族婚礼。周制婚礼没有奢侈的聘礼，没有铺张的排场，没有豪华的宴席，注重的是夫妇之义与结发之恩。因此，举办这样的一场传统婚礼，是弘扬传统文化、展现传统礼仪的适时之举。

南通婚庆行业协会会长陈军表示，此次举办的汉文化婚礼，让新人对中国传统文化、传统爱情观有了新的认识，典雅庄重的汉代人婚俗礼仪更让新人深刻地认识到婚姻不仅需要温馨和浪漫，更需相互的尊重、谦让和担当。

三、话题即兴评述：树挪死　人挪活

四、才艺展示（以语言类为主，如朗诵、小品、曲艺、说唱等）

安徽李家军艺考训练营2016年最后一考　试题九

一、自我介绍（30秒）

二、模拟主持（根据所给材料，考生可从新闻资讯、出境记者现场报道、综艺娱乐及生活服务四种样态中自行选择一项，按照要求进行展示）

在纸质读物渐趋没落的今天，电子书逐渐兴起，作为精神食粮，一本好书，是能够滋养灵魂的读物；一本烂书，则是可以污染灵魂的“毒物”。为了让读者轻易找到开卷有益的书籍，有媒体制作了“年度最佳图书排行榜”“年度最受欢迎图书排行榜”，却鲜有人制作“年度最烂图书排行榜”。近日，有热心网友总结出了“2014年度最烂图书排行榜”，其中与韩寒、唐家三少、郭敬明并称“新四大才子”（张一韩二唐三郭四）的湖南籍作家张一一号称“叫板曹雪芹”的新书《反红楼梦》高居该榜单首位，安妮宝贝《得未曾有》位居第二，张嘉佳《让我留在你身边》位列第三，任志强《野心优雅》排名第五，韩寒的《告白与告别》位列第八，而娱乐圈明星黄磊、林青霞的新书也被贴上年度烂书的标签，主持人乐嘉、黄健翔、李锐也是榜上有名，此榜单一经发出便引发广泛争议。

对于该一“别出心裁”的图书排行榜，网友们纷纷发表了自己的见解。四

川成都网友美平表示："这个榜单不公正，韩寒新书很受欢迎，任志强的书也不错啊，怎么可能上榜的！"江苏南京网友娜娜表示："不知道张嘉佳的书排名最烂图书第二位有何依据，他可是今年那什么作家富豪榜的榜首啊。"湖南长沙网友天天表示："看着网友评论我笑了，难道你们喜欢看的书在他人眼里不是烂书？我觉得这个排行榜很有趣也很厚道，这些最烂图书的内容很多都是胡编乱凑的。"山东济南网友辣椒鱼头表示："登上作家富豪榜的作家写出的书未必不是烂书，名人出书本来就是靠粉丝购买，娱乐圈能出什么真正的文学呢？强烈支持烂书榜，建议年年搞！"辽宁大连网友奶茶妹妹表示，"我觉得书的好坏应该由读者集体投票决定，这样才公正民主。"河南郑州网友番子则表示："看完这个最烂图书榜单，我竟然对这些书蠢蠢欲动起来，想一睹芳容看看到底烂在何处，我是不是很犯贱？"

三、话题即兴评述：墙内开花墙外香

四、才艺展示（以语言类为主，如朗诵、小品、曲艺、说唱等）

安徽李家军艺考训练营2016年最后一考　试题十

一、自我介绍（30秒）

二、模拟主持（根据所给材料，考生可从新闻资讯、出境记者现场报道、综艺娱乐及生活服务四种样态中自行选择一项，按照要求进行展示）

新京报快讯（记者杨锋）　今晚（1月1日），安徽黄山屯溪区委区政府发布消息称，屯溪区监察局决定对屯溪区社会福利院院长宣立军违反行政纪律的问题进行立案调查，屯溪区政府已对其暂停执行职务。

12月30日清晨，屯溪区社会福利院发生一起84岁老人离世并缺失双眼事件。

事后，屯溪区政府新闻办通报称，该老人戴红姻由子女自费送福利院。2014年12月上旬，老人摔伤并骨折送医院治疗，后入重症监护室。12月25日，其儿子将老人用救护车送福利院，因老人完全无自理能力，其子反复要求后，福利院暂时接收。

12月29日深夜，值班人员发现老人还有生命体征。当晚，老人和往常一样，和另两位几乎无自理能力的老人同室，有护工同住。次日凌晨5时半许，值班人员发现老人离世，且双眼异常。其子赶到后，发现双眼缺失，于是报警。

屯溪区警方称，已对事件原因展开调查，并联系省公安厅刑警总队及外省警方权威实验室的专家进行鉴定，尽早查明死因及双眼缺失原因和去向等。

今日晚7时许，安徽黄山屯溪区委区政府信息办公室官方微博发布消息称，